Toronto

D0994221

Guides de voyage

ULYSSE

Le plaisir de **mieux voyager**

Nos bureaux

Canada: Guides de voyage Ulysse, 4176, rue St-Denis, Montréal (Québec) H2W 2M5, ☎(514) 843-9447 ou 1-877-542-7247, fax: (514) 843-9448, info@ulysse.ca, www.guidesulysse.com

Europe: Guides de voyage Ulysse SARL, 127, rue Amelot, 75011 Paris, France, ☎01 43 38 89 50, fax: 01 43 38 89 52, voyage@ulysse.ca, www.guidesulysse.com

États-Unis: Ulysses Travel Guides, 305 Madison Avenue, Suite 1166, New York, NY 10165, ☎1-877-542-7247, info@ulysses.ca, www.ulyssesguides.com

Nos distributeurs

Canada: Guides de voyage Ulysse, 4176, rue St-Denis, Montréal (Québec) H2W 2M5, ☎(514) 843-9882, poste 2232, ☎1-800-748-9171, fax: (514) 843-9448, www.guidesulysse.com, info@ulysse.ca

États-Unis: Distribooks, 8120 N. Ridgeway, Skokie, IL 60076-2911, ☎(847) 676-1596, fax: (847) 676-1195

Belgique: Presses de Belgique, 117, boulevard de l'Europe, 1301 Wavre, ☎(010) 42 03 30, fax: (010) 42 03 52

France: Vivendi, 3, allée de la Seine, 94854 Ivry-sur-Seine Cedex, ☎01 49 59 10 10, fax: 01 49 59 10 72

Espagne: Altaïr, Balmes 69, E-08007 Barcelona, ☎(3) 323-3062, fax: (3) 451-2559

Italie: Centro cartografico Del Riccio, Via di Soffiano 164/A, 50143 Firenze, ☎(055) 71 33 33, fax: (055) 71 63 50

Suisse: Havas Services Suisse, ☎(26) 460 80 60, fax: (26) 460 80 68

Pour tout autre pays, contactez les Guides de voyage Ulysse (Montréal).
Données de catalogage avant publication (Canada) (voir p 4).

© Guides de voyage Ulysse inc.
Tous droits réservés
Bibliothèque nationale du Québec
Dépôt légal - Deuxième trimestre 2002
ISBN 2-89464-352-7

I was born in "Toronto the Good",
and as it became less "good", it got better!

Je suis né à «Toronto la vertueuse»,
et plus elle perdit de sa vertu, plus elle devint meilleure!

Sam "the Record Man" Sneiderman

Recherche et rédaction
Jennifer McMorran
Alain Rondeau
Jill Borra
François Henault

Éditrice
Jacqueline Grekin

Directeur de production
André Duchesne

Correcteur
Pierre Daveluy

Adjointe à l'édition
Julie Brodeur
Assistant
Raphaël Corbeil

Cartographes
André Duchesne
Patrick Thivierge

Infographiste
André Duchesne

Illustrateurs
Lorette Pierson
Vincent Desruisseaux

Photographies
1re de couverture
SuperStock
Pages intérieures
T. Philiptchenko
G. Jones
P. Quittemelle
W. Bibikow
N. Valois
M. Grahame

Directeur artistique
Patrick Farei (Atoll)

Remerciements

Les Guides de voyage Ulysse reconnaissent l'aide financière du
gouvernement du Canada par l'entremise du Programme d'aide au
développement de l'industrie de l'édition (PADIÉ) pour ses activités
d'édition.

Les Guides de voyage Ulysse tiennent également à remercier le
gouvernement du Québec – Programme de crédit d'impôt pour l'édition
de livres – Gestion SODEC.

Données de catalogage

Toronto
(Guide de voyage Ulysse)
Comprend un index.

ISSN 1493-3114
ISBN 2-89464-352-7

1. Toronto (Ont.) - Guides. 2. Toronto (Ont.) - Circuits touristiques.
I. Collection.

FC3097.18.T6714   917,13'541044'05   C00-3004418-X
F1059.5.T683T6714

Écrivez-nous

Tous les moyens possibles ont été pris pour que les renseignements contenus dans ce guide soient exacts au moment de mettre sous presse. Toutefois, des erreurs peuvent toujours se glisser, des omissions sont toujours possibles, des adresses peuvent disparaître, etc.; la responsabilité de l'éditeur ou des auteurs ne pourrait s'engager en cas de perte ou de dommage qui serait causé par une erreur ou une omission.

Nous apprécions au plus haut point vos commentaires, précisions et suggestions, qui permettent l'amélioration constante de nos publications. Il nous fera plaisir d'offrir un de nos guides aux auteurs des meilleures contributions. Écrivez-nous à l'adresse qui suit, et indiquez le titre qu'il vous plairait de recevoir (voir la liste à la fin du présent ouvrage).

Guides de voyage Ulysse
4176, rue Saint-Denis
Montréal (Québec)
Canada H2W 2M5
www.guidesulysse.com
texte@ulysse.ca

Sommaire

Liste des cartes

Légende des cartes

?	Information touristique	◊	Plage
Navette fluviale		†	Église
✈	Aéroport		

Tableau des symboles

≡	Air conditionné
⊛	Baignoire à remous
⊘	Centre de conditionnement physique
🐚	Coup de cœur Ulysse pour les qualités particulières d'un établissement
ℂ	Cuisinette
ℑ	Foyer
pc	Pension complète
pdj	Petit déjeuner inclus dans le prix de la chambre
≈	Piscine
ℝ	Réfrigérateur
✪	Relais santé
ℜ	Restaurant
bc	Salle de bain commune
bp	Salle de bain privée (installations sanitaires complètes dans la chambre)
△	Sauna
⚏	Télécopieur
☎	Téléphone
tlj	Tous les jours

Classification des attraits

★	Intéressant
★★	Vaut le détour
★★★	À ne pas manquer

Classification de l'hébergement

Les tarifs mentionnés dans ce guide s'appliquent, sauf indication contraire, à une chambre standard pour deux personnes en haute saison.

$	moins de 50$
$$	de 50$ à 100$
$$$	de 125$ à 150$
$$$$	de 150$ à 200$
$$$$$	plus de 200$

Classification des restaurants

Les tarifs mentionnés dans ce guide s'appliquent, sauf indication contraire, à un dîner pour une personne, excluant le service et les boissons.

$	moins de 10$
$$	de 10$ à 20$
$$$	de 20$ à 30$
$$$$	plus de 30$

Tous les prix mentionnés dans ce guide sont en dollars canadiens.

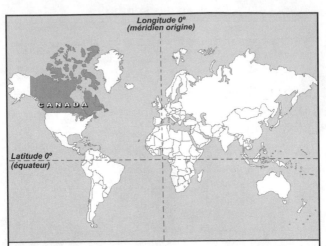

Longitude 0°
(méridien origine)

Latitude 0°
(équateur)

CANADA

 Situation géographique dans le monde

ONTARIO
Capitale: Toronto
Population: 11 669 300 hab.
Superficie: 1 068 630 km²
Monnaie: dollar canadien

TORONTO
Population: 4 700 000 hab.

Guides de voyage
ULYSSE
Le plaisir de mieux voyager

YUKON

T. N.-O.

NUNAVUT

TERRE-NEUVE-ET-LABRADOR

COLOMBIE-BRITANNIQUE

ALBERTA

SASKATCHEWAN

MANITOBA

Baie
d'Hudson

QUÉBEC

Océan Pacifique

ONTARIO

Î.-P.-É.
N.-B. N.-É.

Toronto

ÉTATS-
UNIS

Océan
Atlantique

Portrait

P our beaucoup trop de personnes, Toronto évoque toujours l'image d'une ville terne et monotone.

Il est vrai que, pendant une bonne partie du XXᵉ siècle, les mots qui venaient le plus souvent à l'esprit pour décrire la Ville reine étaient *vertueuse*, *monotone*, *conservatrice* ou, comme on s'y référait souvent de façon générique, *Toronto the Good*. La ville a heureusement subi de nombreuses transformations qui l'amènent à s'ouvrir lentement sur le monde. Ce n'est seulement au cours des dernières années que les Torontois vont vraiment prendre possession de leur ville et véritablement l'habiter. Cette revitalisation de la ville a débuté avec la construction du nouvel hôtel de ville, qui donne finalement aux Torontois le premier espace public avec une allure qui lui est propre et où les citadins peuvent se rencontrer et nouer des liens d'amitié. La caractéri-

sation de la métropole canadienne est accentuée par le désir des nombreuses communautés ethniques y vivant de créer dans leur ville d'adoption un reflet de leur pays d'origine, créant ainsi une myriade de quartiers différents à la couleur, au goût et au charme particuliers.

Ce sobriquet de *Toronto the Good* lui vient de ce que, le dimanche, tout travail et tout divertissement étaient proscrits par le Lord's Day Act, une loi bannissant toute activité lucrative et pour ainsi dire culturelle ou sociale, à l'exception des pratiques religieuses. Toronto était en outre une ville d'affaires et de travail où les cafés-terrasses étaient interdits et où les seules distractions disponibles se trouvaient à l'intérieur de différents clubs privés. Ce désintérêt pour Toronto, qui, au goût de la plupart de ses habitants, était trop ennuyante et monotone, s'est traduit par un délaissement de la ville par la communauté culturelle. Par exemple, le Groupe des Sept, un célèbre regroupement de peintres des années 1920, n'a montré aucun intérêt ou presque pour la ville et s'est consacré surtout à peindre les paysages sauvages du nord de l'Ontario. La littérature, à Toronto, n'existait qu'à une faible échelle. C'était une ville fade sans vie, prisonnière à l'intérieur d'elle-même. Cette réputation entoure la ville encore aujourd'hui, et ce, malgré tous les efforts qu'elle fait pour s'en débarrasser. Elle n'en demeure pas moins le plus important centre financier et industriel du Canada, suivi de près par Montréal. Sa population majoritairement anglo-saxonne s'est lentement transformée avec l'immigration massive d'Européens de l'Ouest et de l'Est peu après la Seconde Guerre mondiale, mais c'est l'immigration asiatique qui a vraiment changé le visage culturel de la métropole canadienne.

Maintenant Toronto, la métropole du Canada, englobe les six municipalités originales de Toronto, North York, Scarborough, York, Etobicoke ainsi qu'East York, qui ne font à présent qu'une. Elle se veut la plus grande agglomération canadienne; ses activités économiques et financières en font l'un des pôles d'attraction les plus populaires en Amérique du Nord pour les immigrants.

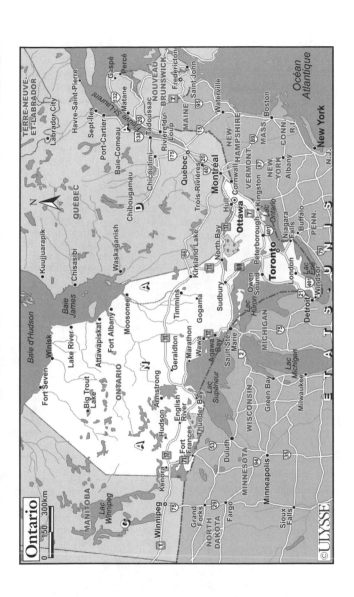

Toronto abrite ainsi la plus grande communauté italienne du Canada et la deuxième communauté chinoise en importance en Amérique du Nord (après celle de San Francisco), de même que d'importantes communautés juive, portugaise, ukrainienne et grecque. Cet afflux massif d'immigrants à la suite de la Deuxième Guerre mondiale a profondément modifié le visage de Toronto, aujourd'hui la plus grande ville du Canada en même temps que la plus diversifiée sur le plan culturel. Vous pouvez vivre cette expérience multiculturelle en explorant les différents quartiers de la ville, où vous découvrirez une foule de restaurants, de cafés et de boutiques. Malgré tous les changements qui l'ont touchée, la métropole canadienne a su conserver une bonne partie de son héritage anglo-saxon qui témoigne aujourd'hui de son passé.

Histoire

Lorsque les Européens découvrent le Nouveau Monde, une mosaïque de peuples indigènes occupe déjà ce vaste continent depuis des millénaires. Les ancêtres de ces populations autochtones avaient franchi le détroit de Béring vers la fin de la période glaciaire, il y a plus de 12 000 ans, pour lentement s'approprier l'ensemble du continent. C'est au cours des millénaires suivants, à la faveur du recul des glaciers, que certains d'entre eux ont commencé à migrer vers les régions boréales de l'Est canadien. Au moment où les Européens lancent leurs premières explorations intensives de l'Amérique du Nord, plusieurs nations regroupées au sein de deux familles linguistiques (iroquoienne et algonquienne) se partagent un territoire sur lequel se trouve le futur site de Toronto, sur la rive septentrionale du lac Ontario, une place de choix sur les Grands Lacs. La ville apparaît pour la première fois sur une carte sous le nom de *Tarantou*, un mot amérindien qui pourrait avoir plusieurs sens, mais dont le plus pertinent est sans doute «point de rencontre»: un nom prédestiné pour un simple poste de traite situé au point de départ d'un sentier que favorisaient les Amérindiens pour se rendre du lac Ontario au lac Huron.

Ce sentier faisait partie d'un réseau de voies de communication très efficace établi au fil des siècles. Troqueurs par tradition, les Amérindiens du Sud ontarien reçoivent des fourrures des tribus iroquoiennes en échange des produits de leurs potagers. Le canot, utilisé sur les multiples cours d'eau et lacs, est bien sûr le moyen de transport par excellence.

La rencontre de deux civilisations

Au cours des décennies qui suivent la découverte de l'Amérique, la mode grandissante en sol européen des coiffures et des vêtements de fourrure, et les formidables bénéfices que laisse présager ce commerce, relancent l'intérêt des autorités françaises pour l'Amérique du Nord. Le commerce des fourrures demandant des contacts constants avec les fournisseurs locaux, soit les Autochtones, une présence permanente devient dès lors nécessaire.

Située plus à l'intérieur des terres, loin de la côte de l'Atlantique et de la portion aisément navigable du fleuve Saint-Laurent, Toronto ne sera jamais un lieu de colonisation privilégié par les autorités coloniales françaises, qui la considèrent comme un simple poste de traite. Le territoire

ontarien a cependant été sillonné très tôt par les explorateurs français. Dès 1610, deux années seulement après la fondation de Québec, l'explorateur Étienne Brûlé part ainsi à la découverte de l'intérieur du continent. Comme plusieurs de ses prédécesseurs, Brûlé est à la recherche d'une route qui pourrait le mener rapidement aux fabuleuses richesses de l'Orient par voie de terre. Parti seul, il sera le premier Européen à se rendre jusqu'aux lacs Ontario et Huron.

Il emprunte, pour ce faire, une piste fréquentée par les Amérindiens et les commerçants de fourrures. Vers la fin du XVIIe siècle, le village amérindien de Teiaigon, habité par des Mississaugas, se trouve à l'entrée de cette voie et constitue un lieu de rencontre important pour le commerce des fourrures. Constatant l'importance de cette région, les marchands français vont y installer vers 1720 un poste de traite suivi, quelques années plus tard, en 1750, d'un comptoir fortifié: le fort Rouillé.

Les Français et les Hurons qui peuplent la région concluent une entente selon laquelle les Hurons s'engagent à commercer exclusivement avec les Français, qui, en retour, leur offrent de les protéger contre leurs ennemis iroquois qui habitent plus au sud. Ce conflit

Rappel historique

1610 L'explorateur français Étienne Brûlé part à la découverte de l'intérieur du continent et atteint les lacs Ontario et Huron.

1645-1655 La puissante confédération iroquoise des Cinq Nations anéantit les nations amérindiennes rivales.

1713 Les Français, vaincus en Europe, signent le traité d'Utrecht et cèdent à l'Angleterre le contrôle de la baie d'Hudson, de Terre-Neuve et de l'Acadie.

1720 Le premier poste de traite français en Ontario est créé sur le site de l'actuelle Toronto.

1750 Les Français construisent le fort Rouillé sur ce site.

1756-1763 La guerre de Sept Ans oppose Français et Anglais en Europe.

1763 Les Français perdent officiellement la Nouvelle-France au profit des Britanniques.

1791 L'Acte constitutionnel crée les provinces du Haut-Canada et du Bas-Canada.

1793 Le lieutenant-gouverneur John Graves Simcoe entreprend la construction de la ville de York.

1814 Le traité de Gand met fin aux hostilités entre Étasuniens et Britanniques au Canada.

1834 La ville de York devient Toronto, capitale du Haut-Canada.

1837 William Lyon Mackenzie lance un mouvement de rébellion dans le Haut-Canada qui sera vite étouffé.

1867 La Confédération canadienne est créée.

1891 Toronto compte 181 000 habitants.

1930 La population de Toronto dépasse les 500 000 habitants.

1954 Le premier gouvernement métropolitain du Canada est créé: la Municipality of Metropolitan Toronto.

1959 La construction de la Voie maritime du Saint-Laurent facilite le développement économique de Toronto.

1965 La construction du nouvel hôtel de ville lance un courant de renouveau dans l'architecture parfois austère de Toronto.

1970 Toronto devient la métropole du Canada, dépassant en population sa rivale de toujours, Montréal.

entre Hurons et Iroquois fait partie d'une vaste campagne militaire lancée par la puissante confédération iroquoise des Cinq Nations, qui anéantit, entre 1645 et 1655, toutes ses nations rivales. Les Hurons, les Pétuns, les Ériés et les Neutres, chacune de ces nations amérindiennes comptant au moins 10 000 individus, disparaissent ainsi presque totalement en l'espace d'une décennie. De langue iroquoienne, ces nations du sud de l'Ontario sont victimes de la guerre pour le monopole du commerce des fourrures que se livrent, par personne interposée, les puissances européennes.

Alliée des Anglais, la confédération iroquoise des Cinq Nations, dont les territoires traditionnels sont plus au sud (dans les États-Unis actuels), désire s'approprier pour elle seule ce lucratif commerce.

Par ailleurs, la France, vaincue en Europe, accepte, par le traité d'Utrecht de 1713, de céder officiellement à l'Angleterre le contrôle de la baie d'Hudson, de Terre-Neuve et de l'Acadie. Ce traité, qui fait perdre à la Nouvelle-France des positions militaires stratégiques, l'affaiblit gravement.

Dans les années qui suivent, l'étau ne cesse de se resserrer sur les possessions de la Nouvelle-France en Amérique. Lorsque la guerre de Sept Ans (1756-1763) éclate en Europe, les colonies d'Amérique en deviennent rapidement l'un des enjeux importants. Sur le territoire de l'actuel Ontario, les troupes françaises parviennent, dans les premières années, à contenir la poussée des Britanniques et à rester maîtres de la navigation sur les Grands Lacs. Les troupes françaises ne sont pas très nombreuses, mais elles sont positionnées à des endroits stratégiques: au fort Frontenac, dressé à l'embouchure du lac Ontario; à Niagara, cet important portage entre le lac Ontario et le lac Érié; à Détroit, située à la pointe du lac Érié; à Michilimackinac, où se rencontrent les lacs Michigan et Huron; et au fort Rouillé, érigé dans l'excellent port de l'emplacement qu'on nomme aujourd'hui «Toronto». Ce dernier fut détruit en 1759 par son commandant, le capitaine Alexandre Douville, peu après que des troupes britanniques eurent capturé une autre place forte française: le fort Niagara. Chacune de ces fortifications va finalement tomber, l'une après l'autre, aux mains des Britanniques.

L'Amérique du Nord britannique

Dans les premières années suivant la conquête britannique du Canada, peu de chose devait changer la face du site qu'occupe aujourd'hui Toronto, qui, tout comme l'Ontario (nom d'origine iroquoienne qui signifierait vraisemblablement «beaux lacs» ou «belles eaux»), demeurait un vaste territoire en grande partie inoccupé, sauf par des nations amérindiennes et des commerçants de fourrures. La Couronne britannique n'a d'ailleurs arrêté à cette époque aucun plan de colonisation ou de mise en valeur de cette région en dehors de la traite des fourrures. Par une ironie du sort, c'est la guerre d'Indépendance américaine

(1775-1783) qui va donner naissance à l'Ontario et changer radicalement l'histoire de Toronto.

Au début de ce conflit opposant Londres à des insurgés de ses 13 colonies du Sud, les troupes britanniques trouvent en Ontario des positions stratégiques, à partir desquelles elles peuvent lancer des attaques contre les rebelles américains. Au bout du compte, le conflit tourne au désavantage des Anglais et de leurs alliés, qui doivent finalement s'avouer vaincus. La Révolution américaine a été, du moins au départ, une véritable guerre civile opposant deux factions: d'un côté, les tenants de l'indépendance, fatigués du mercantilisme et des taxes imposées par l'Angleterre, et de l'autre, les loyalistes, désireux de conserver leurs liens coloniaux avec la métropole. De ces loyalistes, plus de 350 000 ont participé activement au conflit en s'engageant aux côtés de la Grande-Bretagne. La signature en 1783 du traité de Versailles, qui reconnaît la défaite britannique et la victoire des révolutionnaires américains, pousse des dizaines de milliers de ces loyalistes à chercher refuge au Canada. Entre 5 000 et 6 000 d'entre eux s'installent sur les terres qu'occupe aujourd'hui l'Ontario, y développant les premières colonies permanentes sur

ce territoire. Ils s'implanteront principalement le long du fleuve Saint-Laurent et du lac Ontario, dans la région de Kingston et de Niagara, les deux plus grands centres à cette époque, ce qui entraînera la création, en 1791, des provinces du Bas-Canada (le Québec) et du Haut-Canada (l'Ontario actuel).

L'écrasante majorité de la population du Canada est alors composée de Français catholiques. Devant la montée du sentiment indépendantiste dans ses 13 colonies du Sud, et pour préserver son alliance avec ces anciens sujets du roi de France, la Couronne britannique leur avait accordé le droit de préserver leur religion et leurs coutumes. Pour éviter le statut de minoritaires aux loyalistes, tout en conservant leurs droits aux Français catholiques, Londres promulgue l'Acte constitutionnel de 1791, qui divise le Canada en deux provinces: le Bas-Canada et le Haut-Canada. Le Bas-Canada, qui comprend le territoire de peuplement français, reste régi par la Coutume de Paris, alors que le Haut-Canada, situé à l'ouest de la rivière des Outaouais, est principalement peuplé d'anciens loyalistes, et les lois civiles anglaises y ont désormais cours. D'autre part, par l'Acte constitutionnel, l'Angleterre introduit au Canada les bases du parlementarisme en créant une Chambre d'assemblée dans chacune des provinces. Le Haut-Canada choisit d'abord de faire de Newark (Niagara) sa capitale. Mais c'est un choix de courte durée, car le site n'est pas très bien protégé et pourrait aisément tomber entre les mains des Américains si jamais ils décidaient d'envahir le Canada.

C'est alors qu'au mois d'août 1793 l'attention de John Graves Simcoe, le lieutenant-gouverneur du Haut-Canada, est attiré par les impressionnantes capacités navales et militaires de la baie de Toronto. Il décide donc de faire construire une ville près de l'ancien site français du fort Rouillé, au bord de la rivière Don, sur des terres que les Britanniques ont achetées aux Amérindiens pour la somme de 1 700 livres sterling. Simcoe entreprend la construction de la ville de York, appelée à devenir Toronto dès 1834. En raison de la vulnérabilité de la ville de Newark (Niagara) face à la menace américaine, Simcoe croit qu'il serait plus sage de déplacer la capitale à York. Certes, le site est stratégiquement idéal, mais York ou *Muddy York* (York la boueuse), du surnom dont il affuble cette ville située sur une plaine effectivement boueuse descendant graduellement vers

les rives du lac Ontario, est encore très peu habitée. En effet, la capitale du Haut-Canada ne compte que 700 personnes en 1812 et ne remplit donc qu'une fonction administrative, le principal centre économique du Haut-Canada se trouvant alors à Kingston, un petit patelin qui se développe rapidement grâce à la canalisation du fleuve Saint-Laurent. Kingston demeurera le centre urbain le plus important du Haut-Canada jusqu'en 1820, mais la décision du gouverneur d'établir la capitale du Haut-Canada à York provoque une mutation graduelle des administrateurs de la colonie et d'autres intellectuels vers la nouvelle capitale.

Les colons du Haut-Canada avaient certainement de bonnes raisons de se méfier de leurs voisins du Sud, qui n'ont d'ailleurs pas tardé à justifier leurs craintes. En juin 1812, lassés des contrôles britanniques excessifs sur les Grands Lacs et sur le commerce des fourrures, les Américains déclarent la guerre à la Grande-Bretagne et, par conséquent, au Canada. Les Américains pensent que seule la défaite des Britanniques en Amérique du Nord peut mettre fin à la menace amérindienne. Plusieurs colons américains croient en effet que les Britanniques influencent les Amérindiens, et ils savent pertinemment qu'ils leur fournissent des armes en échange de fourrures. Les loyalistes et leurs descendants forment toujours la majorité de la population du Haut-Canada, ce qui confère au conflit un aspect assez émotif, et la Grande-Bretagne, affairée en Europe par les guerres napoléoniennes, ne peut apporter une aide significative à sa colonie.

La position stratégique de la nouvelle ville de York sera rapidement mise à l'épreuve lors de cette guerre. Le fort York, situé à l'entrée de la baie, constitue la principale défense du Haut-Canada contre les attaques américaines et, à la fin du mois d'avril 1813, une force d'invasion américaine débarque près du site actuel de Sunnyside Beach. Après une brève escarmouche, les troupes britanniques se replient rapidement à l'intérieur du fort York, mais ne peuvent résister aux assauts américains. Avant de quitter le fort, les Britanniques font exploser le dépôt d'armes du fort au moment même où les Américains l'envahissent, tuant ainsi le général Zebulon M. Pike de l'armée américaine. En guise de représailles, les troupes de l'Oncle Sam incendient le fort et le parlement de York, situé au pied de la rue Parliament, puis mettent à sac la ville. Ces pillages laissent au peuple probritannique du Haut-Canada des sentiments profondément marqués d'antiaméricanisme encore perceptibles de nos jours. Ce caractère loyaliste de York se révèle d'ailleurs clairement par le choix des noms de rue de l'époque: King, Queen, Duke, Duchess, Frederick, Princess. Malgré la défaite de York, ailleurs sur le territoire, les colons parviennent à repousser les attaques américaines et à faire subir aux États-Unis d'Amérique la première défaite militaire de leur jeune histoire.

En 1814, le traité de Gand met fin aux hostilités et rétablit les frontières entre le Canada et les États-Unis d'avant la guerre. La menace américaine écartée, York et le reste du Haut-Canada sont touchés par une importante vague d'immigration britannique. C'est ainsi qu'à la population de loyalistes installés dans le Haut-Canada depuis 1783 se joignent graduellement des immigrants en provenance majoritairement des îles Britanniques, poussés par la récession et le chômage qui sévissent en Grande-Bretagne après les guerres napoléoniennes. Le Haut-Canada poursuit ainsi le lent peuplement de ses excellentes terres agricoles. Cet afflux toujours croissant d'immigrants venus s'établir sur les terres avoisinantes fait considérablement augmenter la population de la petite bourgade de York.

Avec le développement de son arrière-pays, la ville devient donc un centre économique et un point de rencontre important où les producteurs agricoles de la région viennent vendre bétail, volailles, céréales et autres marchandises au Weekly Public Open Market, qui deviendra plus tard le St. Lawrence Market. Peu à peu, le commerce se développe, et York devient un centre économique où convergent les activités bancaires du Haut-Canada. En 1834, York devient la municipalité de Toronto et, en moins de sept ans, sa population passe de 1 800 à 9 000 habitants. Lors de la création de Toronto, la ville était composée de cinq *wards* (comtés électoraux): St. Andrews, St. David, St. George, St. Lawrence et St. Patrick.

Le développement des voies de communication au milieu du XIXe siècle vient aussi jouer un rôle important dans l'essor économique de Toronto. Avec l'arrivée massive de colons qui défrichent les terres de la vallée environnant la ville pour la cultiver, le commerce des fourrures fait place à une nouvelle économie qui repose sur de nouveaux produits tels que le bois et les céréales. Ces derniers sont destinés à être exportés vers l'Europe en échange de produits de l'industrie britannique, comme des outils agricoles et des vêtements. Toronto a donc besoin d'un moyen d'exporter facilement et rapidement sa production vers l'Europe. La guerre de 1812 avait clairement démontré l'isolement géographique du Haut-Canada et de la ville de Toronto. Les rapides qui entravent en maint endroit la navigation sur le fleuve Saint-Laurent, la principale voie de communication, limitent les échanges commerciaux en plus d'accroître la vulnérabilité de la colonie. De considérables travaux de canalisation sont alors entrepris, notamment à Lachine (1814), à Fort Erie (1825) et à Welland (1829) afin de désenclaver le Haut-Canada. Dès l'ouverture des nouveaux canaux, la circulation peut se faire librement entre le lac Érié et la rivière Welland, puis entre la rivière Niagara et le lac Ontario, reliant ainsi Toronto à l'océan Atlantique.

Le Family Compact

Évidemment, tous ces changements bouleversent la structure sociale de Toronto et du reste du Canada. Le gouvernement britannique est arrivé à la conclusion que la perte de ses 13 colonies (désormais devenues les États-Unis) a été causée par la trop grande liberté dont elles ont bénéficié. Le gouverneur Simcoe lui-même a l'intention de reproduire à Toronto le système de classe britannique afin d'éviter une «seconde Révolution américaine». C'est donc dans le but avoué de restreindre les pouvoirs des Assemblées représentatives élues par le peuple que l'Acte constitutionnel de 1791 est dressé. En vertu de ce document, la fonction exécutive du gouvernement est assurée par un gouverneur nommé par le gouvernement britannique, qui nomme à son tour les membres du Conseil exécutif ayant pour tâche de l'assister. La législature prend, quant à elle, la forme d'une Assemblée législative élue, qui ne possède en réalité que très peu de pouvoir, puisqu'elle est soumise au droit de véto du gouverneur et du Conseil exécutif. Le gouverneur s'entoure donc d'hommes puissants et influents dans la colonie, avec qui il dirige sans tenir compte des vœux des représentants élus par le peuple. Cette oligarchie devint connue dans le Haut-Canada sous le nom de «Family Compact», son équivalent dans le Bas-Canada étant la «clique du château». Située sur Dundas Street, The Grange, une maison de style georgien construite au début du XIXe siècle par la famille Boulton, devint rapidement un symbole de la puissance du Family Compact et de la supériorité de l'aristocratie britannique.

Malgré la rébellion de 1837, The Grange continua d'être le siège d'un certain pouvoir politique et de représenter la conviction profonde de l'élite torontoise selon laquelle tout ce qui est bon au Canada doit essentiellement être britannique.

Les divergences de vues entre le Conseil exécutif et l'Assemblée législative étaient grandes et les querelles politiques inévitables. Les classes agricole et ouvrière étaient persuadées que le Family Compact utilisait son monopole politique pour assurer son monopole économique. Deux partis émergèrent: les conservateurs, ou *tories*, qui voulaient maintenir le statu quo, et les réformistes, dont l'objectif était de rendre le gouvernement plus démocratique. Dans le Bas-Canada comme dans le Haut-Canada, des mouvements de réforme s'accentuent. Dans le Bas-Canada, le mouvement est encore plus fort puisqu'il renferme une composante raciale: d'un côté, une minorité anglaise alliée à la classe dirigeante, et de l'autre, la majorité canadienne-française composée en grande partie d'agriculteurs et de petits salariés. Les Canadiens français choisissent Louis-Joseph Papineau comme porte-parole, lequel prend en charge le mouvement de réforme et va jusqu'à affirmer que l'autorité du Bas-Canada doit revenir aux Canadiens français.

Dans le Haut-Canada, malgré l'absence de vifs conflits culturels, des tensions semblables existaient. Le chef des réformistes, William Lyon Mackenzie, un Torontois d'origine écossaise, lança ses premières attaques contre le gouvernement et le Family Compact dans son journal, *The Colonial Advocate*. Un peu plus tard, il fut élu à l'Assemblée, où il s'en prit immédiatement aux finances du gouvernement. Avec le temps, les propos de Mackenzie devinrent de plus en plus injurieux à l'endroit du protectionnisme et des pouvoirs abusifs du Family Compact, qui ne tarde pas à l'exclure de l'Assemblée pour diffamation. En 1835, il fut élu premier maire de Toronto, mais ses opinions de plus en plus extrémistes inquiétèrent les plus modérés de ses partisans, qui finirent par rejeter complètement son programme. En effet, les idées avancées par Mackenzie étaient partagées par un grand nombre de ceux qui exprimaient leur mécontentement envers le Family Compact, mais ils refusaient malgré tout de rompre leurs liens avec la Grande-Bretagne. Avec l'arrivée du gouverneur Sir Francis Bond Head et une Assemblée qui lui est tout à fait soumise, les partisans radicaux de Mackenzie perdent tout espoir d'obtenir des changements par le biais de moyens constitutionnels. En 1837, la nouvelle d'une insurrection dans le Bas-Canada précipite les événements. Lorsque Mackenzie l'apprend, il décide de lancer ses forces révolutionnaires. Malheureusement, en dépit de l'enthousiasme de son chef, le mouvement composé d'ouvriers et de paysans est très mal organisé, et sa tentative de saisir Toronto est rapidement maîtrisée sans trop de violence. Vaincu, Mackenzie doit suivre Papineau en exil aux États-Unis, d'où ils tenteront, en vain, de regrouper leurs troupes et de gagner l'appui des Américains.

Si la période précédant l'Acte d'Union a surtout été marquée par de grands travaux de canalisation des voies navigables et la mise en place des différentes infrastructures destinées à faciliter l'entrée de Toronto dans l'ère industrielle (gaz, eau, électricité...), c'est la construction des chemins de fer qui a pris la relève à partir des années 1850. L'implantation d'un réseau ferroviaire est alors considérée comme la solution aux problèmes de communication du Canada. De nombreux immigrants irlandais qui étaient venus s'installer au Canada vers les années 1850 pour fuir la famine et la pauvreté qui sévissaient dans leur pays vont devenir, dès 1851, le groupe d'étrangers le plus important de Toronto. Ces derniers vont participer aux importants travaux de construction qui sont alors entrepris, entre autres l'aménagement du «Grand Tronc», qui vise à relier les grands centres canadiens entre eux. Bien que la grande partie de ces immigrants soient des anglo-protestants de la région de l'Ulster, certains de ces Irlandais sont des catholiques, ce qui a pour effet de raviver les vieilles querelles entre catholiques et anglicans. Ces Irlandais catholiques ne sont pas en effet toujours les bienvenus, et la tension augmente jusqu'à se terminer dans la violence. L'ordre des orangistes, formé d'Irlandais nés en Ulster, va se porter défenseur de la manière de vivre de la société anglo-protestante, avec laquelle il va dominer la politique municipale jusqu'à la fin du XIXe siècle.

Grâce à son emplacement géographique exceptionnel, Toronto devient un centre névralgique important du réseau ferroviaire canadien. Plusieurs autres lignes joignent en outre le réseau ferroviaire américain avec les principales villes canadiennes, ouvrant ainsi la porte à l'énorme marché étasunien. L'avènement de ce réseau complexe de voies de communication se conjugue à une exploitation de plus en plus accrue des mines et des forêts canadiennes pour transformer Toronto et pour jouer un grand rôle dans le développement des industries, qu'il s'agisse des fonderies, des lamineries ou des usines de fabrication de locomotives. L'apparition du chemin de fer vient non seulement rompre l'isolement des régions éloignées, mais permet aussi à l'Amérique du Nord de former une énorme entité économique tout en créant de nouveaux débouchés et de nouveaux besoins.

Ces immenses travaux d'infrastructure ont cependant obéré les finances publiques; parallèlement, l'économie canadienne est durement touchée lorsque la Grande-Bretagne abandonne, à la même époque, sa politique de mercantilisme et de tarifs préférentiels à l'égard de ses colonies. Afin d'amortir les contrecoups de ce changement de cap de la politique coloniale de la métropole, le Canada-Uni signe en 1854 un traité de libre entrée de certaines de ses marchandises aux États-Unis, particulièrement en ce qui a trait au bois et au blé, ses deux principaux produits d'exportation. Mais à peine l'économie canadienne reprend-elle son souffle que le traité est répudié, en

1866, sous la pression des gens d'affaires étasuniens. L'abandon, tour à tour, de la politique coloniale et du traité de réciprocité rend l'économie canadienne exsangue. C'est dans ce climat de morosité, et en bonne partie à cause de celui-ci, que naîtra la Confédération canadienne.

La Confédération

Par la Confédération de 1867, l'ancien Haut-Canada reprend forme sous le nom de «Province of Ontario». Trois autres provinces, le Québec (ancien Bas-Canada), le Nouveau-Brunswick et la Nouvelle-Écosse adhèrent à ce pacte qui unira par la suite un vaste territoire s'étendant de l'Atlantique au Pacifique. Le pacte confédératif instaure une division des pouvoirs entre deux paliers de gouvernements: le gouvernement fédéral, situé à Ottawa, et les gouvernements provinciaux, dont celui de l'Ontario élit domicile à Toronto, nouvelle capitale de la province qui a acquis, au fil des années, une vocation commerciale et qui est désormais son plus important centre urbain (environ 45 000 habitants). Du point de vue politique, l'instauration du régime fédéral tourne à l'avantage de l'Ontario, la province canadienne la plus populeuse se retrouvant en force au Parlement grâce au système de représentation proportionnelle à la population, alors que Toronto prend le contrôle des énormes richesses naturelles de la province (bois, minerais). À partir des années 1860, Toronto devient un centre économique incontournable qui relie le nord, le sud, l'est et l'ouest de la région, et par où transitent le grain, le bois et les minerais destinés à l'exportation.

Du point de vue économique, la Confédération tarde toutefois à produire les résultats escomptés, et il faut attendre trois décennies, marquées par d'importantes fluctuations, pour assister au premier véritable essor économique de Toronto. Les bases en sont toutefois jetées quelques années après la Confédération par John A. Macdonald, premier ministre conservateur élu à Ottawa en 1878. Sa campagne électorale se déroule sous le thème de la «Politique nationale», une série de mesures visant à protéger et à promouvoir la jeune industrie canadienne grâce à la mise en place de tarifs douaniers et à l'établissement de nouveaux marchés intérieurs par le biais d'un chemin de fer transcontinental et par une politique de peuplement des Prairies basée sur l'immigration massive qui encourage la croissance d'un marché intérieur. Au même moment, la révolution industrielle et l'arrivée de la vapeur en tant que source d'énergie provoquent d'énormes changements qui permettent à la ville de devenir le principal centre de fabrication d'équipements agricoles et de machineries lourdes.

Croissance et internationalisation

Le début du XXe siècle coïncide avec le commencement d'une prodigieuse période de croissance économique favorisée par l'abondance de matières premières ainsi que par une source d'énergie bon marché. D'importants gisements miniers, notamment de cobalt, de nickel, d'argent, de fer et de zinc, sont trouvés dans le nord de la province. Ces découvertes, combinées au développement du réseau de chemin de fer, seront à l'origine du peuplement du nord de l'Ontario et contribueront de façon marquante à la prospérité économique de Toronto, durant une bonne partie du siècle, en fournissant les différents matériaux que nécessite son industrie en plein expansion. Naturellement, cette industrialisation affecte le secteur agricole, qui se mécanise, et libère une fraction de la population rurale de la province, qui est forcée par le manque de travail de s'exiler à la ville. Ces découvertes contribuent aussi au lancement de l'industrie lourde, qui allait être l'épine dorsale de l'infrastructure industrielle de toute la province.

Grâce à la situation géographique de Toronto, les industries peuvent aussi bénéficier de la proximité d'un nouveau marché en pleine croissance, celui de l'Ouest canadien. Le développement de l'Ouest, où la colonisation bat son plein, provoque une forte demande en équipements et produits manufacturiers qui seront désormais fabriqués au Canada plutôt qu'en Grande-Bretagne. Le développement de l'Ouest favorise entre autres l'arrivée de grands magasins, comme Eaton (1869) et Simpson (1872), qui vont rapidement se développer et prendre une place importante à Toronto et à travers tout le Canada grâce à leur important réseau de distribution par catalogue. La politique nationale de colonisation de l'Ouest canadien avait porté fruit en relançant Toronto dans un processus d'industrialisation accéléré. Cet essor industriel dont bénéficie Toronto fait partie d'une mouvance continentale qui favorise dès lors, au Canada comme aux États-Unis, les régions des Grands Lacs au détriment des vieux centres industriels de l'Est pour des raisons de disponibilité de minerais.

Sur le plan démographique, ces transformations se traduisent par une forte croissance de la population citadine, composée alors en grande partie de Britanniques. Dès 1871, la population de Toronto compte 56 000 personnes, mais, seulement 20 ans plus tard, on y dénombre 181 000 habitants. Cette augmentation est causée par un exode rural massif et par l'arrivée d'immigrants irlandais ayant fui la famine qui sévit dans leur pays.

Cette expansion sans précédent de l'économie ne profite pas, bien sûr, équitablement à l'ensemble de la population, l'industrialisation ayant créé de toutes pièces des quartiers souvent insalubres, comme Cabbagetown et le Ward, où s'agglutinent des ouvriers mal rémunérés, alors que de grandes résidences s'installent près du centre-ville et que les grandes familles bourgeoises s'installent sur les hauteurs de la ville. La concentration des nombreuses industries près des chemins de fer et des installations portuaires va aussi transformer radicalement le paysage urbain. Les deux extrémités du port, à proximité des chemins de fer, vont rapidement se couvrir d'usines et d'entrepôts,

alors que les habitations bon marché destinées à loger les nombreux ouvriers qui y travaillent se trouvent un peu plus au nord.

Un peu partout dans la ville, on découvre des maisons de brique rouge et jaune qui ont fait place progressivement aux anciennes constructions de bois, peu résistantes aux incendies. En effet, en 1834, la Ville de Toronto interdit l'utilisation de bois dans la construction d'édifices, ce qui ne l'empêchera pas d'être éprouvée par deux grands incendies: le premier en 1849, pendant lequel la cathédrale St. James est détruite et le second en 1904. Au cours des années 1890, Toronto est éclairée grâce à l'électricité; le téléphone fait aussi son apparition, et le fameux tramway, qu'on peut encore voir aujourd'hui, sillonne déjà les rues de la ville.

À partir de cette période, la Ville de Toronto s'appropriera les divisions territoriales avoisinantes. Encouragée par l'avènement du tramway, qui donne à la population une plus grande mobilité tout en lui permettant de s'installer en banlieue, elle va commencer à annexer les différentes municipalités qui l'entourent. Yorkville est la première en 1883; dès 1912, Toronto et une bonne partie de sa banlieue avaient fusionné.

Toronto the Good

Toronto acquiert une certaine notoriété à l'échelle des villes canadiennes en étant la deuxième ville en importance après Montréal, et elle obtient son fameux sobriquet de *Toronto the Good* à cause notamment de son attachement à l'Empire britannique et à ses valeurs austères. Même les Torontois de l'époque n'éprouvaient pas une grande admiration pour leur cité, qu'ils qualifient souvent eux-mêmes de «monotone»: une caractéristique renforcée par une législation de 1906 qui interdit tout travail ou divertissement de toute sorte le jour du Seigneur, d'ailleurs scrupuleusement respectée par les habitants. Les Torontois doivent attendre 1950 avant de pouvoir assister, le dimanche, à des événements sportifs tels que le hockey ou le base-ball. C'est aussi dans le plus pur esprit britannique que les nantis de la société torontoise vont former de nombreux clubs et sociétés privés, comme l'Albany Club, le National Club, le Royal Yacht Club et le Toronto Cricket Club. Cette notoriété incite aussi de nombreux intellectuels et artistes renommés, tels Charles Jefferys et Tom Thomson, ainsi que J.E.H. MacDonald, Arthur Lismer, Lawren S. Harris, Frederick

Varley et A.Y. Jackson, plus souvent associés au fameux Groupe des Sept (Group of Seven), à s'établir à Toronto. La célèbre revue *Maclean's* va aussi lancer sur le marché de l'édition ses premiers numéros dès l'année 1896. Bien que la ville ait bien changé depuis, Toronto a encore de la difficulté aujourd'hui à faire oublier sa réputation de ville puritaine et monotone.

Au cours des années qui précèdent la Première Guerre mondiale, l'immigration à Toronto va connaître un second souffle. Cette fois, les Italiens, les Juifs et les Ukrainiens en forment la majeure partie, comptant pour près de 13% de la population totale. Attirés par l'économie florissante de la ville, ces immigrants vont établir les premiers quartiers ethniques et transformer lentement le caractère culturel de Toronto.

En 1914, à l'aube de la Première Guerre mondiale, Montréal, plus ancienne, étant la plus grande ville canadienne, les banques, les usines et les commerces confèrent à Toronto le second rang. Son importance sera augmentée pendant la Première Guerre mondiale, qui va avoir des répercussions considérables sur la vie sociale et économique qu'on y mène. La ville utilise son pouvoir industriel pour participer, d'une certaine manière, à la guerre en implantant des usines de fabrication de munitions et de transformation de viande, deux industries favorisées par Sir Joseph Flavelle. D'autre part, un manque d'ouvriers masculins se fait cruellement sentir, et les usines doivent dès lors recourir à la main-d'œuvre féminine, donnant aux femmes du Canada un rôle social qu'elles n'avaient jamais connu précédemment. Cependant, si, au lendemain du conflit, la plupart des femmes reprennent leur place traditionnelle au sein de la société, leurs attentes n'en demeurent pas moins plus élevées qu'auparavant. Alors en 1917, avant même que le conflit ne se termine, les gouvernements canadien et ontarien doivent déjà se résoudre à leur accorder le droit de vote, une revendication des femmes qui n'avait longtemps eu aucun écho. D'autre part, l'interdiction de la vente et de la consommation d'alcool en Ontario, une mesure qui n'avait été adoptée que pour la durée du conflit, semblait maintenant avoir bien des adeptes dans la population. Ainsi, alors qu'on se préparait à vivre les années exaltantes de l'après-guerre (les Années folles) la majorité de la population ontarienne vote par référendum en 1919 pour que la loi sur l'inter-

diction de la vente et de la consommation d'alcool soit maintenue.

L'économie ontarienne ressort plus forte à la suite du premier conflit mondial, et la décennie suivante est marquée par une croissance économique constante, qui ne sera ralentie que par la crise américaine de 1929. Au cours de la période comprise entre 1920 et 1930, l'expansion de Toronto se poursuit, alors que de nouvelles municipalités viennent s'ajouter à sa banlieue; la population compte alors à cette époque environ 500 000 habitants. Tout comme ailleurs aux États-Unis et au Canada, Toronto voit naître des sentiments d'hostilité envers les immigrants au cours des années 1920 et 1930. Avec l'après-guerre, puis les effets de la «grande dépression», les immigrants ne sont pas les bienvenus dans un pays où l'on n'a pas vraiment besoin d'eux. Le gouvernement canadien resserre ses frontières et pratique une immigration sélective où les Étasuniens et les sujets britanniques sont favorisés au détriment des Juifs, des Noirs et des Européens du Sud et de l'Est. Il ira même jusqu'à imposer une taxe à tous les immigrants chinois afin de réduire leur nombre, et, face au succès mitigé de cette politique, il décidera d'exclure tout simplement l'immigration chinoise de

1923 à 1947. Cette xéno-
phobie qui s'empare, si l'on
peut dire, des Torontois
comme du reste des Cana-
diens varie selon les conditions économiques. Lorsque
tout va bien, les immigrants
qui ne font pas partie des
peuples anglo-saxons sont
tolérés tant et aussi longtemps qu'ils ne sont pas
trop visibles.

Au cours de toute la période de crise qui suit le krach
de 1929, le Canada tout entier en subit les conséquen-
ces. Toronto demeure ce-
pendant moins gravement
touchée par la dépression
que la plupart des autres
villes canadiennes. Son
arrière-pays plus diversifié
et beaucoup mieux déve-
loppé lui permet d'amortir
les effets de la crise américaine et de conserver une
économie plus vive, alors
que le reste de l'économie
canadienne, très dépendan-
te des marchés extérieurs,
s'effondre avec le ralentisse-
ment des échanges internationaux. Afin de faire face à
la misère qui affecte la population, le gouvernement
ainsi que certaines entreprises privées vont mettre en
place un réseau d'assistance
pour aider les plus dému-
nis. Ce lent virage vers la
gauche va lentement transformer le Canada en État
providence dès l'après-
guerre.

Les années d'après-guerre

Portrait

Après 10 années de crise
économique, la Deuxième
Guerre mondiale vient rani-
mer l'économie canadienne
et fait renaître Toronto
grâce à l'avènement de
nouvelles technologies de
pointe telles que l'électronique et l'avionique. Du
côté des ressources naturelles, au cours des années
1950, on découvre, près du
lac Elliot, l'un des plus
riches gisements d'uranium
au monde. Ces nouveaux
atouts dont bénéficie la ville
sont couronnés par l'ouverture en 1959 de la Voie maritime du Saint-Laurent, qui
facilite beaucoup l'exportation de différents produits
torontois vers de nouveaux
marchés, et ce, malgré le
fait que les eaux du port de
Toronto gèlent au cours des
mois d'hiver. Toronto va
accroître son contrôle sur le
secteur des services et des
finances canadiennes, et di-
minuer l'écart qui la sépare
de Montréal à la tête des
villes canadiennes. Même si
les secteurs de l'agriculture
et de l'industrie deviennent
de moins en moins impor-
tants, alors que les grands
centres de production se
déplacent en Asie, où les
coûts de production sont
beaucoup moindres, les finances, la vente au détail,
le développement urbain et
les télécommunications

prennent rapidement la relève. Les gouvernements provincial et fédéral s'impliquent de plus en plus dans l'économie et dans les programmes sociaux, créant la base du nouvel État providence. En plus d'être un centre manufacturier et financier important, la ville de Toronto abrite aussi les sièges sociaux de plusieurs syndicats nationaux. Elle est en effet au centre du développement des syndicats au Canada, et ce, depuis le début de l'ère industrielle. Depuis la Deuxième Guerre mondiale, la main-d'œuvre syndiquée constitue une force économique très importante.

Après 1945, Toronto connaît une autre poussée démographique, alors qu'une nouvelle vague d'immigrants la submerge. La fin de la guerre ramène l'optimiste et la prospérité, tandis que le racisme qui eut cours pendant les années 1920 et 1930 disparaît, et que le pays ouvre de nouveau ses portes à l'immigration. Britanniques au départ et Italiens dès les années 1960 se succèdent, alors qu'Allemands, Polonais, Hongrois, Slaves, Grecs et Portugais continuent d'affluer.

Toronto et l'époque actuelle

En 1951, la grande région de Toronto manque de revenus, ce qui se fait surtout sentir en banlieue où sévit une pénurie de services. Pour régler cette situation, est créé en 1954 le premier gouvernement métropolitain du Canada: la Municipality of Metropolitan Toronto. Constitué de gens de Toronto et des 12 municipalités environnantes, ce conseil aura la responsabilité des domaines comme l'éducation, les finances, les transports publics, la gestion des eaux ainsi que les services policiers. Il sera sous la domination, à partir de 1954, d'un certain Frederick Gardiner, un avocat devenu politicien, qui, grâce à sa personnalité agressive et imposante, en prendra rapidement le contrôle pour en devenir son plus grand représentant. Lors de son arrivée au conseil de ville, Gardiner doit répondre aux besoins de toute la région entourant Toronto, qui se retrouve aux prises avec des problèmes d'eaux usées et d'eau potable, ainsi qu'aux besoins de Toronto elle-même, qui souffre d'un important problème de circulation au centre-ville. En effet, cette période coïncide avec la croissance marquée de la circulation entre la banlieue et Toronto. Un premier pas dans la bonne direction est accompli lors du parachèvement, au cours de 1953, du métro de Toronto, ce qui en fait le premier métro du Canada.

Cependant, la véritable solution à ce problème qu'éprouvaient tous les automobilistes ne se trouvait pas dans les transports en commun, mais plutôt dans l'amélioration et l'expansion du réseau routier, car Toronto, qui possédait déjà un port de mer et un réseau ferroviaire bien établi, avait grand besoin d'être reliée au reste de l'Ontario. Le projet de la construction d'une voie rapide traversant la ville le long du lac Ontario fut donc très rapidement adopté par le conseil Municipality of Metropolitan Toronto, quelques mois seulement après la création de cette dernière en 1953. Le chantier débuta dès 1954 et se poursuivit jusqu'en 1966. La construction d'une autoroute traversant le cœur de la ville ne plaisait pas, bien sûr, à toute la population, mais on s'entendait cependant sur la nécessité d'améliorer la circulation au centre-ville. Malgré toute l'opposition qu'a connue le projet de l'autoroute Gardiner, seule une coalition de citoyens décidés à protéger le site historique du fort York a réussi à faire modifier le tracé de l'autoroute. À la suite du refus de la

coalition de déplacer le fort sur les rives du lac Ontario, le conseil dut se résigner à contourner le fort. Aujourd'hui, l'autoroute Gardiner est en mauvais état: la structure métallique qui la soutient rouille rapidement à cause du sel utilisé en hiver pour faire fondre la neige et la glace sur la chaussée. Désormais, on utilise du métal enduit de résine époxy afin de juguler la corrosion prématurée de la structure, mais cela n'empêche pas plusieurs Torontois de détester cette autoroute qui leur bloque l'accès au lac Ontario; et pourtant c'est un mal nécessaire.

Dès les premières années de l'après-guerre, l'auréole qui entoure *Toronto the Good* va commencer à se ternir. En effet, dès 1947, les premiers bars de cocktail vont commencer à faire leur apparition un peu partout à travers la ville, ce qui soulève des tollés de la part de nombreux citadins. D'autre part, l'arrivée massive d'immigrants venus d'un peu partout en Europe accentue le caractère multiethnique de la cité. En 1960, Toronto franchit une autre étape vers la modernité et une plus grande liberté lorsque l'interdiction sur des activités comme le cinéma, le théâtre et d'autres événements culturels le dimanche est enfin levée. Cependant, la construction du nouvel hôtel de ville, terminée au mois de septembre 1965, va vraiment confirmer le vent de changement qui va bouleverser toute la ville. L'édifice conçu par l'architecte finlandais Viljo Revell brise le moule conservateur qui étouffait la ville et démontre les bénéfices de l'architecture moderne, mais peut-être avec un peu trop d'enthousiasme. Au cours des années qui suivent, plusieurs individus vont détruire, au nom du progrès et du modernisme, des édifices historiques pour faire place à de nouvelles constructions. Heureusement, ces promoteurs ont eu à faire face à une opposition farouche de la part de citoyens déterminés à sauver de la destruction tous ces témoins d'un passé pas si lointain. Parmi les nombreux édifices qui échappèrent aux pics des démolisseurs, figurent quelques-uns des plus beaux attraits de la ville: l'Union Station, le vieil hôtel de ville (Old City Hall) et la Holy Trinity Church. Il est ironique de constater que les Torontois ont finalement pris conscience de la valeur architecturale de tous ces anciens édifices, qui donnent tant de charme aux nombreux quartiers de la ville, que lorsqu'ils furent sous la menace directe des démolisseurs. Un certain équilibre entre le conservatisme du XIXe siècle et l'engouement envers tout ce qui est nou-

veau au cours des années 1950 et 1960 est atteint avec l'élection de David Crombie à la mairie. Ce dernier va amener la ville à se diriger vers un développement plus harmonieux, en fixant une hauteur limite aux nouveaux édifices, et va encourager la revitalisation de nombreux vieux quartiers par la restauration d'anciens bâtiments.

La domination de l'Ontario sur l'économie canadienne est indiscutable lorsque au milieu des années 1970 Toronto devient la métropole canadienne, surpassant en taille et en population sa rivale de toujours, Montréal. Les remarquables performances de l'économie ontarienne et torontoise sont largement tributaires de la proximité des États-Unis, d'abord pour l'exportation des produits, plus des trois quarts étant envoyés vers les États-Unis, mais aussi pour l'établissement au Canada de filiales de grandes entreprises étasuniennes.

En effet, après avoir connu une activité portuaire, ferroviaire et industrielle intense, Toronto se tourne lentement vers une économie de services qui prend de l'ampleur avec l'application de l'informatique, en même temps que son pouvoir financier continue à s'imposer comme le plus important du Canada. Le tourisme commence aussi à occuper une part importante des revenus de la ville.

Population

Au cours des années 1960, le centre-ville de Toronto attire de nouveau la population, qui délaisse un moment la banlieue pour venir s'installer en plein cœur de la ville et y rénover des quartiers entiers, dont certains abritent une myriade de bâtiments typiques de style victorien. Un bon exemple de ce genre de quartier est Yorkville, qui fut pendant quelques années au centre du mouvement hippie avant de s'embourgeoiser, tout comme les hippies de l'époque, et de devenir le lieu de rencontre branché qu'il est aujourd'hui. L'état de prospérité dont bénéficie alors le Canada, et qui se prolongera jusqu'aux années 1980, a pour effet de relancer l'immigration, qui s'était pratiquement interrompue au cours des années de crise et de guerre. Dans le quart de siècle qui suit la Deuxième Guerre mondiale, près de deux millions d'immigrants vont s'établir en Ontario, soit près des deux tiers accueillis au Canada durant cette période. La plupart de ces nouveaux arrivants s'installe à Toronto. Ces derniers ne proviennent plus en majorité des îles

Britanniques comme ce fut le cas auparavant; ce sont plutôt des gens originaires d'Europe du Sud et de l'Est, amenés à s'exiler en raison des difficiles conditions de vie qui font suite à la guerre en Europe. En l'espace de quelques décennies seulement, le visage culturel de Toronto se transforme radicalement avec l'ajout de différents quartiers ethniques qui contribuent, par la culture et la cuisine qu'on y trouve, à faire de cette ville la plus cosmopolite du Canada. Au cours des années 1970 et 1980, de nombreux immigrants en provenance d'Asie viennent à leur tour s'établir à Toronto.

L'immigration chinoise n'étant plus frappée d'interdiction, ainsi que l'avait décrété le gouvernement canadien entre les années 1923 et 1947, reprend de plus belle. L'afflux de cette «minorité visible» va complètement changer le visage de Toronto. La ville comptera dès lors non seulement un Chinatown, mais aussi deux autres quartiers chinois, tous accolés les uns aux autres et regroupant la deuxième communauté chinoise en importance après celle de San Francisco. Le long de Dundas Street, entre Spadina Avenue et Bay Street, c'est une véritable ville dans la ville où l'on peut facilement vivre sans jamais prononcer un seul mot d'anglais. Plus tard, au

Yonge Street

Selon le *Livre des records Guinness*, se trouve à Toronto la rue la plus longue du monde. En effet, Yonge Street (prononcer *young*), qui, en 1996, a fêté ses 200 ans, se déroule sur 1 178,3 milles (1 896 km), des rives du lac Ontario jusqu'à la ville de Rainy River, dans le nord-ouest de l'Ontario, tout d'abord un sentier utilisé par les Hurons, puis par l'explorateur français Étienne Brûlé. La construction de cette route fut commencée dans les années 1790 sous les ordres du gouverneur John Graves Simcoe afin de faciliter la communication entre la nouvelle ville de York (Toronto) et la baie Georgienne en cas de conflit avec les Étasuniens. Une fois le risque d'une guerre avec le voisin du Sud éliminé, Yonge Street devint pour les Torontois, au cours du XIXe siècle, une artère plus commerçante que par les années passées, mais boueuse. Aujourd'hui, elle demeure aussi bourdonnante d'activité, et l'on y retrouve de nombreuses boutiques de toute sorte.

cours des années 1970, des immigrants en provenance des Antilles et de différents pays asiatiques s'y établiront à leur tour. Cette immigration va une fois de plus, en l'espace d'une décennie, complètement transformer l'image de Toronto, en lui conférant cette saveur internationale propre aux grandes métropoles. La ville est encore aujourd'hui majoritairement administrée par les Anglo-Saxons, qui forment toujours l'élite de la société locale et qui accèdent à la plupart des postes clés dans les principales institutions financières de la ville.

Les changements en profondeur qu'a connus le Québec, à partir des années 1960, puis, d'une façon encore plus marquée, au cours des années 1970, ont également contribué à transformer le visage de

Toronto. En effet, à mesure que les Québécois francophones se rapproprient peu à peu le contrôle de leur économie et que le gouvernement du Québec légifère en vue de protéger et de promouvoir la langue de sa majorité, certaines grandes firmes dont les affaires se font traditionnellement en anglais jugent non rentables de s'adapter aux nouvelles règles du jeu et choisissent de se déplacer à Toronto. Cet exode vient donc alimenter l'économie de la Ville reine, et sa Bourse devient de plus en plus importante. Du fait de cette activité économique en pleine effervescence, Toronto est devenue le terrain du plus gros marché immobilier canadien, avec les maisons et les loyers les plus onéreux du Canada.

Aujourd'hui, l'agglomération de Toronto englobe une population d'environ 4,7 millions d'habitants, ce qui en fait la plus grande ville canadienne.

Toronto:
ville de quartiers

Toronto est une des villes d'Amérique du Nord qui ont le mieux réussi le mariage des cultures, des immigrants des quatre coins du globe étant parvenus à s'y intégrer tout en maintenant l'identité et les traditions culturelles qui leur sont propres. C'est d'ailleurs précisément cette fusion harmonieuse des cultures qui fait de Toronto la plus grande et la plus diversifiée des villes canadiennes, une véritable mosaïque culturelle qui contraste nettement avec le creuset ethnique caractéristique de la société de nos voisins du sud de la frontière. Aussi vaste et étendue qu'elle puisse paraître, Toronto s'impose, somme toute, comme une ville de quartiers. De Rosedale à Cabbagetown, des Beaches (les Plages) à la Little Italy (Petite Italie), d'un Chinatown à l'autre, chacun des quartiers de Toronto possède un caractère unique. S'il est vrai que certain secteurs se distinguent par leurs excentricités architecturales, les plus intéressants demeurent ceux que façonnent les gens mêmes qui y vivent. De fait, la diversité ethnique de Toronto est pour le moins étourdissante, puisque plus de 70 nationalités s'y côtoient et y parlent plus de 100 langues, pour le plus grand bonheur des amateurs de restaurants!

Chinatown

Le quartier ethnique le mieux connu de Toronto est Chinatown. Fascinant et animé, il est délimité par University Street, Spadina Avenue, Queen Street et

Le Toronto chinois

La plus visible, la plus nombreuse et la mieux établie de Toronto, l'immigration chinoise remonte au milieu du XIXe siècle. Avec ses 250 000 membres, elle constitue la plus importante communauté chinoise pour une ville nord-américaine. Les premiers arrivants, qui se lancent dans l'industrie de la blanchisserie et de la restauration, s'installent sur Yonge Street entre Queen Street et King Street. Pourtant, le premier véritable Chinatown, cœur de la vie commerciale et sociale de la communauté, se crée dans le secteur de Dundas Street entre Bay Street et University Avenue. On y comptait une grande concentration de salons de thé, de restaurants mais surtout de blanchisseries, service indispensable à la vie urbaine durant cette période antérieure à l'invention de la machine à laver. La construction d'un nouvel hôtel de ville, dans les années 1950, force la communauté à se déplacer vers l'ouest, aux environs de Dundas Street et de Spadina Avenue. Ce secteur, au centre de cette nouvelle communauté florissante, demeure aujourd'hui le cœur de la communauté sino-torontoise. Le prix galopant des loyers force les nouveaux arrivants chinois à s'installer dans des secteurs plus excentrés et plus modestes. C'est ainsi que le quartier autour de Gerrard Street et de Broadview devient le second centre en importance pour les Chinois dans les années 1970. Au cours de cette décennie et de la suivante, à l'instar des autres groupes ethniques de Toronto, la population chinoise commence à regarder vers les banlieues nord et ouest. Ainsi, des centres fleurissent à Scarborough et Mississauga, grâce notamment à l'arrivée d'immigrants fortunés de Hong Kong.

Aujourd'hui, l'immigration chinoise continue de contribuer énormément à l'accroissement de la population torontoise. Bien que moins du tiers de la communauté habite désormais au centre-ville, le secteur de Spadina Avenue et de Dundas Street demeure le cœur économique et culturel de la communauté. Une effervescence y règne sept jours sur sept, pratiquement nuit et jour. Un endroit à ne pas manquer.

College Street. Le jour, les légumes frais encombrent les trottoirs autour de l'intersection de Spadina Avenue et de Dundas Street, au cœur même du quartier, tandis que, le soir venu, les brillantes lumières jaunes et rouges qui scintillent un peu partout font penser à Hong Kong. Le pittoresque Kensington Market voisin est par ailleurs souvent associé au quartier chinois, et ses étalages de vêtements anciens, de même que ses épiceries européennes, antillaises, moyen-orientales et asiatiques, valent incontestablement le coup d'œil.

Little Italy

Les Italiens forment le groupe ethnique le plus important de la ville, et leur «havre spirituel» n'est autre que la Petite Italie (Little Italy), située sur College Street à l'ouest de Bathurst Street, là où les trattorias et les boutiques confèrent une aura quelque peu méditerranéenne à la scène torontoise. Ces dernières années, la Petite Italie s'est vue redéfinie par une population plus jeune qui en a fait un quartier branché, ce qui a entraîné l'ouverture de bon nombre de bars et de restaurants à la mode (et

pas tous italiens). Il en résulte un mélange saisissant de commerces conventionnels et de petits restaurants italiens entrecoupés de chics salles de billard et de confortables bars à vins. L'endroit est tout indiqué pour siroter un cappuccino ou pour déguster un *gelato*. En été, la Petite Italie devient par ailleurs un des centres de vie nocturne les plus animés dans la ville, alors que ses rues s'encombrent de terrasses extérieures trépidantes, affairées jusqu'aux petites heures du matin.

Greektown

Le quartier grec, The Greektown, est aussi connu sous le nom de «The Danforth», l'artère qui le traverse. Ce quartier, qui s'étend entre Broadview et Coxwell (près de la station de métro Chester), est parsemé de boulangeries-pâtisseries grecques (où vous trouverez le meilleur pâté en croûte aux épinards et au fromage feta en ville), de boutiques variées et de *tavernas*. Même les plaques de rue y sont rédigées en anglais et en grec, et certains des plus petits restaurants appartenant à des habitants du quartier ferment leurs portes pour la saison estivale, leurs propriétaires choisissant de retourner en Grèce à cette époque de l'année. Outre les petits établisse-

ments traditionnels, vous y trouverez toutefois un certain nombre de restaurants grecs branchés convenant parfaitement à un dîner animé en ville. The Danforth, qui s'impose comme un des quartiers de restaurants les plus prisés, vous réserve de tout, des tapas cubains aux sushis, quoique les mets grecs dominent incontestablement les tables du secteur, et The Greektown, avec ses marchés de fruits, ses comptoirs d'aliments recherchés, ses tavernes et ses cafés estivaux ouverts tard le soir, constitue une expérience culinaire unique en son genre.

Little Poland

Entre le Lakeshore et Dundas Street West, l'avenue Roncesvalles devient la Petite Pologne (Little Poland), un agréable quartier parsemé d'arbres majestueux et d'imposantes maisons victoriennes. Profitez-en pour voir un film de l'Europe de l'Est ou pour déguster les traditionnelles roulades de chou farci et les pirojkis maison dans un des nombreux cafés du quartier.

Portugal Village

Les légendaires azulejos (carreaux de céramique) et un verre de porto vous transporteront au Portugal lorsque vous visiterez le secteur délimité par Dundas

Street West, Ossington Avenue, Augusta Avenue et College Street, un quartier connu sous le nom de «Portugal Village». Les boulangeries d'ici vendent des pains parmi les meilleurs en ville, mais il ne faut pas non plus oublier les fromageries, les poissonneries et les boutiques de crochet et de dentelle qui surgissent de toute part.

Little India

La Petite Inde (Little India), qui s'étire le long de la rue Gerrard entre Greenwood et Coxwell, révèle tout le caractère de New Delhi (chaos en moins). Des guirlandes d'ampoules colorées ornent les façades des restaurants et embrasent la rue comme s'il y avait fête tous les soirs. Les «palais du sari» abondent, leurs vitrines remplies de vêtements scintillants; les supermarchés empiètent sur la rue avec leurs paniers débordant de graines de moutarde, de *pappadams*, de noix de coco et de cannes à sucre, et des haut-parleurs éraillés crachent partout les plus récents succès du palmarès indien. À moins que vous ne soyez à la recherche d'un bouddha doré ou de quelque autre souvenir, la principale raison pour visiter la Petite Inde (hormis son atmosphère) tient sans aucun doute à ses restaurants. Un commerce sur

deux semble d'ailleurs en être un, et chacun se spécialise dans une variété différente de cuisine indienne, la plupart offrant un buffet à volonté pour environ 10$.

Caribbean Community

Le quartier qui s'étend autour de Bathurst Street, au nord de Bloor Street, est le district commercial de la communauté antillaise (Caribbean Community). De merveilleuses boutiques d'alimentation y proposent toutes sortes de délices des îles, y compris des bouchées salées (*savoury patty*, ou chausson feuilleté farci de viande épicée) et du *roti* (galette garnie de viande, de poisson ou de légumes).

The Ghetto

Toronto accueille la plus dense population de gays et lesbiennes au Canada, envers qui elle fait d'ailleurs preuve d'une grande tolérance et d'un appui senti. Le village gay (affectueusement désigné sous le nom de «Ghetto») s'est installé sur Church Street entre les rues Carlton et Bloor. Des drapeaux aux couleurs de l'arc-en-ciel flottent aux mâts de ses lampadaires, et des couples de gays s'y promènent la main dans la main. À l'occasion du festival et du défilé de la Fierté gay de Toronto, à la fin de juin, les rues du village sont fermées à la circulation pendant trois jours et s'emplissent de comptoirs à bières sous la tente, de vendeurs de rue et, bon an mal an, de quelque 700 000 personnes (aussi bien gays qu'hétéros). À n'en point douter, il s'agit là d'une des plus grandes fêtes de la ville. La rue Church s'avère animée et trépidante, surtout pendant l'été, avec ses bars, ses cafés, ses restaurants, ses boutiques et ses nombreuses terrasses extérieures. Cela dit, Hanlan's Point, dans les îles de Toronto, est un autre rendez-vous fort prisé des gays au cours de la belle saison, si bien que, en mai 1999, elle a été officiellement désignée comme plage nudiste.

Rosedale

Les deux quartiers les plus riches et les plus huppés de Toronto se trouvent immédiatement au nord du centre-ville. Rosedale est délimité par Yonge Street à l'ouest, l'autoroute de la Don Valley à l'est, Bloor Street au sud et St. Clair Avenue au nord. Rosedale était à l'origine le domaine du shérif William Jarvis, et ce nom lui fut donné par son épouse Mary en raison des roses sauvages qui y poussaient en abondance à l'époque. Les roses sauvages et la maison qui dominait le ravin ne sont plus, puisqu'elles font place aujourd'hui à une série de rues en lacet bordées d'exquises demeures rendant hommage à une variété intéressante de styles architecturaux.

Forest Hill

Au nord de St. Clair Avenue débute le chic quartier de Forest Hill, qui s'étend au nord jusqu'à Eglinton Avenue, à l'est jusqu'à Avenue Road et à l'ouest jusqu'à Bathurst Street. Sans doute pour lui permettre de rester fidèle à son nom, l'un des premiers règlements de cet ancien village, promulgué dans les années 1920, stipulait qu'un arbre devait être planté sur chaque parcelle de terrain. Ce havre de verdure accueille certaines des résidences les plus prestigieuses de la ville, plusieurs d'entre elles pouvant être admirées sur Old Forest Hill Road. Cette communauté est en outre le siège d'une des écoles privées canadiennes les plus réputées, l'Upper Canada College, où ont étudié des sommités telles que les écrivains Stephen Leacock et Robertson Davies.

Cabbagetown

Cabbagetown fut à une certaine époque décrit comme le «plus grand quartier pauvre anglo-saxon», un secteur à éviter pendant de nombreuses années. Cabbagetown s'est toutefois transformé il y a quelque temps et incarne aujourd'hui le summum de l'embourgeoisement torontois. Son nom lui vient des immigrants écossais qui s'y installèrent au milieu du XIXe siècle et qui cultivaient des choux directement devant leur maison. Vous y verrez de beaux grands arbres et de pittoresques maisonnettes victoriennes dont plusieurs portent des plaques commémoratives. Les rues Winchester, Carlton, Spruce et Metcalfe sont quant à elles flanquées de véritables perles architecturales.

The Annex

Au nord et à l'ouest de l'intersection de la rue Bloor et de l'avenue Road, une zone annexée à la ville de Toronto en 1887 s'étend jusqu'aux rues Dupont et Bathurst, et porte le nom on ne peut plus approprié de The Annex. Comme il s'agit là d'une banlieue tracée sur plan, il n'est guère étonnant d'y voir prédominer une certaine homogénéité architecturale, à tel point que les pignons, tourelles et corniches distinctives en sont tous alignés à égale distance de la rue. Ce quartier sert aujourd'hui de lieu de résidence à des professeurs et étudiants d'université, à des journalistes et à des gens de tout horizon. The Annex est un autre quartier de restaurants et de boutiques, tout indiqué pour faire des achats, manger ou simplement se promener pour s'imprégner de l'atmosphère de la ville.

The Beaches

Le dernier, mais non le moindre: le quartier des Plages (Toronto a vraiment de tout!). Connu des résidants sous le nom de The Beaches ou tout simplement The Beach, c'est un des secteurs les plus charmants de Toronto, et pour des raisons évidentes, puisque le soleil, le sable, une promenade lacustre, de classiques cottages recouverts de bardeaux et de clins de bois, et l'eau à perte de vue, ne se trouvent qu'à courte distance de tramway (sur la rue Queen) du rythme effréné du centre-ville. Délimité par Kingston Road, Woodbine Road, Victoria Park Avenue et le lac Ontario, The Beach, plus qu'un simple quartier, est un mode de vie en soi. De part et d'autre de son axe principal, la rue Queen, se dressent d'innombrables restaurants, cafés et boutiques, et vous y trouverez de tout, des vêtements signés pour enfants aux animaleries de luxe. Les trottoirs, la promenade et la piste cyclable qui borde la plage en sont davantge envahis par les amateurs de patin à roues alignées, les cyclistes et les promeneurs accompagnés de leur chien que les rues ne le sont par les voitures. Les visiteurs apprécieront au plus haut point de pouvoir s'y gorger de soleil sur le sable chaud, de faire trempette dans les eaux rafraîchissantes du lac ou, à la tombée du jour, de faire du lèche-vitrine et de se prélasser sur une jolie terrasse.

Politique

En 1953, Toronto et 12 municipalités voisines s'unissaient pour former le «Grand Toronto métropolitain» (Municipality of Metropolitan Toronto), soit la première entité administrative métropolitaine du Canada. Puis, lorsque Toronto amalgama, en 1998, les six municipalités qu'elle comptait en propre pour former une seule et unique ville de Toronto, un nouveau conseil municipal fut créé, constitué de deux conseillers par quartier pour un total de 58 conseillers (plus le maire de Toronto). La Ville de Toronto a déjà la responsabilité de la plupart des services, mais la consolidation se poursuit. Quant aux anciens conseils municipaux des six municipalités d'origine, ils perdurent à titre de «conseils communautaires».

Il y a quelques années, des frictions opposaient l'agglomération de Toronto et les habitants des îles de Toronto. Les îles appartiennent à la métropole, qui louait des lopins de terre à la population. Lorsque le conseil décida après plusieurs années de reprendre possession des terres et d'en chasser les habitants afin d'y construire un parc, ceux-ci se sont opposés à cette tentative du conseil en vue de s'approprier les îles de Toronto.

La politique municipale n'est reliée directement à aucun parti politique, mais il n'en demeure pas moins qu'elle exerce une influence non négligeable sur la scène provinciale et fédérale. La métropole, avec ses 3,4

Toutes pour une...

En janvier 1998, six municipalités qui formaient la Greater Toronto Area ont été regroupées sous une seule et même administration municipale, lançant ainsi un mouvement de fusion municipale qui devait atteindre Ottawa et les villes québécoises de Hull, Québec et Montréal. Très impopulaire, cette fusion n'en fut pas moins imposée par le gouvernement conservateur de Mike Harris. Le maire de l'ancienne municipalité de North York, le coloré Mel Lastman, fut élu maire de cette mégacité. Réélu en novembre 2000 malgré une vingtaine de candidats adverses lui faisant la lutte, le maire Lastman continue de gérer cette fusion qui, après des ratés, semble maintenant atteindre sa vitesse de croisière.

millions d'habitants, représente une partie importante de l'électorat provincial et fédéral, et influence souvent la politique canadienne. Toronto est, depuis la Confédération de 1867, la capitale de la province de l'Ontario.

Économie

Il y a une trentaine d'années, Toronto est passée au premier rang des villes canadiennes, qu'elle domine sur le plan de la population et de l'économie. Si les secteurs industriel et manufacturier ont perdu quelque peu d'ardeur ces dernières années, Toronto est demeurée quand même une ville au rôle prépondérant grâce à son puissant secteur financier. Les cinq plus grandes banques canadiennes y ont toutes d'importantes installations, et la plupart des grandes firmes et compagnies d'assurances y ont leur siège social. La Bourse de Toronto occupe elle aussi une place importante à l'intérieur du marché nord-américain, tout juste derrière la Bourse de New York. Dans le domaine industriel, la construction automobile constitue une part vitale de l'économie torontoise, suivie de la production de machinerie lourde, de la transformation du fer, des acieries, des usines de produits chimiques et d'une industrie d'appareils électroniques en pleine expansion. La plupart de ces entreprises sont concentrées le long du lac Ontario, de Toronto jusqu'à Hamilton, dans ce qui est plus communément appelé le «Golden Horseshoe», la région la plus industrialisée de tout le Canada. Cette région est aussi favorisée par un accès à la Voie maritime du Saint-Laurent et à un réseau ferroviaire très étendu, de même que par un accès rapide aux voies de communication de tout l'Ontario. L'industrie touristique devient aussi de plus en plus importante dans cette ville tournée vers le futur.

Arts

Que ce soit en peinture, en littérature, en musique ou en cinéma, les artistes ontariens ont cherché, au fil des ans, à créer des œuvres à saveur canadienne tout en se distinguant des mouvements artistiques anglais et étasuniens dont l'influence est incontestable. Cette quête, qui aura porté fruit, n'a sans nul doute pas toujours été aisée, bien que privilégiée par la création d'organismes gouvernementaux comme le Conseil des arts du Canada, ayant pour mission de subventionner les entreprises culturelles afin de mettre en valeur les artistes du pays.

La peinture

Ce n'est qu'avec l'avènement du XIXe siècle qu'il devient possible de commencer à parler de mouvements artistiques à Toronto. Dès les premiers jours de la colonisation émergent du lot des peintres de talent qui trouvent une source d'inspiration auprès de maîtres européens et délaissent ainsi leur petite colonie qui étouffe, selon eux, leur esprit créateur. Ils ont alors pour principaux clients l'Église et la bourgeoisie, qui les incitent à ne réaliser que des œuvres à caractère religieux (autels, orfèvrerie) ou des portraits de famille.

Au cours des premières années du XXe siècle, de grands peintres paysagistes ontariens se font connaître en créant un art véritablement canadien. Tom Thomson, dont les toiles offrent une représentation bien particulière des paysages uniques du Bouclier canadien, est à l'origine de ce mouvement. Il meurt cependant prématurément en 1917, à l'âge de 40 ans. Son influence s'avère toutefois indéniable sur un des groupes de peintres les plus marquants en Ontario et au Canada, le Groupe des Sept, dont la première exposition se tient à Toronto en 1920. Ces artistes, Franklin Carmichael, Lawren S. Harris, Frank Johnston, Arthur Lismer, J.E.H. MacDonald, A.Y. Jackson et Frederick Varley, sont tous des paysagistes. Bien qu'ils collaborent étroitement, chacun va développer son propre langage pictural. Ils se démarquent par l'emploi de couleurs vives dans la composition de paysages typiques du Canada. Même si ces artistes ont connu une grande popularité au cours des années 1950, plusieurs artistes contemporains rejettent aujourd'hui leur travail qui, selon eux, propose une œuvre trop conformiste.

Un artiste qui a beaucoup marqué les arts à Toronto n'est même pas canadien: le sculpteur écossais Henry Moore. Sa sculpture *The Archer*, qui domine le Nathan Philips Square, est un des premiers exemples d'art public à Toronto et a contribué à la transformation de cette ville. Moore a fait don de ses œuvres complètes à l'Art Gallery of Ontario (AGO), où son curieux *Form* en marque l'entrée.

La littérature

Puisqu'elle est la plus grande ville du Canada, il n'y a rien d'étonnant à ce que Toronto soit la Mecque de l'édition canadienne-anglaise. Siège d'un grand nombre d'éditeurs canadiens parmi les plus importants, et par ailleurs le théâtre de l'International Festival of Authors, Toronto possède une riche histoire littéraire.

Les premiers habitants de Toronto se percevaient comme des sujets britanniques. Ces loyalistes nourrissaient d'ailleurs des vues foncièrement anglaises dans leur essence, et ils s'évertuaient à les faire valoir dans la littérature de leur terre d'accueil. La rupture avec la Couronne et les traditions du Vieux Continent se serait bien effectuée d'elle-même en temps et lieu, mais la présence des Étasuniens nouvellement indépendants au sud de la frontière contribua vraisemblablement à accélérer les choses. Aux États-Unis, nombre d'auteurs s'étaient fait connaître non seulement comme de simples écrivains de langue anglaise, mais aussi comme des écrivains étasuniens à part entière, et cette émancipation suscitait l'envie des auteurs torontois en particulier et canadiens-anglais en général.

Bien que l'écrivaine torontoise Mazo de la Roche soit aujourd'hui bien connue en tant qu'auteure canadienne de grand talent, elle n'en réclamait pas moins de puissants liens avec l'Empire britannique. Ses romans de la série «Jalna» (1927-1960) décrivent la vie des habitants de la périphérie de Toronto.

L'écrivain et journaliste torontois Morley Callaghan est réputé pour son roman *That Summer in Paris* (1963), qui raconte son été de 1929, passé en compagnie d'Ernest Hemingway et d'autres membres de la «génération perdue» (expatriés établis à Paris). En tant que collaborateur au *New Yorker* et récipiendaire du prix du Gouverneur général (1951) pour *The Loved and the Lost*, Callaghan a plus d'une fois choisi d'obscurcir son environnement dans ses œuvres de fiction, de sorte que sa production littéraire fait figure d'exception en regard des normes propres à la littérature canadienne, sans cesse en quête d'une solide identité qui lui soit propre. Sa fiction dépeint souvent la dure vie anonyme des citadins dans l'espoir de promouvoir un engagement social plus profond.

Les années 1970 voient naître à Toronto des mouvements modernes tels qu'Open Letter, cherchant à donner du sang neuf à des idées anciennes.

La ville sert de toile de fond prédominante à de nombreuses œuvres de deux des plus éminents auteurs canadiens. Il s'agit en premier lieu de Robertson Davies (1913-1995), entre autres romancier et dramaturge. Sa «Deptford Trilogy» et sa «Cornish Trilogy», toutes deux campées dans le décor torontois, révèlent un regard analytique et réfléchi sur le passage de la ville du charme provincial à l'urbanisme recherché. *The Cunning Man*, son dernier roman est particulièrement remarquable.

Le deuxième de ces auteurs est Margaret Atwood (voir encadré), une féministe, satiriste, nationaliste, poétesse et romancière qui se fit le porte-flambeau du modernisme au cours des années 1970. Ses productions littéraires et critiques ont énormément contribué aux efforts visant à définir la culture et la littérature canadiennes. Selon les canons de la littérature canadienne, Atwood est tenue pour l'un des plus grands écrivains du pays.

Toronto est aussi la capitale canadienne-anglaise du multiculturalisme. Il est donc tout à fait naturel que nombre d'immigrants aient choisi d'y élire domicile. Aussi l'écrivain d'origine sri-lankaise Michael Ondaatje y habite-t-il désormais, et son roman *In the Skin of the Lion* (1987) se déroule dans la Ville reine. La construction du viaduc de la rue Bloor et

Margaret Atwood

Portrait

Romancière, poète et critique, Margaret Atwood représente assurément le plus beau fleuron de la littérature canadienne-anglaise. Née à Ottawa en 1939, elle déménage à Toronto avec sa famille alors qu'elle n'a que sept ans. C'est à l'université de Toronto qu'elle entame des études littéraires qui se poursuivront à la prestigieuse université Harvard, aux États-Unis. Grande voyageuse, elle a vécu et travaillé à Vancouver, Boston, Montréal, Edmonton, ainsi qu'en Angleterre, en France, en Allemagne et en Italie. Depuis 1992, elle habite Toronto.

Ses nombreuses œuvres littéraires et poétiques ont été traduites dans plus de 20 langues et ont été acclamées à la fois par la critique et le grand public, notamment *La servante écarlate* (*The Handmaid's Tale*, 1985), qui lui vaut une reconnaissance internationale en tant que romancière. La qualité et la précision de son langage, qui donnent une résonance particulière à ses mots, sont unanimement reconnues dans toutes ses œuvres. La prolifique Margaret Atwood a exploré des questions bien de son temps, les dépeignant avec un esprit satirique et autocritique très représentatif du roman contemporain. La qualité de ses œuvres et son engagement social se sont vu récompenser par l'obtention de plusieurs prix littéraires et autres récompenses, notamment le prix du Gouverneur général du Canada (1966 et 1985), le prix du *Los Angeles Times* (1985), le Toronto Arts Award (1986), Ms Magazine's Woman of the Year (1986), le Ida Nudel Humanitarian Award du Congrès juif canadien (1986), l'American Humanist of the Year Award (1987), le prix des Commonwealth Writers (1992) et le prix du *Sunday Times* (1994). Elle est, de plus, Compagnon de l'Ordre du Canada.

l'aménagement de l'usine de filtration Harris ont tous deux leur place dans son roman et ajoutent à l'intérêt de sa lecture. Le roman d'Ondaatje, *The English Patient*, qui lui a d'ailleurs valu le prix Booker en 1993, fait en quelque sorte suite à *In the Skin of a Lion*, et fut la trame du film gagnant aux Oscars en 1996 sous le même titre. Austin Clark réside également à Toronto, et son roman *The Meeting Point* dépeint la vie antillaise dans la métropole.

Le théâtre

Toronto est la capitale théâtrale du Canada et la troisième scène théâtrale anglophone derrière celles de Londres et de New York. On y présente de tout, des grands classiques au théâtre expérimental. Pendant une bonne partie du XXe siècle, Toronto offrait une scène théâtrale plutôt limitée. En effet, en 1960, la ville ne possédait que deux théâtres professionnels. Maintenant, Toronto compte plus de 200 compagnies de théâtre et de danse professionnelles qui donnent chaque année plus de 10 000 représentations. Plus de sept millions de personnes assistent annuellement aux différentes pièces: music-hall, drames, comédies... il y en a pour tous les goûts. Il n'est donc pas étonnant de constater

qu'en 1993 l'Unesco a désigné Toronto comme «la ville la plus culturellement diversifiée du monde». On y trouve des centaines de théâtres dont certains ont été construits au début du XXe siècle. Le Royal Alexandra Theatre en est un excellent exemple. Sauvé de la destruction par Ed Mirvish, «le roi du magasin bon marché», le théâtre fut rénové à grands frais et aujourd'hui a retrouvé toute sa splendeur d'antan. Plusieurs anciennes usines et casernes de pompiers ont aussi été reconverties en salles pouvant accueillir au total plus de 43 000 spectateurs. De nombreux festivals, comme le Fringe of Toronto Festival, le fFIDA (Fringe Festival of Independent Dance Artists), le Summer Works et le World Stage Festival, mettent en vedette de nouveaux talents locaux ainsi que plusieurs autres en provenance de l'extérieur.

Le cinéma

Tout au long de la première moitié du XXe siècle, le cinéma canadien a été, à quelques exceptions près, inexistant. Pour beaucoup de Canadiens, il était tout à fait inutile et même futile de s'opposer au cinéma étasunien, le cinéma le plus populaire et de loin celui qui connaît la plus grande réussite. Cependant, à partir des années 1950, le cinéma canadien va commencer à se développer et à se trouver une identité propre. Mais il faut attendre 1963 avec le film *Nobody Waved Goodbye* pour que Toronto se donne une identité cinématographique et, par la même occasion, ouvre la voie à une culture cinématographique canadienne. Des personnages comme Norman Jewison, mieux connu pour avoir produit des films comme *Moonstruck* et *Fiddler on the Roof*, vont faire leur apparition et influencer de façon importante le développement de l'industrie cinématographique torontoise. Le cinéma canadien demeure quand même très marginal par rapport au géant étasunien. Aujourd'hui, la proportion de films canadiens à l'affiche dans les différentes salles du Canada constitue à peine 2,5 %. Il n'est donc pas étonnant que plusieurs artistes torontois comme Rick Moranis et David Cronenberg soient attirés par l'énorme industrie cinématographique étasunienne.

Toronto n'en demeure pas moins une ville très active en matière de cinéma. Surnommée la «Hollywood du Nord», Toronto est une ville recherchée par de nombreux réalisateurs pour sa diversité, pour la qualité des centres de production et pour les nombreux talents locaux. De toute l'Amérique du Nord, seulement Hollywood et New York surpassent Toronto sur le plan de la production. Grâce à la quantité et à la diversité de ses quartiers, Toronto est en mesure d'offrir une variété de sites utilisés pour doubler des villes comme Boston, New York, Tokyo, Philadelphie et même Vienne. De nombreux producteurs américains décident d'utiliser Toronto comme lieu de tournage pour l'économie que cela représente, car tourner un film à Toronto s'avère beaucoup moins cher qu'aux États-Unis. Le tournage de films

publicitaires rapporte à lui seul 135 millions de dollars chaque année. Il va sans dire que le festival international du film de Toronto (Toronto International Film Festival), qui a lieu chaque année au mois de septembre, attire de nombreux cinéphiles. Non seulement s'agit-il d'un forum pour le cinéma mondial, incluant bien sûr le colossal cinéma étasunien, mais aussi son Perspective Canada met en valeur de nouveaux talents du cinéma canadien.

La musique

Nombre d'artistes ontariens se sont fait connaître sur la scène internationale; voici une courte rétrospective de quelques-uns d'entre eux, parmi les plus connus.

Né à Toronto le 25 septembre 1932, Glen Gould est sans aucun doute un des plus célèbres. Dès sa plus tendre enfance, il a été bercé dans un univers de musique. Apparentée au compositeur Edvard Grieg, sa mère lui enseignera jusqu'à l'âge de 10 ans les premiers rudiments du piano et de l'orgue. Mais le jeune Glen Gould deviendra très rapidement un élève exceptionnellement doué qui, dès l'âge de cinq ans, apprend la composition musicale.

La virtuosité de Glen Gould fut unanimement reconnue lors de son premier concert donné en public, en 1945. Un an plus tard à peine, il fit ses débuts en tant que soliste lors d'un concert à la Royal Academy, où il interpréta le *Quatrième Concerto* pour piano de Beethoven (1806); dès l'âge de 14 ans, il fit son entrée à l'orchestre symphonique de Toronto.

Amené à travailler avec les plus grands musiciens, notamment Herbert von Karajan, qui dirigeait l'orchestre philharmonique de Berlin, ou Leonard Bernstein et l'orchestre philharmonique de New York, Glen Gould s'imposa sur la scène mondiale comme l'un des plus talentueux musiciens de son époque. Davantage attiré par la composition et l'enregistrement en studio que par les concerts à grand spectacle, Glen Gould décida de faire ses adieux prématurément à la scène le 10 avril 1964, lors d'un récital à Los Angeles, et de consacrer le reste de son existence à la création et à l'enregistrement de nombreuses œuvres. Il est mort à Toronto le 4 octobre 1982.

C'est à Toronto, le 12 novembre 1945, que naissait Neil Young. Il n'y passe cependant qu'une partie de sa jeunesse avant de déménager avec sa mère à Winnipeg, au Manitoba, où il débute sa carrière de musicien, pour finalement s'installer en Californie. D'abord membre de différents groupes, notamment les Squires, The Buffalo Sprinfield et surtout Crosby, Still, Nash and Young, il débute sa carrière solo en 1969 avec son album *After the Goldrush*. En 1972, il enregistre *Harvest*, son microsillon le plus vendu et le plus connu, qu'il considère lui-même comme son enregistrement le plus réussi. Il fait aussi partie, depuis 1994, du Temple de la renommée du rock.

L'avenue Yorkville de Toronto a vu naître quelques-uns des plus grands talents des années 1960. Le chanteur de charme Gordon Lightfoot et les fameux chanteurs folks Ian and Sylvia sont de ceux et de celles qui ont débuté leur carrière dans les boîtes et les cafés de l'avant-gardiste Yorkville.

The Band est un autre fameux nom dans l'histoire du rock-and-roll. Originaire de Toronto, ce groupe de musiciens a acquis une grande popularité vers la fin des années 1960, à la suite d'une réussite remarquable sur la scène musicale folk de Toronto et comme groupe accompagnateur de Bob Dylan. Après le succès de la chanson «The Weight» et du film *The Last Waltz*, The Band a cessé d'exister.

Plus récemment, les Barenaked Ladies composent et jouent de la musique qui oscille entre le rock, le jazz et la musique folk; originaire de Toronto, tout comme les musiciens précédents, le quatuor des Cowboy Junkies a connu un grand succès avec son album Trinity Sessions, enregistré à l'intérieur de la Holy Trinity Church, à deux pas du centre Eaton.

L'architecture

Ce sont des préoccupations d'ordre militaire qui, en 1793, ont donné naissance à la ville de Toronto (alors baptisée «York»). On traça rapidement des rues de manière à former une dizaine de quadrilatères autour de l'intersection de King Street et de Sherbourne Street, à l'est du port et du fort York, donnant ainsi le jour à «York la boueuse». Cette petite agglomération n'en avait pas moins été désignée comme la capitale du Haut-Canada, si bien qu'elle devait se doter d'un certain air de civilité. Les constructions de bois alignées à la hâte le long de ses rues furent donc tout aussi rapidement remplacées par des édifices georgiens, et un palais de justice, une prison, une église, un bureau de poste et des aménagements portuaires en vinrent bientôt à compter parmi les structures permanentes de cette ville embryonnaire et peu étendue. C'est ainsi que les gentilshommes venus s'établir dans cet avant-poste militaire parvinrent à le façonner à l'image ordonnée de l'Empire britannique.

Au-delà des rues accolées les unes aux autres, plus ou moins au nord de l'actuelle rue Queen, le gouverneur divisa en lots de longues et étroites bandes de parc de manière à attirer l'aristocratie dans les colonies de la Couronne. L'époque georgienne s'achevait à peine, et le style d'une solidité vigoureuse qui le caractérise fut la première signature architecturale de la ville. Il laissa bien sûr son empreinte sur des églises et divers bâtiments publics et commerciaux, mais un de ses legs les plus saisissants fut à l'époque une résidence privée, The Grange (voir p 23), construite en 1817 sur le lot n° 13. Quant aux nantis de l'ère victorienne, ils retinrent qui le style gothique, qui le style roman, italianisant ou Reine-Anne dans le but de faire valoir leur rang social.

L'utilisation de la brique fit l'objet de la première loi adoptée par la nouvelle municipalité de Toronto en 1834. Non seulement conférait-elle à la ville une allure durable, qui à son tour inspirait confiance aux nouveaux arrivants de l'aristocratie anglaise, mais aussi elle se voulait un gage de sécurité, la prévention des incendies figurant au premier plan des préoccupations des nouveaux pères de la ville. La présence de glaisières à proximité assurait un approvisionnement inépuisable en brique rouge et jaune, la brique jaune étant devenue au fil des ans un élément distinctif de l'architecture torontoise. D'abord dite «blanche» au XIXe siècle, elle constituait une solution de rechange peu coûteuse par rapport au granit et au calcaire qui devaient être importés.

Vers la fin du XIXe siècle, Toronto travaillait à l'annexion de plusieurs villages voisins, une initiative qui eut pour effet d'accroître considérablement sa population, mais aussi d'introduire de nouveaux éléments dans son architecture. La fusion de Yorkville, Brockton, Riverdale, The Annex, Seaton Village et Parkdale avec Toronto permit très rapidement à la capitale ontarienne d'élargir à souhait ses quartiers résidentiels. Ces secteurs étaient alors caractérisés par des rangées de maisons régulières et classiques, tantôt détachées et tantôt semi-détachées, qui arboraient souvent le style Queen Anne ou roman de Richardson.

Les lignes lourdes et massives du style roman de Richardson bénéficiaient d'une certaine popularité dans les toutes dernières années du XIXᵉ siècle. L'architecte torontois E.J. Lennox eut d'ailleurs recours à cette signature, due à l'Étasunien Henry Hobson Richardson, pour la réalisation de beaucoup de ses œuvres parmi les plus notoires, tant à titre privé qu'à titre public, entre autres l'édifice du Parlement et l'ancien hôtel de ville.

À l'aube du XXᵉ siècle, contrairement à Paris et à Londres, le conseil municipal de Toronto résolut de n'imposer aucune hauteur limite aux constructions de son centre-ville. Une série d'édifices érigés après cette décision de 1905 en vinrent ainsi à être les plus hauts de tout le Commonwealth britannique, le dernier d'entre eux étant celui de la Canadian Bank of Commerce (voir p 123), qui date de 1929 et compte 34 étages.

Au cours de la deuxième moitié du XXᵉ siècle, les plus importantes avancées de l'architecture torontoise se sont produites dans le cœur même de la ville. Le style international en vigueur au cours de cette période contraste violemment avec la pittoresque image de ville victorienne demeurée presque entièrement intacte depuis sa création.

Des slogans tels que «la forme s'assujettit à la fonction» et «moins veut dire plus», sans oublier l'accent mis sur le purisme, caractérisent ce sous-produit du mouvement moderniste, lancé en Amérique du Nord par Ludwig Mies van der Rohe. Le Toronto-Dominion Centre s'impose comme la «structure ennuyeuse» par excellence de la Ville reine; il s'agit en effet de l'étonnant édifice qui inspira l'érection de tours de verre partout dans le monde. Il annonçait dès lors la transformation du quartier des affaires de Toronto, finalement critiqué pour sa façon d'isoler les gens de leur environnement. De nos jours, la tendance s'éloigne de ces gigantesques tours impersonnelles, et, depuis l'émergence du postmodernisme, on retourne plus volontiers aux généreuses formes du passé, à tel point que les nouvelles constructions font appel à des éléments du passé et que les vieux bâtiments eux-mêmes sont restaurés et rénovés plutôt que remplacés.

La période d'après-guerre a en outre été caractérisée par un exode urbain généralisé, les citadins préférant s'établir dans la nouvelle banlieue aux rangées d'arbres et de maisons identiques, synonyme d'«utopie». Par ailleurs, Toronto a largement participé à ce phénomène, la plus grande partie de sa banlieue se trouvant à bonne distance du centre-ville. Les secteurs résidentiels d'origine, situés entre les anciens et les nouveaux quartiers domiciliaires et de moins en moins prisés, ont heureusement servi à loger à peu de frais les communautés croissantes d'immigrants. Ces quartiers regorgent de caractère et d'authenticité, et aujourd'hui certains convoitent tout autant une adresse en ces lieux qu'à Rosedale ou Forest Hill.

De récents chefs-d'œuvre architecturaux, comme la tour du CN, le SkyDome, la Royal Bank Plaza et le Toronto-Dominion Centre, confèrent une silhouette unique à Toronto. Cela dit, peut-être est-ce la nature diversifiée de son histoire architecturale, alliant l'ancien et le nouveau, qui distingue le mieux la métropole canadienne? Pour s'en convaincre, il suffit de se balader entre Cabbagetown, The Annex, Rosedale et le Financial District (le quartier des affaires).

Renseignements généraux

L e présent chapitre s'adresse aux voyageurs qui désirent bien planifier leur séjour à Toronto.

Formalités d'entrée

Passeport et visa

Pour la plupart des citoyens des pays de l'Europe de l'Ouest, un passeport valide suffit, et aucun visa n'est requis pour un séjour de moins de trois mois au Canada. Il est possible de demander une prolongation de trois mois. Un billet de retour ainsi qu'une preuve de fonds suffisants pour couvrir le séjour peuvent être requis. Pour connaître la liste des pays dont le Canada exige un visa de séjour, consultez le site Internet de **Citoyenneté et Immigration Canada** (*www.cic.gc.ca*) ou prenez contact avec l'ambassade canadienne la plus proche.

La plupart des pays n'ayant pas de convention avec le Canada en ce qui concerne l'assurance maladie-accident, il est conseillé de se munir d'une telle couverture. Pour plus de rensei-

gnements, voir la section «Santé» (voir p 82).

La visite de certaines régions à l'extérieur de la ville même, notamment les chutes du Niagara ou certaines îles des Mille-Îles, pourrait vous mener aux États-Unis; sachez alors que les citoyens canadiens n'ont pas besoin de visa. Il en va de même pour la plupart des citoyens de l'Europe de l'Ouest. En effet, seul un passeport valide suffit, et aucun visa n'est requis pour un séjour de moins de trois mois. Un billet de retour ainsi qu'une preuve de fonds suffisants pour couvrir le séjour peuvent cependant être demandés.

Prolongation sur place

Il faut adresser sa demande **par écrit** au moins un mois **avant** l'expiration du visa (date généralement inscrite dans le passeport) à l'un des centres de Citoyenneté et Immigration Canada. Votre passeport valide, un billet de retour, une preuve de fonds suffisants pour couvrir le séjour ainsi que 75$ pour les frais de dossier (non remboursables) vous seront demandés. Avertissement: dans certains cas (études, travail), la demande doit obligatoirement être faite **avant** l'arrivée au Canada. Communiquez avec **Citoyenneté et Immigration Canada** (☎416-973-4444, *www.cic.gc.ca*).

Douane

Si vous apportez des cadeaux à des amis canadiens, n'oubliez pas qu'il existe certaines restrictions.

Pour les fumeurs (l'âge minimal en Ontario est de 19 ans), la quantité maximale est de 200 cigarettes, 50 cigares, 200 g de tabac ou 400 bâtonnets de tabac.

Pour les alcools, le maximum permis est de 1,5 litre de vin (en pratique, on tolère deux bouteilles par personne), 1,14 litre de spiritueux et, pour la bière, 24 canettes ou bouteilles de 355 ml. L'âge minimal pour consommer de l'alcool en Ontario est de 19 ans.

Végétaux et nourriture: il existe des règles très strictes concernant l'importation de plantes ou de fleurs; aussi est-il préférable, en raison de la sévérité de la réglementation, de ne pas apporter ce genre de cadeau. Si toutefois cela s'avère «indispensable», il est vivement conseillé de s'adresser au service de Douane-Agriculture de l'ambassade du Canada de votre pays **avant** de partir.

Animaux: si vous êtes un étranger et que vous voyagiez avec un animal de compagnie, il vous sera demandé un certificat de santé (document fourni par un vétérinaire) ainsi qu'un certificat de vaccination contre la rage. Avertissement: la vaccination de l'animal devra avoir été faite **au moins 30 jours avant** votre départ et ne devra pas être plus ancienne qu'un an.

Tableau des distances (km)
par le chemin le plus court

	Chicago (IL)	Hamilton	Kingston	Kitchener-Waterloo	London	Montréal (QC)	New York (NY)	Niagara Falls	Ottawa	Sault-Sainte-Marie	Sudbury	Toronto	Thunder Bay
Hamilton	788												
Kingston	1100	338											
Kitchener-Waterloo	767	69	369										
London	661	140	451	110									
Montréal (QC)	1383	621	299	650	738								
New York (NY)	1294	765	583	838	911	618							
Niagara Falls	896	77	408	156	227	689	690						
Ottawa	1242	480	203	511	600	202	719	544					
Sault-Sainte-Marie	780	748	894	777	699	1003	1498	814	806				
Sudbury	1079	460	609	490	572	700	1212	529	508	302			
Toronto	855	75	263	123	198	547	829	144	410	723	696		
Thunder Bay	1058	1469	1623	1496	1414	1638	2212	1534	1516	723	1019	1421	
Windsor/Detroit (MI)	460	318	626	306	191	912	1018	413	773	584	751	386	1310

Exemple: la distance entre Montréal et Toronto est de 547 km.

Remboursement de taxes aux visiteurs: il existe une possibilité de vous faire rembourser les taxes perçues sur vos achats (voir p 87).

Ambassades et consulats

Ambassades du Canada à l'étranger

BELGIQUE
Avenue de Tervueren, 2
1040 Bruxelles, métro Mérode
☎741 06 11
≈741 06 43

FRANCE
35 av. Montaigne, 75008 Paris
métro Franklin-Roosevelt
☎01.44.43.29.00
≈01.44.43.29.99

SUISSE
Kirchenfeldstrasse, 88,
P.O. Box 3005, Berne
☎357 32 00
≈357 32 10

Consulats et ambassades en Ontario

Les consulats et ambassades en Ontario peuvent fournir une aide précieuse aux visiteurs qui se trouvent en difficulté (par exemple en cas d'accident ou de décès, fournir le nom de médecins ou d'avocats, etc.). Toutefois, seuls les cas urgents

sont traités. Il faut noter que les coûts relatifs à ces services ne sont pas défrayés par les missions consulaires.

BELGIQUE
Ambassade de Belgique
80 Elgin Street, 4e étage,
Ottawa, K1P 1B7
☎(613) 236-7267
≈(613) 236-7882

Consulat de Belgique
2 Bloor Street West, bureau 2006
Toronto, N4W 3E2
☎(416) 944-1422
≈(416) 944-1421

FRANCE
Ambassade de France
42 Sussex Drive, Ottawa, K1M 2C9
☎(613) 789-1795
≈(613) 562-3704
www.ambafrance-ca.org

Consulat de France
130 Bloor Street West, bureau 400
Toronto, M5S 1N5
☎(416) 925-8041
≈(416) 925-3076
www.consulfrance-toronto.org

SUISSE
Ambassade de Suisse
5 Malborough Avenue,
Ottawa, K1N 8E6
☎(613) 235-1837
≈(613) 563-1394

Consulat de Suisse
154 University Avenue, bureau 601
Toronto, M5H 3Y9
☎(416) 593-5371
≈(416) 593-5083

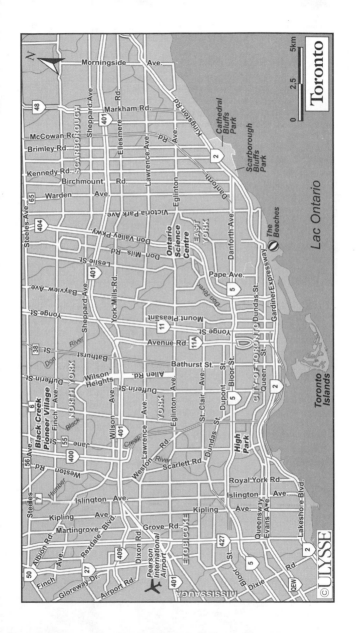

Renseignements touristiques

L'indicatif régional de Toronto est le 416 sauf indication contraire.

À l'étranger

Quelques représentations diplomatiques canadiennes possèdent également, au sein de leur ambassade, un département de tourisme qui peut fournir des brochures d'ordre général sur l'Ontario.

FRANCE
Ambassade du Canada
Service tourisme
35 av. Montaigne, 75008 Paris
métro Franklin-Roosevelt
lun-ven 14h à 17h
☎*01.44.43.29.00*
⇌*01.44.43.29.99*
Minitel: *3615 Canada*
Au ☎*01.44.43.25.07*, un système automatisé permet d'obtenir rapidement de l'information touristique 24 heures sur 24.

À Paris, vous pourrez également vous procurer des livres et des guides de voyage aux adresses suivantes:

Librairie Canadienne
Abbey Bookshop
29 rue de la Parcheminerie
☎*01.46.33.16.24*
⇌*01.46.33.03.33*

Librairie du Québec
30 rue Gay-Lussac
☎*01.43.54.49.02*
⇌*01.43.54.39.15*

SUISSE
Welcome to Canada!
Freihofstrasse, 22, 8700 Künacht
☎*913 32 30*
⇌*913 32 23*

À Toronto

Tourism Toronto
lun-ven 8h30 à17h30
207 Queen's Quay W., Suite 590, M5J 1A7
☎*613-203-2500*
☎*800-363-1990*
www.torontotourism.com
Le personnel de ce bureau d'information touristique se montre très serviable, et il se fera un plaisir de répondre à vos questions. On y trouve une bonne sélection de brochures. Toutefois, pour de l'information complète, contactez:

Ontario Travel Information Centre
toute l'année lun-ven 10h à 21h, sam 9h30 à 18h, dim 12h à 17h
à l'étage inférieur de l'Eaton Centre, à l'angle des rues Queen et Yonge
☎*800-668-2746*
www.ontariotravel.net

Traveller's Aid Society
à l'intérieur de l'Union Station,
niveau des arrivées
☎*366-7788*
Pearson International Airport
Terminal 1
☎*(905) 676-2868*
Terminal 2
☎*(905) 676-2869*
Terminal 3
☎*(905) 612-5890*
La Traveller's Aid Society
est un organisme géré par
des bénévoles qui peut
vous renseigner sur les hôtels, les restaurants, les attraits et les transports dans
la ville.

Agences de voyages

The Flight Centre
290A Queen St. West
☎*595-1449*
55 Yonge St.
☎*304-6170*
382 Bloor St.
☎*934-0670*
335 Bay St.
☎*363-9004*
En dépit de son nom, The
Flight Centre est bel et bien
une agence de voyages à
service complet, spécialisée
dans les vols à rabais; elle
garantit d'ailleurs les tarifs
aériens les plus bas. Plusieurs de ses succursales
sont ouvertes le dimanche.

Travel Cuts
313 Queen St. W.
☎*977-6272*
187 College St.
☎*979-2406*
65 Front St. W.
☎*365-0545*
Travel Cuts se spécialise
dans les voyages d'étudiants
à tarif réduit.

**American Express
Travel Service**
50 Bloor St. W.
☎*967-3411*
Royal York Hotel, 100 Front St. W.
☎*363-3883*

Thomas Cook Travel
Eaton Centre, 290 Yonge St.
☎*593-1303*

Vos déplacements

En avion

Aéroport international Lester B. Pearson

Le **Lester B. Pearson International Airport** (☎*676-3506,
www.lbpia.toronto.on.ca*)
accueille les vols internationaux, ainsi que divers vols
nationaux en provenance
des autres provinces canadiennes. Il s'agit du plus
grand et du plus achalandé
des aéroports canadiens.

Comme la plupart des principaux aéroports canadiens,
le Lester B. Pearson International Airport prélève une

Renseignements généraux

«taxe de départ» de 10$ sur les billets des passagers quittant l'aéroport; les passagers en transit, quand à eux, doivent payer des frais de 7$. Cependant, ces sommes sont toutes comprises dans le prix des billets d'avion: on ne vous demandera donc pas d'espèces sonnantes.

Outre les services courants offerts dans les aéroports internationaux (boutiques hors taxes, cafétéria, restaurants, etc.), vous pourrez y trouver un bureau de change. Plusieurs entreprises de location de voitures y sont également représentées. Des autobus font la navette entre les trois aérogares de l'aéroport.

Si vous désirez des renseignements concernant un vol:

Terminal 1
☎*(905) 676-3506*

Terminal 2
☎*(905) 676-3506*

Terminal 3
☎*(905) 612-5100*

Accès au centre-ville par voiture

L'aéroport est situé à 27 km du centre-ville. En voiture, prenez l'autoroute 427 en direction sud, jusqu'à la Queen Elizabeth Way East, que vous emprunterez jusqu'à la Gardiner Expressway. Prenez ensuite la

sortie York, Yonge ou Bay vers le centre-ville.

Location de voitures à l'aéroport

Avis
☎*(905) 676-1100*

Budget
T1
☎*(905) 676-0311*
T2
☎*(905) 676-1500*
T3
☎*(905) 676-0522*

Hertz
☎*(905) 674-2020*

Thrifty
☎*(905) 673-8811*

National
☎*(905) 676-2649*

Pour de l'information sur de la conduite automobile et la location de voitures, voir p 70.

Accès au centre-ville par taxi

Si vous ne disposez pas d'une voiture, sachez qu'une course en taxi jusqu'au centre-ville coûte environ 40$.

Accès au centre-ville par autocar

Vous pouvez également profiter du service de navette par autocar, l'*Airport Express (13,75$ aller simple,*

Le bord de l'eau de Toronto possède un cachet maritime bien à lui.
– *Walter Bibikow*

Un des trois ponts qui relient les structures modulaires de l'Ontario Place.
– *Walter Bibikow*

Les nervures métalliques de l'atrium de la BCE Place lui confèrent une allure de «palmier» moderne. – *T. Philiptchenko*

23,65$ aller-retour; ☎*905-564-6333 ou 800-387-6787),* qui relie l'aéroport à divers points du centre-ville, y compris certains des grands hôtels. Il s'agit là d'un moyen économique pour se rendre en ville, même si vous ne logez pas dans un des hôtels que l'autocar croise sur sa route. Cette navette assure jour et nuit le liaison entre les trois aérogares de l'aéroport et le centre-ville, et vice versa. De l'aéroport, les départs se font aux 20 min (aux 40 min entre 1h30 et 4h30); du centre-ville, le même horaire s'applique, avec des arrêts à divers hôtels comme le Delta, le Chelsea, le Sheraton, le Royal York et la gare routière. Ces autocars ont en outre l'avantage d'être équipés pour transporter les voyageurs à mobilité réduite; on a prévu un espace suffisant pour deux fauteuils roulants, des inscriptions en braille et des signaux visuels pour annoncer les arrêts.

Accès au centre-ville par limousine

Enfin, vous avez toujours la possibilité d'effectuer le trajet entre l'aéroport et la ville en limousine par l'entremise d'**Official Airport Limousine** (☎*905-624-2424).*

Toronto City Centre Airport

Cet aéroport local se trouve sur Hanlan's Point, aux îles de Toronto. Vous pouvez l'atteindre grâce à un traversier spécial dont l'embarcadère se trouve au pied de Bathurst Street. Pour de l'information, composez le ☎*(416) 203-6942.*

Cet aéroport est desservi par des vols en provenance de Newark, Montréal, Ottawa et London, Ontario.

En voiture

La plupart des visiteurs qui arrivent de l'est ou de l'ouest en voiture entreront à Toronto par l'autoroute 401, qui traverse la portion nord de la ville. Si vous venez de l'ouest, prenez la route 427 vers le sud jusqu'à Queen Elizabeth Way (QEW) Eastbound. Poursuivez par cette voie (qui devient par la suite la Gardiner Expressway) et sortez à la rue York, Bay ou Yonge pour aller au centre-ville. Si vous venez de l'est par la 401, empruntez la Don Valley Parkway vers le sud jusqu'à la Gardiner Expressway, que vous suivrez vers l'ouest jusqu'à la sortie York, Bay ou Yonge. Quant à ceux qui arrivent des États-Unis, ils doivent suivre la QEW vers l'est, sur les rives du lac

Renseignements généraux

Ontario, jusqu'à ce qu'il devienne la Gardiner Expressway, pour ensuite sortir à York, Bay ou Yonge. Notez que la circulation peut être très dense aux heures de pointe sur les grands axes routiers de Toronto.

En autocar

Les services d'autocars en direction et en provenance de Toronto sont assurés par Greyhound. Les départs sont fréquents aussi bien vers les villes éloignées que vers celles qui se trouvent plus près de Toronto. Voilà un moyen pratique et abordable d'atteindre la Ville reine si vous ne disposez pas d'une voiture, quoique certains trajets puissent être longs. À titre d'exemple, la durée du trajet est de 6 heures 45 min au départ de Montréal et de 5 heures 30 min au départ d'Ottawa.

Sur toutes les lignes, il est interdit de fumer. Les animaux ne sont pas admis. En général, les enfants de cinq ans et moins sont transportés gratuitement. Les personnes de 60 ans et plus ont droit à des rabais.

La gare routière de Toronto se trouve en plein centre-ville, au 610 Bay Street; pour de l'information sur les horaires et les villes desservies par autocar, adressez-vous à:

Greyhound Lines of Canada
610 Bay St.
☎*(416) 594-1010*
www.greyhound.ca

En train

Via Rail est la seule compagnie qui assure la liaison par train entre les provinces canadiennes, et elle dessert plusieurs villes du nord et du sud de l'Ontario. Des départs se font chaque jour de Montréal, Ottawa et Windsor vers Toronto.

Tous les trains arrivent à l'Union Station *(65-75 Front St. W., entre York St. et Bay St., ☎800-361-1235)*.

Via Rail offre un trajet de nuit entre Montréal et Toronto, et vice versa. La «Constellation Class» est le nom donné à ce service de train qui part de chacune de ces villes à 23h, avec arrivée à 8h. Elle comprend la couchette, la douche et le petit déjeuner, et l'aller-retour coûte entre 262$ et 383$ (plus taxes) si les billets sont achetés au moins sept jours d'avance.

Vos déplacements à Toronto

La communauté urbaine de Toronto regroupe six municipalités: la ville de Toronto, la municipalité d'East York et les villes de York,

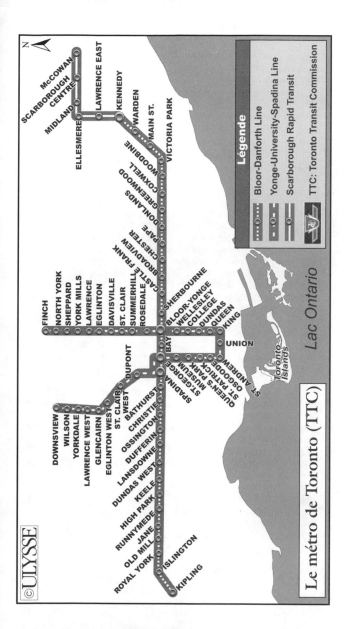

Le métro de Toronto (TTC)

©ULYSSE

Lac Ontario

Toronto Islands

McCOWAN
SCARBOROUGH CENTRE
MIDLAND
ELLESMERE
LAWRENCE EAST
KENNEDY
WARDEN
MAIN ST.
VICTORIA PARK
WOODBINE
COXWELL
GREENWOOD
DONLANDS
PAPE
CHESTER
BROADVIEW
CASTLE FRANK
SHERBOURNE
BLOOR-YONGE
WELLESLEY
COLLEGE
DUNDAS
QUEEN
KING
UNION

FINCH
NORTH YORK
SHEPPARD
YORK MILLS
LAWRENCE
EGLINTON
DAVISVILLE
ST. CLAIR
SUMMERHILL
ROSEDALE
BAY
MUSEUM
QUEEN'S PARK
ST. PATRICK
OSGOODE
ST. ANDREW

DOWNSVIEW
WILSON
YORKDALE
LAWRENCE WEST
GLENCAIRN
EGLINTON WEST
ST. CLAIR WEST
DUPONT
SPADINA
ST. GEORGE
BATHURST
CHRISTIE
OSSINGTON
DUFFERIN
LANSDOWNE
DUNDAS WEST
KEELE
HIGH PARK
RUNNYMEDE
JANE
OLD MILL
ROYAL YORK
ISLINGTON
KIPLING

N

North York, Scarborough et Etobicoke. L'agglomération de Toronto englobe également des municipalités qui débordent des cadres de l'agglomération proprement dite, comme Mississauga et Markham. Toronto s'impose comme la plus grande ville canadienne avec ses 4,7 millions d'habitants.

Le quadrillage des rues de Toronto facilitera vos déplacements. La rue Yonge (prononcer *young*) est la principale artère nord-sud, et elle divise les parties est et ouest de la ville. Elle s'étire en outre sur une distance de 1 896 km, soit des rives du lac Ontario à Rainy River, ce qui en fait la plus longue rue du monde.

Le suffixe «East» ou «E.», qui s'attache au nom de certaines rues, indique que les adresses en question se trouvent à l'est de Yonge Street; inversement, une adresse se lisant «299 Queen Street W.» se trouve quelques rues à l'ouest de Yonge Street. Le centre-ville de Toronto est généralement identifié comme le quartier qui s'étend au sud de Bloor Street entre Spadina Avenue et Jarvis Street.

Transports
en commun

Les transports en commun de Toronto, qu'il s'agisse du métro, des autobus ou des tramways, sont gérés par la **Toronto Transit Commission** (TTC). Il existe trois lignes de métro: la ligne jaune (Yonge-University – Spadina Line) forme un *U* et épouse un tracé nord-sud, la courbe inférieure du *U* correspondant à l'Union Station; la ligne verte (Bloor-Danforth Line) court d'est en ouest le long de Bloor Street et de Danforth Street entre Kennedy Road et Kipling Road; la ligne bleue (Scarborough Rapid Transit) file vers le nord et l'est jusqu'à Ellesmere Road. Il y a en outre le Harbourfront LRT, qui part de l'Union Station et longe le Queen's Quay jusqu'à Spadina Avenue. Quant au train de la banlieue est et ouest, on le désigne sous le nom de *GO*. Ils sont accessibles de la station Union sur Bay Street et Front Street. Tous ces trains sont sûrs et propres. Les autobus et les tramways sillonnent pour leur part les principales artères de la ville. Vous pouvez effectuer des correspondances entre autobus, tramways et métro sans avoir à payer de nouveau, mais n'oubliez pas de vous munir d'un billet de correspondance. Procurez-vous également un exemplaire du *TTC'S Ride Guide*, qui identifie la majorité des attraits principaux et vous indique comment y aller en transport en commun.

Toronto sur les rails

Dans les années 1820, la situation du transport en commun à Toronto était plutôt chaotique. Neuf systèmes et réseaux différents, administrés par quatre compagnies, offraient des services de qualité bien moyenne. Les usagers devaient payer des tarifs différents selon les réseaux utilisés, lesquels ne couvraient pas tout le territoire et, surtout, n'étaient même pas reliés entre eux. La plus importante des compagnies, la Toronto Railway Company, disposait de véhicules désuets et refusait de desservir les nouveaux territoires qui se développaient à une rythme incessant. Malgré ces débuts difficiles, le premier service de véhicules tirés par des chevaux est institué sur Yonge Street en 1861. Trente ans plus tard, le 15 août 1891, le premier tramway électrique par-

court Church Street. Malgré ces améliorations techniques, le service demeurait fort boiteux et attirait le mécontentement des usagers. Face aux pressions croissantes de la population, le gouvernement de l'Ontario crée la Toronto Transit Commission en 1920. La flotte des tramways est changée et le service uniformisé et grandement amélioré. Le transport urbain dans la florissante Toronto était dorénavant sur les rails. Aujourd'hui le tramway fait toujours partie du paysage torontois, et bien malin celui qui pourrait trouver un de ses habitants qui n'ait jamais utilisé ce mode de transport, par ailleurs disparu de la plupart des grandes villes nord-américaines, sauf à San Francisco et Sacramento, en Californie, et à La Nouvelle-Orléans, en Louisiane.

Renseignements généraux

Il est à noter que les panneaux d'arrêt du métro de surface sont petits et souvent délavés, donc difficiles à repérer de loin. Ouvrez bien les yeux!

La TTC propose par ailleurs un service de transport pour les usagers en fauteuil roulant, connu sous le nom de «Wheel-Trans». Les coûts sont les mêmes que pour les transports réguliers, et le service est assuré de porte à porte. Il suffit de réserver sa place une journée à l'avance au ☎393-4222.

Un titre de passage unique coûte 2,25$ pour un adulte, 1,50$ pour un aîné ou un étudiant (vous devez posséder une carte d'étudiant de la TTC) et 0,50$ pour un enfant de moins de 12 ans. Un jeu de cinq billets ou jetons pour adulte vous coûtera 9$, un jeu de 10 billets ou jetons pour étudiant ou aîné 12$ et un jeu de 10 billets ou jetons pour enfant 4$. Si vous songez à faire plusieurs déplacements à l'intérieur d'une même journée, procurez-vous un laissez-passer d'un jour *(day pass)* au coût de 7,50$; vous pourrez ainsi vous déplacer autant de fois que vous le voudrez sans avoir à payer de nouveau. L'économie devient encore plus évidente le dimanche, lorsque le laissez-passer en question peut être utilisé par deux adultes ou par une famille (deux adultes et

quatre enfants ou un adulte et cinq enfants). Un laissez-passer mensuel se vend 93,50$ pour un adulte et 80$ pour un étudiant ou un aîné.

Les conducteurs d'autobus et de tramway ne font pas de la monnaie; vous pouvez au besoin vous procurer vos billets aux comptoirs du métro et dans certains commerces (Shopper's Drug Mart).

Pour tout renseignement concernant les trajets et les horaires, composez le ☎393-4636; pour les tarifs en vigueur ou toute autre information, composez plutôt le ☎393-8663.

En voiture

Toronto étant bien desservie par les transports publics et le taxi, il n'est pas nécessaire d'utiliser une voiture pour la visiter. D'autant plus que la majorité des attraits touristiques sont relativement rapprochés les uns des autres et que toutes les promenades que nous vous proposons se font à pied, sauf celles de l'est, du nord et des chutes du Niagara. Il est néanmoins aisé de se déplacer en voiture. Au centre-ville, les places de stationnement, bien qu'assez chères, sont nombreuses. Il est possible de se garer dans la rue, mais il faut être attentif aux panneaux limitant les périodes de stationnement. Le contrôle des véhicules mal garés est fréquent et sévère.

Quelques conseils

Permis de conduire: le permis de conduire du Québec et des pays d'Europe de l'Ouest est valide tant au Canada qu'aux États-Unis.

L'hiver: bien que les routes soient en général très bien dégagées, il faut tout de même considérer les dangers que peuvent entraîner les conditions climatiques, en particulier la chaussée glissante et la visibilité réduite.

Le code de la route: il n'y a pas de priorité à droite. Ce sont les panneaux de signalisation qui indiquent, à chaque intersection, la priorité. Les panneaux marqués «STOP» sur fond rouge sont à respecter scrupuleusement! Il faut que vous marquiez l'arrêt complet même s'il vous semble n'y avoir aucun danger apparent.

Les feux de signalisation: ils sont le plus souvent situés de l'autre côté de l'intersection. Donc, faites attention où vous marquez l'arrêt.

Il est permis de **tourner à droite sur un feu** rouge lorsque la voie est libre.

Lorsqu'un **autobus scolaire** (de couleur jaune) est à l'arrêt (feux clignotants allumés), **vous devez vous arrêter, quelle que soit la voie où vous circulez**. Tout manquement à cette règle est considéré comme une faute grave!

Le port de la **ceinture de sécurité est obligatoire**, même pour les passagers arrière.

Les autoroutes sont gratuites partout en Ontario (à l'exception de l'autoroute 407), et la vitesse y est limitée à 100 km/h. Sur les routes principales, la limite de vitesse est de 90 km/h et de 50 km/h dans les zones urbaines.

Les postes d'essence: le Canada étant un pays producteur de pétrole, l'essence est nettement moins chère qu'en Europe. À certains postes d'essence (surtout en ville), il se peut qu'après 23h on vous demande de payer d'avance par simple mesure de sécurité.

Location de voitures

Un forfait incluant avion, hôtel et voiture ou simplement hôtel et voiture peut être moins cher que la location sur place. Nous vous conseillons de comparer. De nombreuses agences de voyages travaillent de concert avec les firmes les plus connues (Avis, Budget,

Renseignements généraux

Hertz et autres) et proposent des promotions avantageuses.

Sur place, vérifiez si le contrat comprend le kilométrage illimité ou non, et si l'assurance proposée vous couvre complètement (accident, dégâts matériels, frais d'hôpitaux, passagers, vols).

Certaines cartes de crédit vous assurent automatiquement contre les collisions et le vol du véhicule; avant de louer un véhicule, vérifiez que votre carte vous offre bien ces deux protections.

Il faut avoir un minimum de 21 ans et posséder son permis depuis **au moins un an** pour louer une voiture. De plus, si vous avez entre 21 et 25 ans, certaines entreprises de location imposeront une franchise collision de 500$ et parfois un supplément journalier. À partir de l'âge de 25 ans, ces conditions ne s'appliquent plus.

Une carte de crédit est indispensable pour le dépôt de la garantie si vous ne voulez pas bloquer d'importantes sommes d'argent.

Dans la majorité des cas, les voitures louées sont dotées d'une transmission automatique.

Les sièges de sécurité pour enfants sont en supplément dans la location.

Entreprises de location

Pour les entreprises de location situées à l'aéroport international Lester B. Pearson, voir p 64.

Avis
☎*800-879-2847*
BCE Place, 161 Bay St.
☎*777-2847*
Hudson Bay Centre, 80 Bloor St. E.
☎*964-2051*

Budget
141 Bay Street
☎*364-7104*
1319 Bay Street
☎*961-3932*
150 Cumberland St.
☎*927-8300*

Hertz
128 Richmond Street E.
☎*363-9022*
80 Bloor St. W.
☎*961-3320*

Thrifty
220 Yonge St., Eaton Centre
☎*591-0861*
100 Front St. W.
☎*947-1385*
7 Erskine Ave.
☎*482-1400*

National Car Rental
angle Yonge et Bloor Sts.
☎*925-4551*
Union Station
☎*364-4191*

Accidents et pannes

En cas d'accident grave, d'incendie ou d'autre urgence, signalez le ☎**911** ou le **0**. Si vous vous trouvez sur l'autoroute, rangez-vous sur l'accotement et faites fonctionner vos feux de détresse.

S'il s'agit d'une voiture de location, vous devrez avertir au plus tôt l'agence de location. N'oubliez jamais de remplir une déclaration d'accident (constat à l'amiable). En cas de désaccord, demandez l'aide de la police.

Si vous projetez de faire un long voyage et que vous ayez résolu d'acheter une voiture, sachez qu'il serait sage de devenir membre de la Canadian Automobile Association (CAA), qui offre un service d'assistance aux automobilistes partout en Ontario et dans le reste du Canada. Si vous êtes déjà membre d'une association comparable dans votre pays d'origine (Automobile Club de Suisse, Royal Automobile Touring Club de Belgique, etc.), vous pourrez également vous prévaloir de certains des services du CAA. Pour de plus amples renseignements, adressez-vous directement à votre association ou encore au **CAA** (*☎800-268-3750*).

En taxi

Co-op Cabs
☎*504-2667*

Metro/Yellow Cab
☎*504-4141*

À pied

La ville souterraine de Toronto, appelée **PATH**, est une des plus vastes du Canada. Ses ramifications s'étendent sous les rues de l'Union Station (Front Street) jusqu'à l'Atrium on Bay (Dundas Street). Refuge idéal par les froides journées d'hiver, son réseau de couloirs donne accès entre autres à plusieurs magasins et restaurants.

À vélo

L'un des moyens les plus agréables pour se déplacer en été est sans doute la bicyclette. Des pistes cyclables ont été aménagées pour permettre aux cyclistes de se déplacer ou d'explorer différents quartiers de la ville. L'une des plus intéressantes est la **Martin Goodman Trail**, qui longe la rive du lac Ontario entre High Park et The Beaches.

Il existe deux plans gratuits des pistes cyclables de Toronto. L'un d'eux est publié par le magasin **Sports Swap**, et vous pouvez vous le procurer sur place (*2045 Yonge St.,* ☎*481-0246*) de même qu'au comptoir d'information touristique de l'hôtel de ville de Toronto ou du

Metro Hall. L'autre est publié par **Metro Parks and Culture** et est offert à l'hôtel de ville ou au Metro Hall *(pour de plus amples renseignements, composez le ☎392-8186)*.

Étant donné que les automobilistes ne sont pas toujours attentifs, les cyclistes doivent se montrer alertes, respecter la signalisation (ainsi que la loi les y oblige) et faire preuve de prudence aux intersections, surtout qu'il est permis aux automobilistes de tourner à droite à un feu rouge lorsque la voie est libre. Notez par ailleurs que le port du casque protecteur est obligatoire à Toronto. Pour connaître les endroits où vous pouvez louer une bicyclette, reportez-vous au chapitre «Activités de plein air», p 208.

En patin à roues alignées

La popularité croissante du patin à roues alignées s'est installée de façon spectaculaire à Toronto. Malheureusement, selon le code de la sécurité routière, faire du patin à roues alignées dans les rues des villes canadiennes est formellement interdit. Toutefois, la pratique du patin à roues alignées est permise sur les pistes cyclables de la ville, de même qu'aux îles de Toronto, où les amateurs de patin peuvent s'adonner à cette activité à loisir sans risquer d'être frappés par une voiture. Cet engouement pour le patin s'est traduit par l'ouverture de nombreuses boutiques spécialisées qui vendent ou louent des patins ainsi que tout l'équipement nécessaire pour pratiquer ce sport, et qui souvent proposent des cours d'initiation. Voir le chapitre «Activités de plein air» pour des adresses de location, p 208.

Tours organisés

Plusieurs entreprises organisent des balades à Toronto, proposant aux visiteurs de partir à la découverte de la ville d'une façon différente. Ainsi, les visites à pied permettent de découvrir des quartiers bien précis de la ville, alors que les visites en bus en donnent une vue d'ensemble. Avec les croisières, on peut observer une facette nouvelle de la ville, soit une perspective à partir du lac. Bien que les options soient multiples, il convient de mentionner quelques-unes d'entre elles qui valent particulièrement le déplacement.

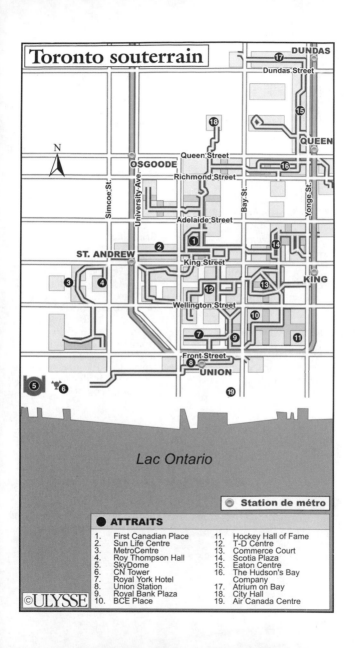

Toronto souterrain

N

OSGOODE
Queen Street
Richmond Street
Adelaide Street
ST. ANDREW
King Street
Wellington Street
Front Street
UNION

Simcoe St.
University Ave.
Bay St.
Yonge St.

DUNDAS
Dundas Street
QUEEN
KING

Lac Ontario

◎ **Station de métro**

● **ATTRAITS**

1.	First Canadian Place	11.	Hockey Hall of Fame
2.	Sun Life Centre	12.	T-D Centre
3.	MetroCentre	13.	Commerce Court
4.	Roy Thompson Hall	14.	Scotia Plaza
5.	SkyDome	15.	Eaton Centre
6.	CN Tower	16.	The Hudson's Bay
7.	Royal York Hotel		Company
8.	Union Station	17.	Atrium on Bay
9.	Royal Bank Plaza	18.	City Hall
10.	BCE Place	19.	Air Canada Centre

©ULYSSE

À pied ou à vélo

A Taste of the World - Neighbourhood Bicycle Tours & Walks
P.O. Box 659, Station P, M5S 2Y4
☎923-6813
Abordant des thèmes culinaires, littéraires et fantasmagoriques, des circuits autour du Chinatown, de Cabbagetown et des Beaches vous sont proposés par Shirley Lum, une énergique Torontoise qui partagera avec vous certains secrets bien gardés sur les quartiers de la ville. Le circuit du Chinatown, avec *dim sum*, compte parmi les favoris.

Royal Ontario Museum (ROM)
100 Queen's Park
☎586-5549
Le ROM propose des visites historiques à pied dans la ville.

Toronto Historical Board (Heritage Toronto)
205 Yonge Street
☎392-6827, poste 233
Les circuits organisés par Heritage Toronto sont tout indiqués pour les amateurs d'histoire puisqu'ils donnent l'occasion de visiter certains des sites les plus fascinants de la ville à ce chapitre.

En autobus

Gray Line
☎594-3310
Gray Line organise plusieurs visites de la ville (d'une durée de deux heures à trois heures et demie) de même qu'une excursion à Niagara Falls. On cueille les passagers en divers points du centre-ville avant le départ comme tel, qui s'effectue à la gare routière située à l'angle des rues Bay et Dundas.

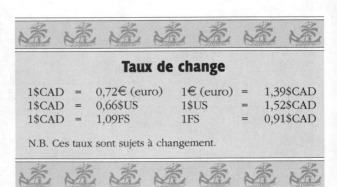

Taux de change

1$CAD	=	0,72€ (euro)	1€ (euro)	=	1,39$CAD
1$CAD	=	0,66$US	1$US	=	1,52$CAD
1$CAD	=	1,09FS	1FS	=	0,91$CAD

N.B. Ces taux sont sujets à changement.

En bateau

Mariposa Cruise Line
207 Queen's Quay W.,
Suite 415, M5J 1A7
☎ *203-0178 ou 800-976-2442*
Les croisières quotidiennes
que cette entreprise pro-
pose autour du port présentent une autre perspective
de la trépidante métropole.
Des croisières déjeuner et
dîner sont aussi organisées.

Great Lakes Schooner Company
249 Queen's Quay W.,
Suite 11, M5J 2N5
☎ *260-6355*
Cette agence de tourisme
propose toute une gamme
de circuits à Toronto même
et dans les environs. Vous
pourrez aussi bien profiter
d'une croisière prolongée
sur le lac Ontario que d'une
visite du port à bord d'un
authentique grand voilier.

Change et banques

Bureaux de change

Au centre-ville, on trouve
plusieurs banques propo-
sant un service de change
des devises étrangères.
Dans la majorité des cas,
ces institutions demandent
des frais de change à moins
que vous changiez de l'argent comptant. Les bureaux
de change, quant à eux,
n'en exigent pas toujours,
mais offrent parfois un taux

moins compétitif; il faut se
renseigner sur place. Mentionnons que la majorité
des banques changent les
dollars étasuniens et que la
plupart sont en mesure de
changer les francs français.

Thomas Cook Foreign Exchange
9 Bloor Street W.
☎ *923-6549 ou 923-6872*
218 Yonge St. (Eaton Centre)
☎ *979-1590*

American Express
50 Bloor St. W. (niveau Concourse)
☎ *967-3411*
100 Front St. W. (Royal York Hotel)
☎ *363-3883*

Chèques de voyage

N'oubliez pas que les dollars canadiens et étasuniens
sont différents. Aussi, si
vous ne songez pas à vous
rendre aux États-Unis lors
d'un même voyage, il serait
préférable de faire émettre
vos chèques en dollars canadiens. Cela vous évitera
de perdre au change. Les
chèques de voyage sont
généralement acceptés dans
la plupart des grands magasins et dans les hôtels, mais
il vous sera plus économique de les changer aux endroits indiqués plus haut. À
Toronto, on peut se procurer des chèques de voyage
en devises canadiennes ou
étasuniens dans la plupart
des banques. Voir ci-des-
sous pour les numéros de

téléphone à composer en cas de vol ou de perte de chèques de voyage.

Cartes de crédit

Considérées par certains comme le symbole même du continent nord-américain, la plupart des cartes de crédit sont acceptées, tant pour les achats de marchandise que pour régler la note d'hôtel ou l'addition au restaurant. Le principal avantage d'une carte de crédit réside surtout dans l'absence de manipulation d'argent, mais également dans le fait qu'elle vous permettra (par exemple, lors de la location d'une voiture) de constituer une garantie et d'éviter ainsi un dépôt important en espèces. Les plus utilisées sont Visa (Carte Bleue), MasterCard et American Express.

Pour les cartes de crédit et les chèques de voyage perdus ou volés:

American Express
☎ *800-221-7282*

MasterCard
☎ *232-8020 ou 800-263-2263*

Visa
☎ *800-336-8472*

Diners Club
☎ *800-363-3333*

Banques

De nombreuses banques offrent aux touristes la plupart des services courants, attention cependant aux commissions. Pour ceux et celles qui ont choisi un long séjour, notez qu'une personne **non résidente** ne peut ouvrir un compte bancaire courant. Dans ce cas, pour avoir de l'argent liquide, la meilleure solution demeure encore d'être en possession de chèques de voyage. Le retrait de votre compte à l'étranger s'avère coûteux, car les frais de commission sont élevés. Les personnes qui ont obtenu le statut de résident, permanent ou non (immigrants, étudiants), peuvent ouvrir un compte de banque. Il leur suffira, pour ce faire, d'apporter leur passeport ainsi qu'une preuve de leur statut de résident.

Les banques sont ouvertes du lundi au vendredi de 10h à 15h. La plupart d'entre elles sont ouvertes les jeudis et les vendredis jusqu'à 18h et même 20h.

Guichet automatique

On peut retirer de l'argent dans n'importe quel guichet automatique, partout au Canada, grâce au réseau Interac, et dans plusieurs autres pays (entre autres aux États-Unis et en Europe), grâce

Urgences

- Police, ambulance et pompiers: ☎911
- Urgence médicale 24 heures sur 24: ☎392-2000
- Urgence dentaire: ☎485-7121 ou 967-5649
- Hôpital pour enfants: 555 University, ☎813-1500
- Rape Crisis Hotline (viols): ☎597-8808
- Toronto Hospital (urgences): 150 Gerrard St. W., ☎340-3944

Renseignements généraux

au réseau Cirrus. La plupart des guichets sont ouverts en tout temps. En outre, plusieurs guichets automatiques accepteront votre carte de banque européenne, et vous pourrez alors retirer de votre compte directement (vérifiez auparavant si vous y avez accès). Il est possible d'obtenir de l'argent à partir de la carte de crédit, mais il s'agit alors d'une avance de fonds, et le taux d'intérêt sur la somme ainsi prêtée est élevé.

Monnaie

L'unité monétaire est le dollar ($), lui-même divisé en cents. Un dollar=100 cents (¢).

La Banque du Canada émet des billets de 5, 10, 20, 50 et 100 dollars, et des pièces de 1, 5, 10, et 25 cents, et de 1 et 2 dollars.

Il se peut que vous entendiez parler de *pennies*, *nickels*, *dimes*, *quarters*, *loonies* et même parfois de *toonies*. Il s'agit en fait respectivement des 1¢, 5¢, 10¢, 25¢ et 1$ et 2$.

Poste et télécommunications

Poste

Postes Canada offre des services postaux fiables (bien qu'il s'en trouvera toujours pour affirmer le contraire) partout à travers le pays. Au moment de mettre sous presse, il en coûtait 0,48$ pour expédier une lettre au Canada, 0,65$ aux États-Unis et 1,25$ outre-mer.

Vous trouverez des bureaux de poste dans tous les quartiers de la ville. Vous pouvez vous procurer des timbres aux bureaux de poste même ou aux comptoirs postaux aménagés dans certaines pharmacies et certains magasins à rayons.

Information générale
☎*979-8822*

Succursales
31 Adelaide Street E.
595 Bay Street
1117 Queen St.W

Téléphone

La plus grande partie de la ville de Toronto utilise l'indicatif régional ☎**416**, tandis que les villes voisines, Ajax, Kleinberg, Malton, Mississauga et Oakville, utilisent le ☎**905**. Notez toutefois que, dans la majorité des cas, il n'y a pas de frais d'interurbain entre ces localités. Pour plus de précisions, consultez les premières pages d'un annuaire téléphonique (que vous trouverez dans n'importe quelle cabine téléphonique).

Sauf indication contraire, l'indicatif régional applicable aux numéros de téléphone mentionnés dans ce guide est le ☎416.

Sachez qu'un numéro de téléphone débutant par 1-800, 877 ou 888, n'entraîne pas de frais de communication, et ce, généralement peu importe où vous vous trouvez au Canada.

Les appareils téléphoniques se trouvent à peu près partout. Certains fonctionnent même avec une carte de crédit. Pour les appels locaux, la communication coûte 0,25$ pour une durée illimitée. Pour les interurbains, munissez-vous de pièces de 25 cents, ou bien procurez-vous une carte à puce d'une valeur de 10$, 15$ ou 20$ en vente dans les kiosques à journaux. Il est maintenant possible de payer par carte de crédit, ou en utilisant la carte «Allô» pré-payée, mais sachez que, dans ces cas, le coût des communications est beaucoup plus élevé.

Télégrammes

Étant donné que ce sont des firmes privées qui offrent le service de télégramme, il est conseillé de consulter les *Pages Jaunes* à la rubrique «Télégramme». Voici néanmoins les coordonnées de deux d'entre elles:

American Telegram
☎*800-343-7363*

AT&T
☎*888-353-4726*

Internet

Grâce au réseau Internet, communiquer avec ceux et celles qui sont restés à la maison n'a jamais été aussi facile. En fait, les cartes postales seraient-elles sur le point de disparaître? Tout ce que vous avez à faire, c'est d'obtenir une adresse électronique avant de partir. Quelque hôtels peuvent recevoir et envoyer du courrier électronique, mais généralement les frais qu'ils exigent sont supérieurs à ceux des cybercafés. Voici une adresse où naviguer au centre-ville:

Kinko
7,50$/hr
459 Bloor St. W.
☎*928-0110*

Heures d'ouverture et jours fériés

Heures d'ouverture

Commerces

La Loi sur les heures d'ouverture permet aux commerces d'ouvrir aux heures suivantes. Tel n'a pas toujours été le cas cependant, puisque l'Ontario respectait autrefois une loi (Lord's Day Act, ou «loi du jour du Seigneur») qui interdisait toute activité commerciale le dimanche.

- Du lundi au mercredi, de 8h à 21h; cependant, la plupart ouvrent à 10h et ferment à 18h.
- Le jeudi et le vendredi, de 8h à 21h; la majorité ouvrent à 10h.
- Le samedi, de 8h à 18h; plusieurs d'entre eux ouvrent à 10h.
- Le dimanche, de 8h à 17h; la plupart ouvrent à midi.

Jours fériés

Voici la liste des jours fériés en Ontario. À noter que la plupart des banques et des services administratifs sont fermés ces jours-là.

Nouvel An: *1ᵉʳ janvier* (plusieurs établissements sont aussi fermés le 2 janvier)

Vendredi saint ou **lundi de Pâques**

Fête de la Reine: *troisième lundi de mai*

Fête du Canada: *1ᵉʳ juillet*

Congé civique général: *premier lundi d'août*

Fête du Travail: *premier lundi de septembre*

Action de grâce: *deuxième lundi d'octobre*

Renseignements
généraux

L'Armistice: *11 novembre*
(seuls les services gouvernementaux fédéraux et les
banques sont fermés)

Noël: *25 décembre* (plusieurs
établissements sont aussi
fermés le 26 décembre).

Climat

Toronto bénéficie d'un climat relativement doux, du
moins lorsqu'on la compare
au reste du Canada. En été,
le mercure peut grimper à
plus de 30°C et, en hiver, il
peut descendre aux envi-
rons de –10 ou –15°C, bien
que la température moyen-
ne gravite plutôt autour de
–6°C. De plus, les chutes de
neige sont fréquentes.

Vous pourrez obtenir des
renseignements sur la mé-
téo en composant le numé-
ro suivant: ☎*661-0123*.

L'une des caractéristiques
de l'Ontario par rapport à
l'Europe est que les saisons
y sont très marquées. Chacune des saisons en Ontario
a son charme et influe non
seulement sur les paysages,
mais aussi sur le mode de
vie des Ontariens et leur
comportement.

Santé

Pour les personnes en provenance de l'Europe, aucun
vaccin n'est nécessaire. En
ce qui concerne l'assurance-
maladie, il est vivement recommandé pour toutes les
personnes qui résident en
dehors de l'Ontario (surtout
pour les séjours de moyenne ou longue durée) de
souscrire à une assurance
maladie-accident. Divers
types d'assurances sont disponibles, et nous vous conseillons de les comparer.
Emportez vos médicaments,
surtout ceux qui exigent
une ordonnance. Sauf in-
dication contraire, l'eau est
potable partout en Ontario.

Hébergement

Un vaste choix d'héberge-
ment (dont 35 000 cham-
bres d'hôtel pour tous les
budgets) s'offre à vous dans
la région de Toronto, les
tarifs variant selon les saisons. L'été constitue la haute saison, bien que Toronto
soit à longueur d'année une
importante ville de congrès,
de sorte qu'il vaut toujours
mieux réserver à l'avance,
quelle que soit la saison au
cours de laquelle vous
comptez y séjourner. Les
fins de semaine du festival
Caribana et du festival du
film se révèlent particulièrement fréquentées, de même
que les longues fins de
semaine fériées canadien-
nes et étasuniennes. Rete-
nez toutefois que les prix
sont généralement moins
élevés les fins de semaine
qu'en semaine.

Le choix est grand, et, suivant le genre de tourisme que l'on recherche, on choisira l'une ou l'autre des nombreuses formules proposées. En général, le niveau de confort est élevé, et plusieurs services sont souvent disponibles. Les prix varient selon le type d'hébergement choisi; sachez cependant qu'aux prix affichés il faut ajouter une taxe de 8% (la TPS: taxe fédérale sur les produits et les services) et la taxe de vente de l'Ontario de 7%. La TPS est toutefois remboursable aux non-résidents (voir p 87). Dans la mesure où vous souhaitez réserver (fortement conseillé en été!), une carte de crédit s'avère indispensable car, dans plusieurs établissements, on vous demandera de payer à l'avance la première nuitée.

Vous trouverez un service de réservation à l'office de tourisme dans l'Eaton Centre. Vous pouvez également réserver une chambre par l'intermédiaire de **Tourism Ontario** (☎800-668-2746) ou de **Tourism Toronto** (☎800-363-1990). Des forfaits combinant hébergement et billets de spectacle sont souvent disponibles lorsque vous réservez par le biais de ces organismes.

Prix et symboles

Les tarifs mentionnés dans ce guide s'appliquent, sauf indication contraire, à une chambre pour deux personnes en haute saison.

$	50$ ou moins
$$	50$ à 100$
$$$	100$ à 150$
$$$$	150$ à 200$
$$$$$	200$ ou plus

Les tarifs d'hébergement sont souvent inférieurs aux prix mentionnés dans le guide, particulièrement si vous y séjourner en basse saison. De plus, plusieurs hôtels et auberges offrent des rabais substantiels aux professionnels (par l'entremise de leur association) ou aux membres de clubs automobiles (CAA). Donc, n'hésitez pas à demander au personnel des établissements hôteliers si vous pouvez bénéficier de rabais.

Les divers services offerts par chacun des établissement hôteliers sont indiqués à l'aide d'un petit symbole qui est expliquer dans la liste des symboles se trouvant dans les premières pages de ce guide. Rappelons que cette liste n'est pas exhaustive quant aux services offerts par chacun des établissements hôteliers, mais qu'elle représente les services les plus demandés par leur clientèle.

Renseignements généraux

Il est à noter que la présence d'un symbole ne signifie pas que toutes les chambres du même établissement hôtelier offrent ce service; vous aurez à payer quelquefois des frais supplémentaires pour avoir, par exemple, une baignoire à remous dans votre chambre. De même, si le symbole n'est pas attribué à l'établissement hôtelier, cela signifie que celui-ci ne peut pas vous offrir ce service. Il est à noter que, sauf indication contraire, tous les établissements hôteliers inscrits dans ce guide offrent des chambres avec salle de bain privée.

Le bateau Ulysse

Le pictogramme du bateau Ulysse est attribué à nos établissements favoris (hôtels et restaurants). Bien que chacun des établissements inscrits dans ce guide s'y retrouve en raison de ses qualités ou particularités, en plus de son rapport qualité/prix, de temps en temps un établissement se distingue parmi d'autres. Ainsi il mérite qu'on lui attribue un bateau Ulysse. Les bateaux Ulysse peuvent se retrouver dans n'importe lesquelles des catégories d'établissements: supérieure, moyenne-élevée, petit budget. Quoi qu'il en soit, dans chacun de ces établissements, vous en

aurez pour votre argent. Repérez-les en premier!

Hôtels

Ils sont nombreux, modestes ou luxueux. Dans la majorité des cas, les chambres sont louées avec salle de bain.

Logements chez l'habitant

Contrairement aux hôtels, les chambres de ce type d'hébergement ne sont pas toujours louées avec salle de bain. Il existe plusieurs de ces établissements à Toronto, où ils sont connus sous le nom de *bed and breakfasts*. Ils offrent l'avantage, outre le prix, de pouvoir partager une ambiance plus familiale. Cependant, la carte de crédit n'est pas acceptée partout. Les associations suivantes peuvent vous dénicher un logement chez l'habitant selon vos besoins.

Associations de *bed and breakfasts*

Bed & Breakfast Homes of Toronto
PO Box 46093, College Park Post Office
☎*363-6362*

Toronto Bed & Breakfast Inc.
PO Box 269, 253 College St., M5T 1R5
☎*588-8800*
☎*(705) 738-9449*
⇌*927-0838*

**Abodes of Choice Bed
& Breakfast Association
of Toronto**
102 Burnside Dr. M6G 2M8
☎*537-7629*
⇌*537-0747*

**Downtown Toronto Association
of Bed & Breakfast
Guest Houses**
P.O. Box 190, Station B, M5T 2W1
☎*368-1420*
⇌*368-1653*

**Metropolitan Bed & Breakfast
Registry of Toronto**
322 Palmerston Blvd., M6G 2N6
☎*964-2566*
⇌*960-9529*
www.virtualcities.com

Motels

Bien qu'on les retrouve en
grand nombre, les motels
sont souvent situés en
banlieue. Ils sont relativement peu chers, mais ils
manquent souvent de
charme. Cette formule
convient plutôt lorsqu'on
manque de temps ou que
l'on désire séjourner près
des grands centres sans y
demeurer.

Universités

Cette formule reste assez
compliquée à cause des
nombreuses restrictions
qu'elle implique: elle ne
fonctionne qu'en été (de la
mi-mai à la mi-août), et il
faut réserver plusieurs mois
à l'avance et posséder une
carte de crédit afin de payer
la première nuitée à titre de
réservation.

Toutefois, ce type de logement demeure moins cher
que les formules «classi-
ques», et, si l'on s'y prend à
temps, cela peut s'avérer
agréable. Toute personne
peut y loger; cependant, il
en coûte moins pour les
étudiants (environ 25$). La
literie est fournie, et, en
général, une cafétéria sur
place permet de prendre le
petit déjeuner (non compris
dans le prix).

Restaurants et cafés

Restaurants

Toronto vous plonge dans
l'embarras du choix au
moment de déterminer le
restaurant unique où vous
allez manger. L'éclosion des
communautés ethniques de
la ville, qui ont réussi à
préserver leurs cultures et
leurs espaces respectifs à
l'intérieur de la cité, a en
effet donné naissance à des

établissements plus intéressants les uns que les autres proposant à qui mieux mieux des mets des quatre coins du globe. Qui plus est, les restaurants de Toronto, qui comptent parmi les plus variés du pays, comptent une myriade de joyaux uniques pour tous les budgets. Les choix se multiplient presque sans fin, avec des établissements spécialisés non seulement dans les mets japonais, vietnamiens, chinois, italiens, grecs et indiens, mais aussi dans les cuisines de l'Éthiopie, des îles Maurice et de Sri Lanka, pour ne mentionner que celles-là.

Cafés

Ces dernières années, la «culture du café» a connu une véritable explosion à Toronto, et la ville s'est laissé emporter de tout cœur par une vague d'engouement pour cette boisson. C'est ainsi que, partout dans la ville, mais plus particulièrement dans les quartiers branchés, vous trouverez des cafés servant de riches et fraîches moutures aussi bien que des cafés européens tel le café au lait et les cafés glacés tel le *mocaccino*. Outre les multinationales telle Starbucks (originaire de Seattle) et les

canadiennes telle Second Cup, des douzaines de cafés indépendants constellent les rues de la ville, et c'est là que vous trouverez le cœur battant de chaque quartier. Sur Queen West, les artistes, les acteurs et les écrivains s'attardent aux tables disposées sur les trottoirs, et, même dans le quartier des affaires du centre-ville, les employés de bureau passent volontiers leur heure de déjeuner à siroter des mélanges parmi les plus raffinés. Par ailleurs, nombre de cafés servent des salades fraîches et des «sandwichs gastronomiques», quoique certains ne proposent que des biscuits et des muffins.

Prix et symboles

Sauf indication contraire, les prix mentionnés dans ce guide s'appliquent à un repas pour une personne, excluant les taxes, le service et les boissons.

$	moins de 10$
$$	de 10$ à 20$
$$$	de 20$ à 30$
$$$$	plus de 30$

Pour comprendre la signification du bateau Ulysse, qui est accolé à nos restaurants favoris, reportez-vous à la page 84.

Bars et discothèques

Toronto a toujours fait une place de choix aux musiciens alternatifs, et ce milieu n'a cessé de prospérer ces dernières années. N'importe quel soir de la semaine, vous pourrez ainsi assister à des concerts mettant en vedette de grands noms de la scène aussi bien que des talents locaux dans les nombreux bars en vue de la ville. Les boîtes de nuit ont également connu un essor renouvelé ces derniers temps, si bien que les établissements aux extérieurs rutilants gardés par des cerbères costauds font partout fureur dans le centre-ville. La plupart des bars n'exigent aucun droit d'entrée, sauf lorsqu'il y a un spectacle ou un concert, tandis que les boîtes de nuit vous demandent le plus souvent entre 5$ et 10$ à l'entrée.

Happy Hour

Les bars du centre-villeoffrent un «deux-pour-un» pendant le 5 à 7 quotidien, dénommé *Happy Hour* en anglais. Durant ces heures, vous pourrez acheter deux bières au prix d'une et d'autres boissons à prix réduit. Quelques casse-croûte et salon de thé offrent le même rabais.

Taxes et pourboire

Taxes

Contrairement à l'Europe, les prix affichés le sont **hors taxes** dans la majorité des cas. Il y a deux taxes: la TPS de 8% (taxe fédérale sur les produits et services) et la taxe provinciale de 7%. Elles sont cumulatives, et il faut donc ajouter le total des taxes sur les prix affichés pour la majorité des produits ainsi qu'au restaurant et dans les lieux d'hébergement.

Il y a quelques exceptions à ce régime de taxation, principalement l'alimentation, qui n'est pas taxé (sauf le prêt-à-manger).

Droit de remboursement de la taxe pour les non-résidents

Les non-résidents peuvent récupérer la TPS payée sur leurs achats. Il est important de garder ses factures. Le remboursement de la taxe se fait à la frontière ou en retournant un formulaire de remboursement de la TPS.

- Les formulaires sont disponibles à la douane (aéroport) et dans certains grands magasins.

Renseignements généraux

- Pour de plus amples de renseignements, composez le ☎800-668-4748 sans frais pour la TPS et la taxe provinciale ou visitez le site *www.ccra-adrc. gc.ca/ visitors*.

Pourboire

Le pourboire s'applique à tous les services rendus à table, c'est-à-dire dans les restaurants et les autres endroits où l'on vous sert à table (la restauration rapide n'entre donc pas dans cette catégorie). Il est aussi de rigueur dans les bars, les boîtes de nuit et les taxis.

Selon la qualité du service rendu, il faut compter environ 15% de pourboire sur le montant avant les taxes. Il n'est pas, comme en Europe, inclus dans l'addition, et le client doit le calculer lui-même et le remettre à la serveuse ou au serveur. Service et pourboire sont une même et seule chose en Amérique du Nord.

Vins, bières et alcools

L'âge légal pour boire de l'alcool en Ontario est de 19 ans. On ne peut acheter de la bière que dans les «Beer Stores» exploités par le gouvernement provincial, tandis que vins et spiritueux se trouvent aux «Liquor Stores».

On peut aussi se procurer des vins ontariens chez Wine Rack, une chaîne de magasins ayant pignon sur rue dans le centre-ville et dans certains supermarchés. Différentes succursales affichent des heures d'ouverture variables, mais il convient de retenir que, du lundi au samedi, la plupart des magasins de bières sont ouverts jusqu'à 21h ou 23h, que la plupart des commerces de vins et spiritueux le sont jusqu'à 21h ou 22h et que toutes les succursales de Wine Rack le sont jusqu'à 21h. Ces trois catégories d'établissements ouvrent par ailleurs leurs portes de 11h à 18h le dimanche.

Bière

L'Ontario peut être fier de ses microbrasseries florissantes, sources de quelques bières dignes de mention. Assurez-vous de goûter, entre autres, les produits de Sleemans, de l'Upper Canada Brewing Company, de Creemore et d'Amsterdam.

Vin

Le vin ontarien a acquis une certaine réputation ces dernières années. Les vignobles de la région de Niagara sont les plus productifs. Le vin ontarien le plus connu est probablement le curieux *ice wine* qui accompagne très bien les desserts. Recherchez-le car il fait un merveilleux souvenir.

Avis aux fumeurs

Le tabagisme est tenu pour tabou à Toronto, de sorte qu'il est interdit de fumer à peu près partout. Il est en outre illégal de fumer dans les immeubles de bureaux de même que dans les transports en commun.

Depuis le 1er juin 2001, il est interdit de fumer dans tous les restaurants et resto-théâtres de Toronto, sauf sur les terrasses extérieures et dans les espaces complètement clos réservés aux fumeurs. Le règlement ne s'applique toutefois pas aux bars, ce qui fait que certains établissements servant de l'alcool demandent un permis d'exploitation de bar plutôt que de restaurant, auquel cas aucun mineur ne peut y être admis.

L'âge minimal pour acheter des cigarettes est de 19 ans en Ontario.

Sécurité

La violence s'avère beaucoup moins présente à Toronto que dans la majorité des grandes villes étasuniennes. De fait, la Ville reine affiche le plus faible taux de criminalité en Amérique du Nord, ce qui ne veut pas dire pour autant que vous ne devez pas prendre les précautions d'usage.

En cas d'urgence, faites le ☎*911*.

Vie gay

Toronto est une grande ville, de sorte qu'il n'est pas étonnant d'y trouver d'innombrables organismes voués au service des communautés gays. Ceux-ci se regroupent pour la plupart dans le quartier connu sous le nom de **The Ghetto**, qui rayonne autour de l'intersection des rues Church et Wellesley. On retrouve aussi plusieurs bars, restaurants et librairies s'adressant particulièrement à la clientèle de la communauté gay.

Deux publications gratuites diffusent tous les renseignements voulus sur les activités gays dans la ville même et dans ses environs. Vous en trouverez des exemplaires dans nombre de bars et restaurants du centre-ville. Le plus populaire est *XTRA!*, publié aux deux semaines; le deuxième se nomme le *Fab*.

Si vous avez besoin de renseignements généraux, sachez que le personnel d'*XTRA!* est très amical et

Renseignements généraux

qu'il se fera un plaisir de répondre à vos questions, quelles qu'elles soient, ou de vous référer à quelqu'un qui peut vous aider. Il vous suffit de composer le ☎*925-6665*.

Enfin, deux répertoires de professionnels et de professionnelles comblent les besoins de la communauté gay. Le premier, le *Rainbow Book*, est publié par le **519 Community Centre** (*519 Church St.*, ☎*392-6874*), qui organise divers événements et activités, et le second, *The Pink Pages* (*80 Bloor St. W, Suite 1102*, ☎*972-7418*), est disponible dans les librairies et les bars.

Gay Pride, tenu à la fin de juin, est un événement monstre. Cette semaine de célébrations regroupe une foule d'activités et se termine par une fin de semaine de trois jours pendant lesquels les rues du Ghetto sont fermées à la circulation pour faire place à des tentes à l'intérieur desquelles on sert de la bière, à des scènes accueillant des musiciens et des comédiens, à des vendeurs de rue et aux quelque 750 000 personnes (gays et hétéros) qui, bon an mal an, participent aux festivités et assistent au grand défilé du dimanche. Il s'agit d'ailleurs d'un des plus importants défilés de la ville, et d'une des journées de la fierté gay les plus colossales en Amérique du

Nord, comparable à celles de New York et de San Francisco.

Toronto organise en outre chaque année, à la fin de mai, un impressionnant festival de films gays et lesbiens connu sous le nom d'**Inside Out**. Pour de plus amples renseignements, appelez *XTRA!* (☎*925-6665*).

Personnes à mobilité réduite

Tourism Toronto (☎*800-363-1990*) a préparé une petite brochure destinée à faciliter les déplacements des voyageurs en fauteuil roulant. Vous pourrez vous la procurer au kiosque d'information de Queen's Quay (voir p 62).

Pour de l'information sur les établissements accessibles:

Beyond Ability International 24 McClure Court, Georgetown, L7G 5X6 ☎*410-3748* *www.beyond-ability.com*

Une autre plaquette, *Toronto With Ease*, est disponible chez **March of Dimes** (*10 Overlea Bld.*, *M4H 1A4*, ☎*425-3463*, ⁼*425-1920*), qui vous renseignera sur les différents services offerts aux personnes à mobilité réduite à travers la ville.

La Toronto Transit fait circuler un autobus conçu à l'intention des personnes qui se déplacent en fauteuil roulant (voir p 64), et l'autocar *Airport Express* de l'aéroport international L.B. Pearson peut également accueillir les personnes à mobilité réduite (voir p 64).

Pour tout renseignement d'ordre général, adressez-vous au **Centre for Independent Living in Toronto** (☎599-2458).

Enfants

En Ontario, les enfants sont rois. Aussi, où que vous vous rendiez, des services vous seront offerts, que ce soit pour les transports ou les loisirs. Dans les transports, en général, les enfants de cinq ans et moins ne paient pas; il existe aussi des réductions pour les 12 ans et moins. Pour les activités ou les spectacles, la même règle s'applique parfois; renseignez-vous avant d'acheter vos billets. Dans la plupart des restaurants, des chaises pour enfants sont disponibles, et certains établissements proposent même des menus pour enfants. Quelques grands magasins disposent aussi d'un service de garderie. Autrement, adressez-vous au **Daycare and Babysitting Info Line** (☎392-0505).

Animaux domestiques

Si vous avez décidé de voyager avec votre animal de compagnie, sachez qu'en règle générale les animaux sont interdits dans plusieurs commerces, notamment les magasins d'alimentation, les restaurants et les cafés. Certaines personnes optent donc pour attacher leur chien devant l'établissement où elles ont des courses à faire. Il est toutefois possible d'utiliser le service de transport public; les animaux de petite taille peuvent être amenés en autobus ou en métro s'ils sont dans une cage ou dans vos bras. Enfin, il est possible de promener votre chien dans tous les parcs, en autant qu'il soit tenu en laisse et que vous ramassiez ses besoins.

Tourisme responsable

L'aventure du voyage risque d'être fort enrichissante pour vous. En sera-t-il autant pour vos hôtes? La question de savoir si le tourisme est bon ou mauvais pour la terre qui l'accueille soulève bien des débats. On peut facilement dénombrer plusieurs avantages (développement d'une région, mise en valeur d'une

Renseignements généraux

culture, échanges, etc.), mais aussi plusieurs inconvénients (aggravation de la criminalité, accroissement des inégalités, destruction de l'environnement, etc.) à l'industrie touristique. Une chose est sûre: votre passage ne restera pas sans conséquence, même si vous voyagez seul.

Bien sûr, cela est évident quand on parle d'environnement. Vous devriez être aussi attentif à ne pas polluer en voyage qu'à la maison. On nous le répète assez: nous vivons tous sur la même planète! Mais lorsqu'il s'agit des aspects sociaux, culturels ou même économiques, il est difficile

Poids et mesures

Le système officiellement en vigueur est le système métrique. Cependant, les commerçants utilisent fréquemment le système impérial.

Poids
1 livre (lb) = 454 grammes

Mesures de longueur
1 pied (pi) = 30 centimètres
1 mille (mi) = 1,6 kilomètre
1 pouce (po) = 2,5 centimètres

Mesures de superficie
1 acre = 0,4 hectare
10 pieds carrés (pi^2) = 1 mètre carré (m^2)

Mesures de capacité
1 gallon américain (gal) = 3,79 litres

Température
Pour convertir des °F en °C: soustraire 32, puis diviser par 9 et multiplier par 5.
Pour convertir des °C en °F: multiplier par 9, puis diviser par 5 et ajouter 32.

parfois d'en évaluer l'impact. Sachez rester sensible à la réalité qui vous entoure. Interrogez-vous sur les répercussions possibles avant de commettre une action. Souvenez-vous que l'on risque d'avoir de vous une perception fort différente de celle que vous désirez projeter.

Bref, il appartient à chaque voyageur, peu importe le type de voyage qu'il choisit, de développer une conscience sociale, de se sentir responsable par rapport aux gestes qu'il fait en pays étranger. Une bonne dose de bon sens, suffisamment d'altruisme et une touche de modestie devraient être des outils utiles pour vous mener à un tourisme responsable. C'est aussi ça, le plaisir de mieux voyager!...

Poids et mesures

Bien qu'au Canada les poids et mesures relèvent du système métrique depuis plusieurs années, il est encore courant de voir les gens utiliser le système impérial.

Décalage horaire

La plus grande partie de l'Ontario, y compris Toronto, adopte l'heure normale de l'Est, ce qui représente trois heures de plus que sur la côte ouest du continent. Il y a six heures de différence entre Toronto et l'ensemble des pays continentaux d'Europe, et cinq heures avec le Royaume-Uni. L'heure d'été (heure avancée de l'Est) entre en vigueur en Ontario le dernier dimanche d'avril et prend fin le premier dimanche d'octobre. Tout l'Ontario (exception faite de sa partie la plus occidentale) occupe un seul et unique fuseau horaire.

Divers

Climat

Pour les prévisions météorologiques, composez le ☎ *800-363-1866*.

Drogues

Les drogues sont absolument interdites au Canada (même les drogues dites «douces»). Aussi bien les consommateurs que les distributeurs risquent de très gros ennuis s'ils sont trouvés en possession de drogues.

Électricité

Partout au Canada, la tension est de 120 volts. Les fiches d'électricité sont plates, et l'on peut trouver

Renseignements généraux

des adaptateurs sur place, dans la plupart des quincailleries ou des commerces d'électronique présents dans les centres commerciaux.

Langue

Même si l'anglais y règne, Toronto est une ville où plus de 100 langues sont parlées.

Laveries

On retrouve des laveries automatiques à peu près partout dans les centres urbains. Dans la majorité des cas, le savon est vendu sur place. Bien qu'on y trouve parfois des changeurs de monnaie, il est préférable d'en apporter une quantité suffisante.

Cinéma

Il n'y a pas d'ouvreuses et donc pas de pourboire à donner. Le prix des billets est réduit les mardis. La liste des films figure dans les journaux principaux et les hebdos gratuits (*Now* et *Eye*) disponible dans les boîtes de distribution au coin des rues du centre-ville.

Musées

Dans la majorité des cas, les musées sont payants. Toutefois quelques musées et expositions sont gratuits les mercredis soir. Des rabais sont possibles pour les 60 ans et plus, les étudiants et les enfants. Renseignez-vous!

Pharmacies

À côté de la pharmacie classique, il existe de grosses chaînes (sorte de supermarchés). Ne soyez pas étonné d'y trouver des chocolats ou de la poudre à lessiver en promotion à côté de boîtes de bonbons pour la toux ou de médicaments pour les maux de tête.

Quelques pharmacies, incluant les succursales de la chaîne Shoppers Drug Mart, sont ouvertes 24 heures sur 24. Voici les coordonnées de trois pharmacies ouvertes jour et nuit:

3089 Dufferin St.
☎ *787-0238*

700 Bay St.
☎ *979-2424*

2345 Yonge St.
☎ *487-5411*

Journaux

Vous trouverez facilement
des journaux internationaux
dans les kiosques de Toronto de même que dans les
librairies Chapters et Indigo,
et dans les magasins de
revues tels que The Great
Canadian News Company et
La Maison de la Presse
Internationale. Toronto
publie quatre grands quotidiens: le *Toronto Star*, le
Toronto Sun, le *Globe and
Mail* et le *National Post*, les
deux derniers étant d'en-
vergure nationale quoique
Toronto constitue leur plus
important marché. Il y a en
outre deux hebdomadaires
gratuits voués aux arts et
spectacles, *Now* et *Eye*, que
vous pourrez vous procurer
dans les restaurants et cafés,
ou encore dans les boîtes
de distribution installées à
l'angle des rues de la ville.

Toilettes

Il y a des toilettes dans la
plupart des centres com-
merciaux. N'hésitez pas
cependant, si vous n'en
trouvez pas, à entrer dans
un bar, un casse-croûte ou
un restaurant.

Un gratte-ciel longiligne miroite au-dessus de l'ancien hôtel de ville de Toronto, qui date de 1889. – *M. Grahame*

Un patineur s'émerveille devant les arches du Nathan Phillips Square, en face du New City Hall de Toronto. – *G. Jones*

Attraits touristiques

Voici 10 circuits pédestres ainsi que deux circuits plus étendus au nord et à l'est, à parcourir à bicyclette ou en voiture, pour découvrir Toronto et quelques municipalités avoisinantes.

Finalement, un treizième circuit vous fait découvrir les chutes du Niagara.

Circuit A:
Le Waterfront

La proximité d'un plan d'eau majeur détermine souvent l'emplacement d'une ville, et Toronto ne fait pas exception à la règle. Cependant, la ville de Toronto a négligé pendant plusieurs années le quartier qui entoure les rives du lac Ontario. L'autoroute Gardiner, les vieux rails de chemin de fer et les nombreux entrepôts qui le défiguraient ne présentaient d'ailleurs aucun attrait aux yeux des citadins. Fort heureusement, des sommes importantes ont été investies dans ce faubourg afin de lui redon-ner vie. C'est ainsi qu'on y trouve aujourd'hui un hôtel de luxe, plusieurs boutiques et de nombreux cafés qui bourdonnent sans cesse d'activité.

Ce circuit suit un tracé d'est en ouest le long du Waterfront (les quais) de Toronto, depuis les chantiers d'usines jusqu'au mégaprojet immobilier de l'Ontario Place. Partez du Redpath Sugar Museum, à l'intersection de Queen's Quay East et de Cooper Street.

Le **Redpath Sugar Museum** *(entrée libre; informations-horaires par téléphone; 95 Queen's Quay E., ☎366-3561),* ce petit musée perdu au beau milieu des installations de la raffinerie de sucre Redpath, relate l'histoire laborieuse de cette denrée dont la culture exige une main-d'œuvre importante. Vous y apprendrez, entre autres choses, que l'industrie sucrière compte parmi les premières à avoir fait

venir des esclaves africains en Amérique, et vous aurez un aperçu des techniques de récolte et de production de cette douce substance cristallisée. En fait, ce musée fascinant traite à peu près de tout ce qui a trait au sucre et à la famille Redpath. Vous y verrez même des dégustateurs à l'œuvre!

Au pied de Bay Street, une navette lacustre vous conduira vers les **îles de Toronto** ★★★. L'accès à la navette se trouve juste derrière l'hôtel Harbour Castle Westin. Les îles de Toronto constituent l'endroit idéal pour se relaxer, prendre un peu de soleil, faire du vélo,

---

● ATTRAITS

1. Redpath Sugar Museum
2. Queen's Quay Terminal
3. The Pier: Toronto's Waterfront Museum
4. Harbourfront Centre
5. Power Plant Contemporary Art Gallery
6. Du Maurier Theatre Centre
7. York Quay Centre
8. Harbourfront Antique Market
9. SkyDome
10. Air Canada Centre
11. CN Tower
12. Fort York
13. Ontario Place
14. Cinesphere / IMAX Cinema
15. HMCS Haida

◯ HÉBERGEMENT

1. Executive Motor Hotel
2. Global Village Backpackers
3. Radisson Plaza Hotel Admiral
4. SkyDome Hotel
5. Westin Harbour Castle

⬣ RESTAURANTS

1. 360 Restaurant
2. Captain John's Seafood
3. Hard Rock Cafe
4. Pearl Harbourfront
5. Planet Hollywood
6. Spinnaker's
7. The Boathouse Bar and Grill
8. Wayne Gretzky's
9. Whistling Oyster Seafood Café

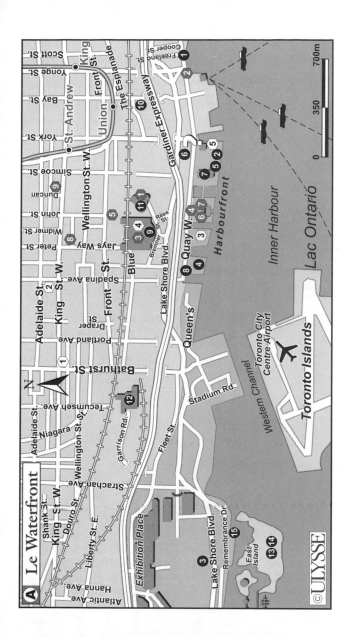

A Le Waterfront

N

©ULYSSE

Scott St.

King

Yonge St.

Freeland St.

Cooper St.

St. Andrew

Bay St.

Union

Front St.

The Esplanade

York St.

Simcoe St.

Duncan

John St.

Widmer St.

Peter St.

Wellington St. W.

Jays Way

Blue

Rees St.

Brannen St.

Adelaide St.

King St. W.

Front St.

Draper St.

Portland Ave.

Spadina Ave.

Lake Shore Blvd.

Quay W.

Queen's

Gardiner Expressway

Harbourfront

Inner Harbour

Lac Ontario

Bathurst St.

Tecumseh Ave.

Niagara

Adelaide St.

Wellington St. W.

Garrison Rd.

Stadium Rd.

Fleet St.

Western Channel

Toronto City
Centre Airport

Toronto Islands

Shank St.

King St. W.

Douro St.

Liberty St. E.

Atlantic Ave.

Hanna Ave.

Strachan Ave.

Exhibition Place

Lake Shore Blvd.

Remembrance Dr.

East
Island

0   350   700m

Les attraits favoris
des enfants à Toronto

La vie de pionnier a toujours fasciné les enfants. Pourquoi, dès lors, ne pas faire une excursion au **Black Creek Pioneer Village** (voir p 190)?

Les couloirs souterrains et les étables à l'ancienne de la **Casa Loma** (voir p 179) ne manqueront pas de captiver vos plus jeunes.

Les occasions de découvertes n'ont de limite que l'horizon à la **tour du CN** (voir p 105), d'où la vue s'étend parfois jusqu'aux chutes du Niagara. Le plancher vitré du second étage de la plate-forme d'observation s'avère particulièrement ahurissant pour les tout-petits.

Des soldats costumés, d'authentiques bâtiments militaires et une bataille en règle rendent le **Fort York** (voir p 106) et le **Fort George** (voir p 198) tout à fait excitants pour les enfants.

Le **Harbourfront** (promenade du port) (voir p 102) saura satisfaire tous les goûts. Outre les deux festivals qui s'y tiennent, le Zoom! International Children's Film Festival (festival du film) et le Milk International Children's Festival (festival du lait), l'un comme l'autre spécialement conçus à l'intention des enfants, vous y trouverez le Craft Studio, où il est possible d'observer des artistes à l'œuvre.

Le hockey sur glace est le sport national du Canada, et tous les enfants ont pour ainsi dire leur équipe favorite et leur joueur préféré. Il n'y a donc pas mieux pour combler les futurs grands de ce sport que de leur faire visiter le vestiaire des Canadiens de Montréal et de leur faire voir la véritable Coupe Stanley. Tout cela est possible au **Hockey Hall of Fame** (Temple de la renommée du hockey) (voir p 126).

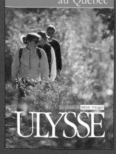

Les amateurs de sport ne voudront pas non plus manquer la chance de visiter les vestiaires des Blue Jays de Toronto au **Skydome** (voir p 104) ainsi que des Maple Leafs et des Raptors de Toronto au **Air Canada Centre** (voir p 105).

Outre ses exceptionnelles collections d'animaux de tous les coins du globe, qui ne manqueront certes pas d'enthousiasmer les plus jeunes, le **Metro Toronto Zoo** (voir p 196) renferme également une zone désignée par le nom de «Littlefootland», où les tout-petits pourront se familiariser davantage avec des espèces parfaitement inoffensives, entre autres des lapins, des poneys et des moutons.

Le **Metropolitan Toronto Police Museum & Discovery Centre** (voir p 161) permet aux enfants de se transformer en superdétectives d'un jour en leur donnant l'occasion d'analyser des prélèvements de sang et de poussière pour ensuite tenter de résoudre un crime.

Le **Nathan Phillips Square** (voir p 143) s'anime avec des concerts variés, des marchés de toutes sortes et une patinoire en hiver.

L'**Ontario Place** est un parc de divertissement pourvu d'un cinéma Imax, de manèges et d'attractions, entre autres un village pour enfants, un terrain de jeu et un parc aquatique pourvu d'un toboggan nautique (voir p 108).

L'**Ontario Science Centre** compte plus de 800 bornes interactives, entre autres «l'Arcade des sciences», le «Corps humain», et bien d'autres encore. Une journée bien remplie de divertissements éducatifs pour les petits comme pour les grands. L'Ontario Science Centre abrite également un cinéma Imax à écran bombé (voir p 182).

Parc thématique de plus de 120 ha, **Paramount Canada's Wonderland** (voir p 191) comporte plus de 180 attractions, notamment des montagnes russes à vous faire dresser les cheveux sur la tête, des spectacles sur scène et un village pour enfants.

Attraits touristiques

Goûtez des échantillons de sucre gratuits au **Redpath Sugar Museum** (voir p 98), où les enfants apprendront comment sont fabriquées leurs friandises favorites.

Un des plus grands jardins zoologiques du monde, le **Toronto Zoo** possède plus de 5 000 animaux répartis dans sept pavillons tropicaux. Exhibition d'animaux et conférences données par les conservateurs du zoo.

La **Riverdale Farm** (voir p 171) se trouve tout près du centre-ville, et les tout-petits apprécieront tout particulièrement ses animaux de basse-cour. De merveilleux mystères

mis en lumière, comme ceux qui planent au-dessus des dinosaures et des momies, ne sont que quelques-uns des atouts du **Royal Ontario Museum** (ROM) (voir p 159).

La plage, les mouettes, les canards, la Far Enough Farm et le Centreville Amusement Area (parc d'attractions) font des **îles de Toronto** (voir p 109) un rendez-vous rêvé pour les parents comme pour les enfants.

Le **Young People's Theatre** (voir p 132) présente, pour sa part, des productions conçues spécialement à l'intention des enfants.

marcher ou se baigner. Un circuit vous est proposé pour mieux découvrir ces îles (voir p 109).

Facilement accessible grâce à la nouvelle ligne de tramway qui relie la station de métro Union aux rives du lac Ontario et qui poursuit ensuite sa route vers Spadina Avenue, le **Harbourfront Centre** ★ (entrée libre; 410

Queen's Quay W., ☎973-4000, ou 973-3000 pour de l'information sur les événements spéciaux, www.harbourfront. on.ca) est un bon exemple de ces changements qui ont touché le Waterfront de Toronto. Depuis que le gouvernement fédéral a racheté 40 ha de terres situées sur les rives du lac Ontario, les vieilles usines et les entrepôts délabrés du Harbourfront ont été rénovés, si bien que les environs s'imposent aujourd'hui comme un des endroits les plus fascinants de Toronto. Outre les jolis petits cafés et les nombreuses boutiques, on peut même y assister à l'un des nombreux spectacles et événements culturels qui font désormais la fierté des riverains.

À quelques pas de là, au pied de York Street, avance le **Queen's Quay Terminal** ★★★ *(207 Queen's Quay)*, d'où des bateaux proposent des promenades dans la baie et autour des îles de Toronto. En fait, le Queen's Quay est un ancien entrepôt qu'on a modifié pour y aménager un théâtre exclusivement consacré à la danse ainsi qu'une centaine de restaurants et de boutiques. Parmi celles-ci, il faut mentionner Tilley Endurables, fondée par le Torontois Alex Tilley, célèbre pour avoir conçu le fameux Tilley Hat, l'un des chapeaux les plus résistants et des plus appréciés par les amateurs d'aventure et de plein air.

Du Queen's Quay Terminal, dirigez-vous vers le lac Ontario et la **Power Plant Contemporary Art Gallery** ★ *(4$, entrée libre mer 17h à 20h; mar-dim 12h à 18h, mer 12h à 20h; 231 Queen's Quay W., ☎973-4949)*, une ancienne centrale hydroélectrique désormais vouée à l'exposition de peinture, sculpture et photographies, ainsi qu'à la projection d'œuvres vidéographiques et de films avant-gardistes, où se trouve également le **Du Maurier Theatre Centre** *(231 Queen's Quay W., ☎973-3000)*. Derrière cette construction en brique rouge se trouve la **Tent in the Park**, où l'on présente différents concerts et pièces de théâtre tout au long de la saison estivale. Un peu plus loin vers l'ouest, vous apercevrez le **York Quay Centre** ★ *(231 Queen's Quay W., ☎973-3000)*, ponctué entre autres de quelques restaurants; quoi qu'il en soit, ne manquez pas le **Craft Studio** *(entrée libre; York Quay Centre)*, où vous pourrez observer des artisans travaillant le verre, le métal, la céramique et le textile, et en profiter pour faire quelques achats.

Tout près du lac Ontario, des bateaux à voiles et à moteur peuvent être loués au **Harbourside Boating Centre** *(50$ et plus pour 3 heures; 283 Queen's Quay W., ☎203-3000)*, les prix variant selon la taille et le type de l'embarcation. Des cours de voile sont aussi proposés sur place. En hiver, la baie est transformée en une gigantesque patinoire. Vous pourrez vous reposer à l'un des nombreux bars et restaurants du **Bathurst Pier 4**

Attraits touristiques

ayant pour thème les sports nautiques, ou encore visiter les différents clubs de voile.

Inauguré en 1998, le **Toronto Waterfront Museum** *(245 Queen's Quay W.,* ☎*392-6827)* remplace l'ancien Musée de la marine. On a fort bien tiré parti de ce site, au bord du lac, dans de vieux entrepôts datant de 1920 et remis en état. Les visiteurs pourront y découvrir des expositions portant sur les épaves du lac Ontario, les batailles historiques et le visage changeant du littoral du port de Toronto.

On peut aussi visiter le très populaire **Harbourfront Antique Market** ★★ *(mai à oct mar-sam 11h à 18h, dim 8h à 14h; nov à avr mar-sam 11h à 17h, dim 8h à 14h; 390 Queen's Quay W.,* ☎*260-2626)*, sans doute un des arrêts les plus intéressants que l'on puisse faire. Vous passerez des heures à parcourir ses innombrables boutiques d'antiquités débordant d'objets de valeur, ou bien vous y découvrirez de petites merveilles dont vous ne pourrez vous passer.

Du Harbourfront Centre, vous n'avez que quelques pas à faire pour vous rendre au SkyDome et à la tour du CN.

Le **SkyDome** ★★ *(12,50$; visites guidées tlj 9h à 16h; l'horaire des visites peut varier* *selon les événements; 1 Blue Jay Way,* ☎*341-3663)*, le centre sportif de Toronto, fait la fierté de ses habitants. Il s'agit du premier stade au monde à posséder un toit entièrement rétractable. En cas de mauvais temps, ses quatre panneaux montés sur rails peuvent en effet se refermer en 20 min malgré leurs 11 000 tonnes. Depuis son ouverture en 1989, ce remarquable édifice abrite l'équipe locale de baseball, les Blues Jays, de même que l'équipe de football, les Argonauts de la CFL (Canadian Football League).

Suivant les exigences des différents événements sportifs, le SkyDome peut rapidement se transformer et accueillir 52 000 amateurs de baseball ou 53 000 fanatiques de football. Pour les événements spéciaux, il peut même recevoir jusqu'à 70 000 personnes. Lors des concerts et autres événements qui ne requièrent pas autant d'espace, on a même recours à une toile (Sky-Tent) afin de diviser le stade et d'améliorer la qualité sonore. Finalement, les spectateurs qui n'ont pas eu la chance d'obtenir de bons sièges sont assurés de ne rien manquer grâce au JumboTron, un énorme écran de projection qui mesure 10 m sur 33 m.

Pour ceux qui désirent en apprendre davantage sur les

différents aspects techniques du SkyDome, une **visite guidée** de 90 min est proposée tous les jours *(information:* ☎*341-2770).* Il faut compter environ 1 heure 30 min pour en faire le tour. Vous pourrez voir entre autres une série d'objets mis au jour au moment de creuser les fondations du nouveau stade en 1986 et un documentaire d'une quinzaine de minutes sur la construction du Sky-Dome intitulé *The Inside Story,* qui révèle avec un peu trop d'emphase la façon dont l'architecte Roderick Robbie et l'ingénieur Michael Allen ont mis au point le concept du toit rétractable. Vous verrez aussi la passerelle des journalistes et les loges corporatives (SkyBox), qui sont louées pour 10 ans contre la modique somme d'un million de dollars; et cette somme ne comprend évidemment pas le prix des billets, des rafraîchissements ou de la nourriture!

Au début de 1999, l'**Air Canada Centre** *(9,50$; visites aux heures lun-sam 10h à 15h, dim 11h à 15h; 40 Bay St.,* ☎*815-5500)* a ouvert ses portes près du Sky-Dome, dans l'ancien édifice de la poste

(Postal Delivery Building). Il accueille les Raptors de Toronto (l'une des deux équipes de basket-ball canadiennes à faire partie de la NBA, soit la National Basket-ball Association), de même que les Maple Leafs de Toronto (une des équipes de la Ligue nationale de hockey).

La **tour du CN** ★★★ *(plateforme d'observation, 13$; en été, tlj 8h à 24h; en automne, dim-jeu 10h à 20h, ven-sam 10h à 22h; en hiver, dim-jeu 11h à 20h, ven-sam 11h à 22h; Front Street W.,* ☎*360-8500),* sans aucun doute l'édifice le plus représentatif de la ville de Toronto, domine la ville du haut de ses 553,33 m, ce qui en fait la tour d'observation la plus élevée du monde. Construite à l'origine par le CN (Canadian National Railways) pour faciliter la transmission des ondes radio et télé au-delà les nombreux édifices du centre-ville, elle est aujourd'hui devenue l'un des principaux attraits de la ville. Pour éviter les longues files, il est préférable de s'y rendre tôt le matin ou vers la fin de la journée, surtout au cours de la saison estivale et la fin de semaine; par temps nuageux, il vaut mieux remettre à plus tard sa visite de la tour du CN.

Tour du CN

Attraits touristiques

Le pied de la tour offre toute une gamme d'activités, dont deux **cinémas à simulation de mouvement** *(7,50$ par représentation de 8 min; été tlj 10h à 21h, hiver tlj 11h à 19h)* qui vous plongent au cœur de l'action de drames cinématographiques tels que *Dinosaur Hunter* (chasseur de dinosaures) et *Comet Impact* (l'impact de la comète). Le **Maple Leaf Cinema** présente pour sa part un film de 22 min intitulé *Momentum – Images of Canada (7,50$)*, tandis que la Video Edge Arcade vous permet de vous mesurer à des jeux vidéo payants.

Vous pouvez ensuite facilement atteindre la plate-forme d'observation grâce à un ascenseur qui vous arrache du sol à une vitesse de 6 m par seconde, une vitesse équivalente à celle d'un avion à réaction lors du décollage. Située à 335,25 m de hauteur et aménagée sur quatre étages, la plate-forme d'observation constitue le centre névralgique de la tour. Le premier étage abrite du matériel de télécommunication, alors que le deuxième offre une plate-forme d'observation extérieure et un plancher de verre, pour ceux qui n'ont pas peur du vide. Le troisième étage est doté d'un salon d'observation intérieur et d'un accès aux ascenseurs vers le **Space Deck**, lequel flotte à 447 m d'altitude et s'impose

comme le poste d'observation public le plus élevé du monde. Il faut débourser un léger supplément de 2,25$ pour y avoir accès. Évidemment, la vue depuis le sommet est splendide (par temps clair, vous pouvez voir sur une distance de 160 km et même distinguer les chutes du Niagara). Enfin, le quatrième étage s'enorgueillit d'un bar et d'un restaurant pouvant accueillir jusqu'à 400 personnes. Compte tenu de l'altitude à laquelle vous vous trouverez, vous sentirez la tour osciller sous l'effet du vent! Cette oscillation est d'ailleurs tout à fait normale et a pour effet d'accroître la résistance de la structure tout entière.

Pour poursuivre la visite du Waterfront, dirigez-vous maintenant vers l'ouest, en direction du Fort York. En voiture, vous pouvez rejoindre le Fort York en empruntant le boulevard Lakeshore; tournez à droite dans Strachan, encore à droite dans Fleet Street, puis à gauche par Garrison Road. Le tramway de Bathurst n⁰ 511 permet également de s'y rendre facilement.

C'est au **Fort York** ★ *(5$; été lun-ven 10h à 17h, sam-dim 12h à 17h, reste de l'année mar-ven 10 à 16h, sam-dim 12h à 17h; 100 Garrison Rd., ☎392-6907)* que Toronto a vu le jour sur les rives du lac Ontario. Érigé en 1783 par le gouverneur Simcoe pour faire face à la menace américaine, le Fort York fut détruit par ces derniers en 1813, puis reconstruit peu de temps après. Les relations avec les États-Unis s'adoucissant rapidement, il perdit peu à peu sa raison d'être. Dans les années 1930, il fit l'objet d'une importante restauration par la municipalité de Toronto, qui avait décidé d'en faire un attrait touristique. Aujourd'hui, le Fort York est devenu le site de la plus importante collection canadienne de bâtiments datant de la guerre de 1812. Outre la visite des baraques meublées illustrant le style de vie des officiers et des soldats qui y habitaient, vous pouvez découvrir un petit musée qui présente un court métrage sur son histoire. En été, vous pourrez aussi y voir des acteurs se livrer à des manœuvres militaires en costumes d'époque.

Le Fort York a également été au centre d'un autre combat, celui-ci mettant aux prises la Ville de Toronto et des promoteurs immobiliers qui voulaient déplacer le site pour faire place à l'autoroute Gardiner. La décision de préserver l'authenticité du Fort York a fait prendre conscience à la municipalité qu'elle devait protéger ces morceaux d'histoire éparpillés un peu partout sur son territoire, comme par exemple le splendide réseau de tramways. Malgré tout, il se dégage une impression étrange du Fort York, aujourd'hui entouré par la ville et à proximité d'une voie ferrée et d'une autoroute.

Descendez vers le lac Ontario et rendez-vous au **Pier Toronto's Waterfront Museum** *(8,50$; tlj 10h à 18h; 245 Queen's Quay W., ☎392-6827)*, une des attractions culturelles et historiques de Toronto. Localisé dans un entrepôt restauré datant des années 1930, ce musée remplace et même surpasse l'ancien Marine Museum. Les jeunes peuvent actionner des cornes de brume dans la Discovery Gallery

Fort York

(galerie de la découverte), située dans la coque d'un bateau. De fascinantes vitrines présentent l'histoire du port de Toronto, avec les modifications que la rive a subies depuis le début, de même que les épaves toujours immergées ainsi que les batailles historiques ayant eu lieu sur le lac Ontario, et finalement une course simulée contre le skif du réputé Ned Hanlan. Les visiteurs peuvent aussi observer des artisans en train de construire les traditionnels bateaux de bois, et même participer à une régate. Finalement, vous pourrez vous embarquer sur un de ces bateaux pour une mini-croisière autour du port. Il y a également la possibilité, pendant l'été, de faire d'intéressantes sorties à pied, organisées gratuitement, et ce, tout le long du petit «front de mer».

Toujours par Lakeshore Boulevard, dirigez-vous légèrement plus à l'ouest, vers l'Ontario Place.

L'**Ontario Place** ★ *(9$ accès au parc d'attractions seulement, 22$ laissez-passer d'une journée donnant accès illimité aux différentes attractions, gratuit pour enfants de moins de 4 ans; mai à sept 10h à 24h; 955 Lakeshore Blvd. W., ☎314-9900; de la fin mai au début septembre, un service d'autobus relie l'Union Station à l'Ontario Place)*, conçue

par Eberhard Zeidler, est formée de trois îles reliées entre elles par des ponts. On peut aussi y distinguer cinq structures suspendues plusieurs mètres au-dessus de l'eau qui regorgent d'activités pour les jeunes et les moins jeunes. Vous remarquerez certainement l'énorme sphère blanche qui se démarque des autres bâtiments et qui abrite le Cinesphere: un **cinéma Imax** *(☎965-7711)* possédant un impressionnant écran d'une hauteur de six étages.

L'Ontario Place possède aussi une marina à même d'accueillir environ 300 bateaux autour du ***HMCS Haida***, un destroyer de la Deuxième Guerre mondiale. Si vous avez des enfants, rendez-vous au **Children's Village**, où des attendent des terrains de jeu, une piscine, des toboggans nautiques, des fusils à eau, des bateaux tamponneurs, un centre Nintendo, un LEGO Creative Centre, un cinéma et d'autres attractions encore. Les moins jeunes pourront pour leur part apprécier l'amphithéâtre extérieur, le **Forum**, qui présente chaque été divers spectacles de musique.

Circuit B: Les îles de Toronto

À l'origine, les îles de Toronto n'étaient guère qu'une péninsule sablonneuse, baptisée en amérindien par les Mississaugas *«l'endroit où les arbres émergent de l'eau»* et fréquentée par le lieutenant-gouverneur Simcoe au cours de l'été de 1793. Cette barre protégeait néanmoins les eaux du port, ce qui influa sur la décision de faire de York le centre naval et militaire du Haut-Canada. Un violent orage survenu en 1858 sépara les îles de la terre ferme, et l'érosion, le dragage, le remblaiement et les courants ont depuis fait doubler leur superficie. Aujourd'hui, ces 17 îles présentent une collection à faire rêver de sentiers, de plages et de cottages.

Au début du XIXᵉ siècle, les îles devinrent le site d'une communauté résidentielle, des demeures ayant été érigées sur Centre Island, Ward's Island et Algonquin Island. Mais bien qu'une centaine de ces maisons privées subsistent, cette portion de territoire est désormais officiellement désignée comme zone de parc, gérée par le Service des parcs municipaux. Une bataille à finir entre les politiciens et les résidants des îles quant à la propriété des terres du parc fait toujours rage, quoique aucun danger imminent d'expropriation ne semble guetter les habitants actuels des îles. La loi provinciale prévoit en outre que la communauté continuera d'exister au moins jusqu'en 2005. Les résidants en question, dont bon nombre sont d'anciens hippies, insistent sur le fait que leurs cottages appartiennent à l'histoire des îles et que leur présence accroît la sécurité à l'intérieur du parc, tandis que les politiciens, qui voient plutôt en eux de simples squatters, se plaisent à pointer du doigt la malheureuse poignée de cabanes plutôt délabrées qui font partie du lot. Quoi qu'il en soit, ces aléas donnent amplement matière à discussion par ici.

Un court trajet de 8 min en **traversier** vous mènera aux îles en partant du port de Toronto *(en service toute l'année; pour information générale, adressez-vous à Metro Parks,* ☎392-8186*; aller-retour adulte 5$, aîné et étudiant 2$, enfant de moins de 15 ans 1$; horaire: mai à sept, premier départ à 6h35, dernier retour vers la ville à 11h30; premier départ de Hanlan's Point à 8h, dernier retour vers la ville à 20h15; départ de Centre Island à 9h, dernier retour vers la ville à 23h; pour connaître*

Attraits touristiques

l'horaire des traversées, composez le ☎392-8193; pour réserver des aires de pique-nique à l'intention de groupes importants, composez le ☎392-8188). Trois traversiers, qui partent tous du Mainland Ferry Terminal, au pied de Bay Street, desservent les trois plus grandes îles, c'est-à-dire Hanlan's Point, Centre Island et Ward's Island; des ponts relient les autres îles entre elles. Les bicyclettes sont autorisées à bord, sauf, à l'occasion, sur le traversier de Centre Island, qui peut s'avérer très bondé les fins de semaine.

Oie sauvage

Vous pouvez explorer les îles à pied, à vélo, en patins à roues alignées ou à bord d'un minitrain sur roues qui circule régulièrement entre le débarcadère de Centre Island et Hanlan's Point. Profitez du bon air, car le train compte parmi les rares véhicules motorisés des îles. En été, cette balade vous permettra de faire gratuitement une visite historique guidée à partir de Centre Island jusqu'à Hanlan's Point.

Vous pourrez louer une bicyclette sur Hanlan's Point ainsi qu'au quai, de même qu'un canot, une chaloupe

ou un pédalo sur Long Pond, à l'est du pont Manitou.

Quelque moyen de transport que vous reteniez, si vous êtes accompagné d'enfants en bas âge, arrêtez-vous d'abord à la **Centreville Amusement Area** *(accès libre au site, manèges payants, possibilité de laissez-passer d'une journée)* et à la **Far Enough Farm** *(fin avr à mi-mai sam-dim, mi-mai à sept tlj; ☎203-0405).* Dans le premier cas, il s'agit d'un parc d'attractions à l'ancienne datant de 1833, soit un an avant que la ville de York ne devienne Toronto. Vous aurez le plaisir d'y découvrir une grande roue classique, des autos tamponneuses, un «glissoir» (manège aquatique où vous prenez place à bord d'un faux tronc d'arbre) et un joli carrousel des années 1890. Dans le second cas, il s'agit d'un zoo peuplé d'animaux à caresser, entre autres des animaux de la ferme, à courte distance du parc d'attractions. Les enfants pourront y faire une promenade à dos de poney.

Centre Island est et a toujours été le secteur le plus fréquenté des îles. Au cours des années 1950, quelque 8 000 personnes y vivaient. L'avènement du parc des îles de Toronto, vers la fin des années 1950 et le début

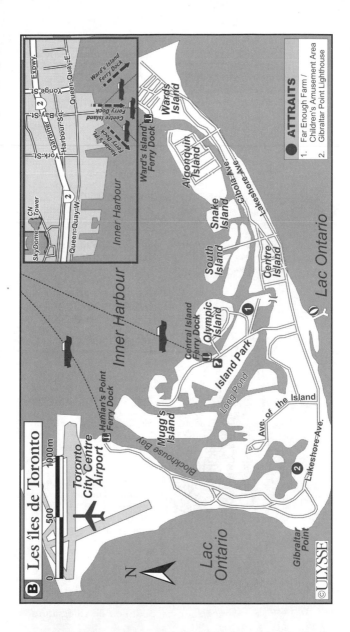

B Les îles de Toronto

Lac Ontario

N

0   500   1000m

Toronto City Centre Airport

Hanlan's Point Ferry Dock

Blockhouse Bay

Mugg's Island

Inner Harbour

Central Island Ferry Dock

Olympic Island

Island Park

Long Pond

South Island

Snake Island

Algonquin Island

Wards Island

Cibola Ave.

Lakeshore Ave.

Centre Island

Ave. of the Island

Lakeshore Ave.

Ward's Island Ferry Dock

Gibraltar Point

Lac Ontario

1

2

2

SkyDome   CN Tower

Queen Quay W.

2

York St.   Harbour Sq.   Bay St.   Yonge St.

Gardiner Expwy.

Queen Quay E.

EXPWY.

Hanlan's Point Ferry Dock

Centre Island Ferry Dock

Ward's Island Ferry Dock

Inner Harbour

● ATTRAITS

1. Far Enough Farm / Children's Amusement Area
2. Gibraltar Point Lighthouse

© ULYSSE

des années 1960, entraîna toutefois la destruction des élégants complexes balnéaires, théâtres et boutiques de Centre Island.

La rigoureuse Avenue of the Islands s'étire d'un bout à l'autre de Centre Island, depuis le pont Manitou jusqu'au quai et à la plage. Elle est bordée de plates-bandes, de bassins ondoyants, de fontaines et de magnifiques pelouses, sur lesquelles ont été plantés des écriteaux vous invitant à fouler l'herbe à loisir *(Please walk on the grass)*. Ces vastes étendues se prêtent d'ailleurs fort bien aux pique-niques, à moins que vous ne préfériez poursuivre votre chemin jusqu'au bout du quai pour admirer une vue saisissante du lac Ontario. À partir du quai, longez l'eau et la plage vers l'ouest en direction de Hanlan's Point. Dépassez l'usine de filtration des eaux et l'Island Science School, où, soit dit en passant, les enfants peuvent se familiariser avec la vie insulaire. Le **Gibraltar Point Lighthouse** est votre prochaine destination. Construit en 1806, ce phare constitue la plus vieille construction toujours visible à Toronto. Une autre plage sablonneuse chevauche le rivage aux alentours immédiats du phare, tandis que, derrière le monolithe, le sentier bifurque. Gardez la gauche, tout près de l'eau, et marchez vers Hanlan's Point.

Hanlan's Point portait à l'origine le nom de «Gibraltar Point» et constituait le noyau du système défensif de York (Toronto). Elle fut rebaptisée lorsque la famille Hanlan s'y établit en 1862. Leur fils Ned devait par la suite devenir un champion de l'aviron. Les opérations de remblaiement et de nivelage entreprises lors de la construction du Toronto Island Airport obligèrent la fermeture du petit lieu de villégiature

Gibraltar Point Lighthouse

ainsi que du stade de base-ball où Babe Ruth avait frappé son premier coup de circuit en tant que professionnel. La plage et les couchers de soleil spectaculaires de Hanlan's Point ne sont qu'un tantinet ternis par le passage occasionnel d'un avion. Les mordus de l'aviation seront intéressés de savoir que l'ancienne aérogare, désormais occupée par les bureaux de l'administration, a été dernièrement classée «site national historique». C'est le seul bâtiment de ce genre préservé au Canada. Le sentier prend fin au débarcadère du traversier.

Revenez sur vos pas en gardant la gauche, tout près des eaux de Blockhouse Bay. Vous retrouverez le chemin principal au phare; cependant, après l'usine de filtration, prenez sur la gauche en bordure du Long Pond, où vous pourrez louer des embarcations et où se tiennent chaque année les Dragon Boat Races (voir p 296). Passé le pont Manitou, vous aurez tôt fait d'atteindre l'église St. Andrews-By-The-Lake, érigée en 1884 au sein du premier regroupement de cottages. Les voiliers qui mouillent sur votre gauche sont ceux du prestigieux Royal Canadian Yacht Club, installé ici. Sa présence, de même que celle du Queen City Yacht Club, sur l'île Algonquin, contribuent à

préserver l'allure de station balnéaire chic et exclusive de cette partie des îles. Traversez le pont jusqu'à l'île Algonquin pour explorer ses coquettes rues flanquées de cottages, dont plusieurs ont fait l'objet de grands soins au fil des ans. Le nom des rues rappelle en outre aux visiteurs comme aux résidants que les premiers habitants des lieux tenaient eux-mêmes les îles pour un lieu de détente exceptionnel.

Rendez-vous enfin sur Ward's Island, où non seulement vous trouverez d'autres cottages pittoresques, mais où vous pourrez aussi vous la couler douce sur l'une des plages les plus tranquilles et les plus propres des îles. Avec un peu de chance, vous trouverez ouvert l'un ou l'autre (ou les deux) des deux petits cafés exploités par les habitants de l'île. Le Ward's Island Café se trouve tout près du débarcadère du traversier, tandis que le Waterfront Café domine la promenade et le lac Ontario. Les demeures des îles Ward's et Algonquin sont toutes privées, mais elles n'en reposent pas moins sur des terrains loués à bail par la Ville de Toronto. La charmante promenade longe le bord de l'eau jusqu'au quai, où vous pourrez rendre votre bicyclette de location avant de reprendre la direction de la ville.

Attraits
touristiques

Le traversier est également en service pendant l'hiver (quoique moins fréquemment), de sorte qu'il est possible de visiter les îles toute l'année. La saison hivernale a d'ailleurs un cachet particulier sur les îles, alors que le ski de fond et la raquette remplacent la marche et la bicyclette dans un décor féerique, sans parler des merveilleuses occasions de patin à glace. L'été demeure toutefois la saison la plus fertile de l'année, alors que les sentiers panoramiques revêtus qui sillonnent les îles font les délices des marcheurs, des joggeurs, des cyclistes et des amateurs de patin à roues alignées. Rappelez-vous néanmoins que la baignade est interdite dans les canaux et lagons. Des courts de tennis, un terrain de «frisbee-golf», un terrain de balle molle et des patau-geoires complètent les ins-tallations de plein air.

En somme, l'un des points forts de cette oasis urbaine tient à n'en point douter à la vue spectaculaire sur Toronto qu'offrent ses rivages, alors que la ville scintille au loin le jour comme le soir.

★★

Circuit C: Le quartier des affaires et du spectacle

Entre les rues John et Simcoe, King Street porte aussi le nom de *Mirvish Walkway*, en l'honneur du père et du fils Mirvish (voir p 181), ces deux magnats du magasin de produits bon marché qui redorèrent le blason du quartier en sauvant le Royal Alexandra du boulet de démolition et en aménageant, dans les entrepôts désaffectés, une foule de restaurants destinés à répondre aux besoins des amateurs de théâtre.

Royal Alexandra

Ed Mirvish

Ed Mirvish est un homme d'initiative. Originaire de la Virginie, aux États-Unis, sa famille déménagea à Toronto alors qu'il était âgé de neuf ans. Lorsqu'il en eut 15, son père mourut, et Ed prit la tête de l'épicerie familiale. Par la suite, les entreprises personnelles de vente au détail de Mirvish allaient cependant prendre beaucoup plus d'ampleur. Criard, et pourtant savoureux sous la splendeur de ses néons, le porte-flambeau de ses commerces de vente à rabais, Honest Ed's (581 Bathurst St.), a ouvert ses portes tout juste au sud de la rue Bloor il y a maintenant plus de 40 ans, et, depuis lors, les volumes importants et les marges bénéficiaires restreintes ont servi de fondement à son entreprise. Ses clients profitent au quotidien de «prix à tout casser» et peuvent par exemple se procurer une bouteille de Coca-Cola de deux litres pour 5¢! Lorsque les lois sur le zonage empêchèrent Mirvish de raser les grandes résidences décrépites de Markham Street, derrière son magasin, il en fit le Mirvish (Markham) Village, et les bâtiments en cause abritent désormais des galeries d'art et des librairies. Ed Mirvish jouit également d'une certaine réputation de philanthrope, puisque son intérêt grandissant pour la musique, le ballet et le théâtre l'ont incité à sauver l'historique Royal Alexandra Theatre en 1963 de même qu'à acheter et à restaurer l'Old Vic de Londres, en Angleterre. Son fils David dirige maintenant le Royal Alexandra (ensemble, ils ont construit un tout nouveau théâtre, The Princess of Wales Theatre), spécialement voué à la présentation de la comédie musicale *Miss Saigon*.

Attraits touristiques

Commencez par le **Princess of Wales Theatre** *(300 King St. W., près de John St., billetterie ☎872-1212)*. Ce théâtre a été construit en 1993 à seule fin d'accueillir la comédie musicale *Miss Saigon*, et par nul autre que les Mirvish. Bien qu'aucune visite n'y soit autorisée, prenez la peine de jeter un coup d'œil à l'intérieur afin d'apprécier le décor minimaliste du hall d'entrée, axé sur la lune et les étoiles.

Rendez-vous ensuite au **Royal Alexandra** ★★ *(260 King St. W., billetterie ☎800-724-6420)*. Une collection d'articles de journaux attestant les divers exploits d'Ed Mirvish (voir p 181) tapisse les murs des nombreux restaurants que le grand entrepreneur a implantés entre le Princess of Wales et le Royal Alexandra. Le Royal Alexandra a été nommé ainsi pour rendre hommage à l'épouse du roi Ed-

● ATTRAITS

1. Princess of Wales Theatre
2. The Royal Alexandra
3. Union Building
4. Roy Thompson Hall
5. Metro Hall
6. CBC Broadcast Centre
7. St. Andrew's Presbyterian Church
8. Sun Life Tower
9. First Canadian Place
10. Toronto Stock Exchange
11. Standard Life and Royal Trust
12. Toronto-Dominion Centre
13. Old Toronto Stock Exchange
14. Bank of Nova Scotia
15. National Club Building
16. Bank of Montreal
17. Canada Permanent Building
18. Northern Ontario Building
19. Atlas Building
20. Scotia Plaza
21. Canadian Imperial Bank of Commerce
22. Royal Bank
23. Canadian Pacific Building
24. Trader's Bank
25. Bank of British North America
26. Number 15
27. The Design Exchange
28. Royal Bank Plaza
29. Union Station
30. Royal York Hotel
31. Air Canada Centre
32. Canada Trust Tower
33. Canada Customs Building
34. BCE Place
35. Marché Mövenpick
36. Hockey Hall of Fame
37. Bank of Montreal Building
38. Hummingbird Centre
39. St. Lawrence Centre

○ HÉBERGEMENT

1. Crowne Plaza Toronto Centre
2. Hilton Toronto International
3. Holiday Inn on King
4. Hotel Victoria
5. Royal York Hotel
6. Strathcona Hotel

● RESTAURANTS

1. Acqua
2. Bevue Café and Bar
3. Duke of Argyle
4. Fenice
5. Fred's Not Here
6. Golden Thai
7. Hey Lucy
8. Kit Kat
9. Marché Mövenpick
10. Mövenpick Restaurant
11. N'Awlins Jazz Bar and Grill
12. Shopsy's Deli & Restaurant

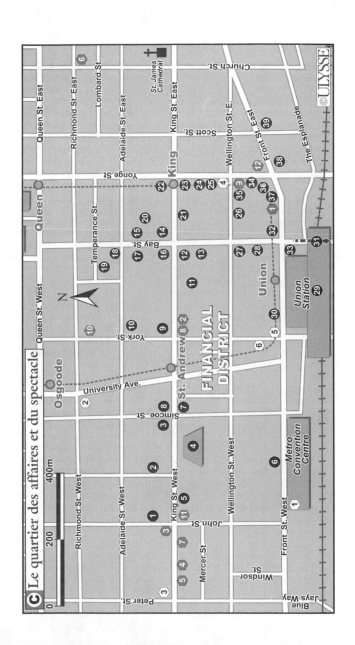

C Le quartier des affaires et du spectacle

ULYSSE

ward VII, et tout le monde l'appelle aujourd'hui simplement le Royal Alex. Il s'agit d'un des théâtres les plus en vue de la ville, sans cesse fréquenté par l'élite de Toronto depuis son ouverture en 1907. Son fastueux style édouardien et son décor Beaux-Arts, rehaussé de voluptueux velours rouge, de brocarts d'or et de marbre vert, ont retrouvé leur éclat d'antan au cours des années 1960 grâce à, vous l'aurez deviné, Ed Mirvish.

Faites quelques pas vers l'est, et vous vous retrouverez devant les bureaux de la Swiss RE Holdings. Cet édifice témoigne éloquemment de l'engouement suscité par les mini-palais néoclassiques autour de 1907, époque à laquelle il fut érigé. Baptisé **Union Building** *(212 King St. W.)*, il abritait, à l'origine, le siège social de la Canadian General Electric Company.

De l'autre côté de la rue s'élève le **Roy Thompson Hall** ★★★ *(4$; visites guidées de 45 min; lun-sam 12h30; 60 Simcoe St., ☎593-4822)*, une des constructions les plus remarquables du paysage torontois. Son extérieur futuriste, qui arbore 3 700 m² de verre réfléchissant, a été conçu par le Canadien Arthur Erickson et lui a valu des critiques mitigées le comparant tantôt à un champignon renversé, tantôt à un tutu de ballerine. Son intérieur fait par contre l'unanimité, avec son incroyable luminosité, son hall somptueux et son acoustique exceptionnelle, qu'exploitent d'ailleurs à souhait le Toronto Symphony et le Mendelssohn Choir. Appelé à devenir le New Massey Hall au moment de sa construction, il finit par prendre le nom du potentat de l'édition Lord Thompson of Fleet, dont la famille fit la plus importante contribution individuelle au financement du projet.

Une vaste cour s'étend à l'ouest du Thompson Hall et est bordée, à l'ouest, par le **Metro Hall** (en face du Princess of Wales) et, au sud, par la **Simcoe Place** (le grand bâtiment carré sur votre gauche) ainsi que par le **CBC Broadcast Centre** *(7$; visites guidées gratuites sur rendez-vous, les horaires varient; Centre canadien de radiodiffusion, 250 Front St. W., ☎205-8605; pour tout renseignement concernant l'obtention de billets gratuits vous permettant d'assister à l'enregistrement des émissions, composez le ☎205-3700)*. Le Centre canadien de radiodiffusion a ouvert ses portes en 1992, et il a rapidement occupé une place de choix dans le ciel de Toronto grâce à son extérieur rouge unique d'aspect grillagé et ses façades angulaires. Il s'agit là du siège des réseaux anglophones de la Canadian

Des rues et des noms

Voici les origines des noms des principales rues de Toronto:

Bay Nommée en 1797, quand les limites de la ville de York ont été repoussées pour la première fois, cette rue a des relations évidentes avec la topographie de la ville, sur les rives du lac Ontario.

Bloor Nommée en l'honneur de Joseph Bloor (1788-1862), un brasseur qui vécut au numéro 100, cette rue a constitué pendant longtemps la frontière nord de la ville. D'ailleurs, peu avant d'être rebaptisée Bloor, la rue s'appelait Toll-Gate Road, en référence au péage qui était installé à l'angle de Yonge Street, aux limites de la ville.

Church Dès 1797, des parcelles de terrains sont réservées pour la construction d'une église. L'église St. James, aujourd'hui cathédrale, y est érigée en 1805.

College À l'origine, cette rue se voulait une avenue privée qui menait au King's College. Plus tard, elle fut louée par l'université de Toronto et transformée en rue publique.

Dundas Nommée en l'honneur de Sir Henry Dundas, vicomte de Melville et administrateur public (1791-1794), cette rue fut créée à la demande du gouverneur Simcoe afin de relier la ville de York à deux rivières, la Thames à l'ouest et la Trent à l'est.

King Nommée en l'honneur du roi George III, cette rue fut créée à la demande du gouverneur Simcoe en 1793.

Attraits touristiques

Queen Nommée en l'honneur de la reine Victoria (1819-1901) en 1843.

Spadina À l'origine, la rue servait d'entrée privée pour accéder aux terres du Dr W.W. Baldwin. Le nom est dérivé du mot amérindien *espadinong*, qui signifie «petite colline».

University Originalement connue sous le nom de College Avenue, elle se voulait une avenue privée bordée d'arbres qui reliait Queen Street au King's College. En 1888, elle fut louée par l'université de Toronto et transformée en rue publique.

Yonge Nommée en l'honneur de George Yonge, secrétaire d'État à la guerre (1782-1794), elle fut l'une des premières rues tracées à Toronto, à la demande du gouverneur Simcoe.

Broadcasting Corporation de même que de la radio et de la télévision francophones locales. Un atrium lumineux de 10 étages honore le hall d'entrée où se trouve en outre le **CBC Museum** *(entrée libre; lun-ven 9h à 17h, sam 12h à 16h; 250 Front St. W.,* ☎*205-5574)*. Des éléments d'exposition interactifs retracent ici l'histoire de la radio et de la télévision au Canada. Le centre abrite enfin le Graham Spry Theatre, à l'intérieur duquel sont projetées les émissions les plus prisées, ainsi que le Wayne & Shuster Comedy Wall of Fame.

De retour sur King Street, à l'angle sud-ouest de Simcoe Street, apparaît la **St. Andrew's Presbyterian Church**, qui date de 1876. Elle partageait jadis cette intersection avec la Government House, l'Upper Canada College et un bar tapageur, ce qui faisait dire aux gens qu'il s'agissait du coin de «la législation, de l'éducation, de la damnation et du salut». Aujourd'hui, son extérieur de grès de style néoroman écossais contraste violemment avec l'acier et le verre réfléchissant qui lui servent d'écrin, alors que vous pénétrez dans le quartier des affaires de Toronto. Curieusement, la tour Sun Life a assuré la survie de l'église en déboursant quelque quatre millions de dollars pour que sa construction se fasse aussi bien au-dessus qu'au-dessous d'elle.

Ce circuit vous entraîne maintenant au cœur même de Toronto, soit le **quartier des affaires** (Financial District), où l'argent, qui fait courir nombre de résidants à leur faire perdre la tête, constitue le principal objet de préoccupation. Ce quartier s'étend entre Adelaide Street, au nord, et Front Street, au sud, puis entre University Avenue, à l'ouest, et Yonge Street, à l'est.

Le point de rencontre des rues King et Bay représente le centre aussi bien géographique que symbolique du quartier des affaires de Toronto, et les quatre angles de cette intersection se trouvent occupés par quatre des grandes banques nationales canadiennes: la Banque de la Nouvelle-Écosse, à l'angle nord-est; la Banque canadienne impériale de commerce, à l'angle sud-est; la Banque Toronto Dominion, à l'angle sud-ouest; et la Banque de Montréal, à l'angle nord-ouest.

Sur le plan historique, la haute finance torontoise a toujours gravité autour de ce secteur. Tout a commen-

cé à l'intersection des rues Yonge et Wellington, au milieu du XIXᵉ siècle, où la seule forme de publicité accessible aux institutions financières était l'architecture. L'image l'emportait sur tout à cette époque, et l'on cherchait à créer une impression de solidité et de durabilité en construisant de majestueux halls d'entrée, corniches, portiques et autres. Au début du XXᵉ siècle, le cœur du quartier s'était déjà déplacé plus au nord, autour des rues King et Yonge, où l'élégance du style Art déco était en vogue. Au fur et à mesure qu'il s'étendit vers l'ouest, les gratte-ciel de Bay Street se dressèrent l'un après l'autre, en bordure des trottoirs, pour donner forme à une version plus «nordique» du canyon de Wall Street. Au cours des deux dernières décennies, les tours de verre et d'acier sont devenues les pièces maîtresses de grands espaces ouverts, balayés par les vents. Plus récemment, ces parcs de béton sont entrés en compétition directe avec le PATH, ce réseau de passages souterrains qui ne cesse d'étendre ses ramifications, et l'on continue de débattre à qui mieux mieux les mérites de ces tunnels impersonnels, sillonnés en tous sens par les employés des tours à bureaux.

La première tour d'acier et de miroir, la **Sun Life To-**

wer ★★ *(150-200 King St.
W.)*, se dresse en face de
l'église St. Andrews, à l'angle des rues Simcoe et King.
La sculpture dont se pare sa
façade est l'œuvre de Sorel
Etrog. Poursuivez votre
route par King Street jusqu'à York Street. À l'angle
nord-est apparaît l'auguste
tour de marbre baptisé
First Canadian Place ★★.
Bien que son allure austère
et sa base massive n'aient
rien pour vous charmer,
l'espace commercial aménagé à l'intérieur s'avère clair
et aéré. Cette construction
abrite en outre la **Bourse de
Toronto** ★★ (Toronto Stock
Exchange) *(entrée libre; lun-
ven 9h30 à 16h, visite guidée à
14h; 130 King St. W., ☎947-
4670)*, ce point de mire de
la haute finance canadienne
où les papiers volent, où les
cambistes se lancent des si-
gnaux de la main et où des
fortunes sont faites et défai-
tes. Le centre d'accueil des
visiteurs se trouve au rez-
de-chaussée de la tour de la
Bourse, près de la récep-
tion. Il s'agit là d'une des
haltes les plus intéressantes
du quartier, puisque vous
pourrez vous imprégner de
l'activité du parquet à partir
d'une galerie d'observation.

À mi-chemin entre les rues
York et Bay, les édifices de
la **Standard Life** et du **Royal
Trust** dominent la face sud
de King Street, tout à côté
de l'impressionnant **Toronto-
Dominion Centre** ★★★

(55 King St. W.), à l'angle
sud-ouest des rues King et
Bay. Réalisé par le célèbre
moderniste Ludwig Mies
van der Rohe, il s'impose
comme le premier gratte-
ciel d'envergure internationale construit à Toronto;
c'était au milieu des années
1960. Ces simples tours noi-
res pourront vous sembler
peu inspirées, mais l'usage
de matériaux coûteux et le
respect minutieux des proportions ont promu le T-D
Centre au rang des cons-
tructions les plus réputées
de la ville.

À l'angle nord-est, la **Bank of
Nova Scotia** ★ *(44 King St. W.)*
se profile le long de King
Street et a été construite,
entre 1949 et 1951, selon
des plans Art déco remisés
avant la guerre. En remon-
tant Bay Street vers le nord,
le prochain bâtiment que
vous croiserez est le mo-
deste **National Club Building**
(303 Bay St.), de style néo-
georgien. Ce club fut fondé
en 1874 afin de promouvoir
le mouvement *Canada First*,
qui s'opposait à l'idée d'une
union éventuelle avec les
États-Unis. Du côté ouest de
Bay Street se trouve l'ancien
siège de la Trust and Gua-
rantee Co. Ltd, aujourd'hui
devenu celui de la **Bank of
Montreal** *(302 Bay St.)*. Quelques pas plus au nord, surgit le **Canada Permanent Building** ★★ *(320 Bay St.)*. La
splendeur de son entrée
voûtée et de son plafond à

caissons semble avoir fait fi des temps difficiles qui s'annonçaient en 1929, lorsqu'on entreprit sa construction. Le hall s'impose comme une pure merveille à la gloire du style Art déco, et ne manquez pas les portes d'ascenseur en bronze, garnies de personnages de l'Antiquité.

Au nord d'Adelaide, du côté gauche, vous apercevrez le **Northern Ontario Building** *(330 Bay St.)*, un gratte-ciel classique des années 1920, puis l'**Atlas Building ★** *(350 Bay St.)*, un peu plus loin, avec son hall rehaussé de magnifiques ornements en laiton.

Allez vers l'est sur Adelaide Street et traversez la cour arrière de la trapézoïdale et rougeoyante **Scotia Plaza ★** *(30 King St. W.)*, avant de pénétrer à l'intérieur du bâtiment à proprement parler et de franchir son hall pour retourner sur King Street. La façade de la Banque de la Nouvelle-Écosse se fait visible de l'intérieur de cet ajout qui s'harmonise assez bien à l'environnement.

En quittant la Scotia Plaza, vous serez saisi par la silhouette du **Bank of Commerce Building ★★★** *(25 King St. W.)*, perçu par beaucoup comme la plus belle banque et tour à bureaux du quartier des affaires de Toronto. L'époustouflant intérieur de ce monumental édifice roman ne pourra qu'emballer les fervents d'architecture. Pénétrez dans l'immense hall de la banque et admirez la pierre rosée, les moulures dorées et la voûte en berceau à caissons bleus. Cet édifice fut pendant de nombreuses années la plus haute construction de tout le Commonwealth britannique. À l'est, du côté de Bay Street, le **Commerce Court ★** *(243 Bay St.)* englobe le bâtiment précité ainsi qu'un gratte-ciel élancé de verre et d'acier dont la construction remonte au début des années 1970.

La **Toronto Dominion Bank ★★★** *(55 King St. W.)* repose à l'angle sud-ouest des rues King et Yonge. Son intérieur constitue un véritable festin pour les yeux. Un escalier central descend vers la voûte, réputée pour être la plus grande du Canada à l'époque de sa construction, tandis qu'un autre escalier encore plus majestueux, du côté droit, conduit au hall principal de la banque. De biais avec la «TD» se dresse l'ancien siège grandiose de la **Royal Bank** *(2 King St. E)*, aujourd'hui transformé en commerce de détail. Dessiné par les architectes montréalais Ross et Macdonald, il arbore un style classique grec. De l'autre côté de King Street se trouve le **Canadian Pacific Building** *(1 King St. E)*. En redescendant la rue Yonge, vous arriverez devant la **Trader's Bank** *(61-67 Yonge St.)*, dont les 15 étages en faisaient le premier véritable gratte-ciel de Toronto lors de son érection en 1905, bien que, par une ironie du sort, sa conception eût visé à réduire la taille apparente des bâtiments. Quant à l'édifice de la **Bank of British North America** *(49 Yonge St.)*, il s'élève à l'angle des rues Yonge et Wellington.

Traversez les rues Yonge et Wellington, et empruntez cette dernière vers l'ouest. Du côté sud, au n° 15, vous verrez le plus vieux bâtiment de tout ce circuit. Après avoir abrité la Commercial Bank of Midland District puis la Merchant's Bank, il porte désormais le simple nom de **Number 15** ★★ ou de Marché Mövenpick (voir «Restaurants» p 241), selon votre interlocuteur. De style néoclassique, il a été conçu en 1845 par les architectes auxquels on doit également le St. Lawrence Hall (voir p 134). Rendez-vous jusqu'à Bay Street, et découvrez, du côté est, à environ mi-chemin de la distance qui vous sépare de King Street, l'**Original Toronto Stock Exchange** ★★★ *(234 Bay St.)*, soit l'ancienne Bourse de Toronto, maintenant le Design Exchange, mais toujours le bâtiment le plus typiquement Art déco de la ville.

Contemplez la frise de près de 23 m qui orne le haut du portail, caractérisée par une ironie et un humour que seule une Bourse canadienne pouvait se permettre.

La **Design Exchange** *(5$; lun-ven 10h à 18h, sam-dim 12h à 17h; 234 Bay St., information ☎216-2160, billetterie ☎216-2150)*, connue à Toronto sous l'acronyme de «DX», renferme une salle d'exposition de même que le **Design Effectiveness Centre** («centre de l'efficacité en design») *(entrée libre; fermé dim)*. On y présente des pièces réalisées par des concepteurs d'envergure nationale et internationale. En plus du dernier cri dans les domaines de la mode, de la création graphique et de l'ergonomie, ce lieu s'enorgueillit de la présence du parquet original, entièrement restauré, de l'historique Bourse de Toronto ainsi que de murales et frises tout bonnement spectaculaires.

Redescendez Bay Street jusqu'à Wellington pour le prochain arrêt, à la **Royal Bank Plaza** ★★★ *(200 Bay St.)*. Grâce en partie à sa façade miroitante enrichie de dorures, elle est de toute beauté. Deux tours triangulaires sont ici réunies par un atrium de verre transparent inondé de verdure tropicale, alors qu'en sous-sol s'étend un complexe commercial.

L'**Union Station** ★★ *(65-75 Front St. W.)* domine Front Street de Bay à York. Elle occupe sans contredit le premier rang des gares canadiennes pour la taille et pour la magnificence des lieux. Conçue dans l'esprit des grands terminaux américains, elle emprunte ses colonnes et ses plafonds à caissons aux basiliques romaines de l'Antiquité. La gare, dont la construction a été entreprise en 1915 mais achevée en 1927 seulement, est l'une des œuvres maîtresses des architectes Ross et Macdonald de Montréal. Sa façade sur Front Street fait plus de 250 m de longueur, dissimulant ainsi complètement le port et le lac Ontario, situés à l'arrière.

Le **Royal York Hotel** ★★ *(100 Front St. W.)* constitue une introduction de taille au centre-ville de Toronto pour qui descend du train à l'Union Station. Il envoie clairement au visiteur le message que la Ville-Reine est une grande métropole qui ne s'en laisse imposer par personne. Le plus vaste des hôtels du Canadien Pacifique (aujourd'hui appartenant à Fairmont) renferme plus de 1 500 chambres réparties sur 25 étages. Tout comme la gare, l'établissement a été dessiné par les architectes montréalais Ross et Macdonald, qui ont combiné, à l'habituel style Château des hôtels ferroviaires, des éléments lombards et vénitiens semblables à ceux de leurs réalisations montréalaises (Dominion Square Building, grand magasin Eaton; voir aussi «Hébergement», p 211).

Toujours en vous dirigeant vers l'est sur Front Street, vous apercevrez la **Canada Trust Tower**, sur votre gauche, et le **Canada Custom**

Attraits touristiques

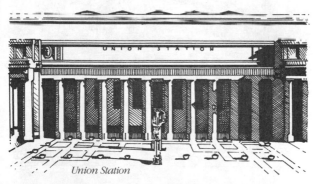

Union Station

Building, du côté droit, à l'angle sud-ouest des rues Front et Bay.

Entrez dans la **BCE Place ★★★** par la cour située à l'est de la Canada Trust Tower. Composée de deux tours jumelles reliées par une magnifique galerie de verre de cinq étages supportée par une énorme structure de nervures métalliques blanches, la BCE Place s'étend de Bay Street jusqu'à Young Street. Il est très agréable de s'y arrêter quelques moments pour s'y reposer ou encore pour y manger. Vous trouverez des comptoirs de restauration rapide au rez-de-chaussée; mais, pour quelque chose de différent et d'unique, rendez-vous au **Marché Mövenpick** (voir p 241), un heureux mélange de restaurant et de marché où vous circulez d'étal en étal en choisissant les plats qui vous semblent les plus alléchants.

C'est aussi par la BCE Place que vous pourrez atteindre le célèbre **Hockey Hall of Fame ★** *(12$; lun-ven 10h à 17h, sam 9h30 à 18h, dim 10h30 à 17h; 30 Yonge St., ☎360-7765, www.hhof.com),* le paradis des amateurs de hockey. Vous y trouverez tout ce qui a marqué l'histoire de ce sport jusqu'à aujourd'hui. Le plan comporte 17 zones, lesquelles couvrent près de 6 000 m², soit la superficie de trois patinoires de la National Hockey League (NHL). Ne manquez surtout pas le WorldCom Great Hall, où vous attend la Coupe Stanley originale, offerte par Lord Stanley of Preston en 1893, le plus vieux trophée dans le domaine du sport professionnel en Amérique du Nord. Plus de 300 plaques rendent hommage aux différents joueurs qui ont marqué le hockey profes-

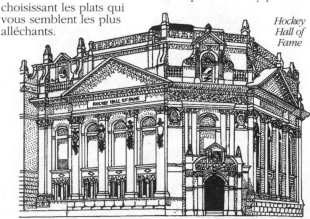

Hockey Hall of Fame

sionnel. Une fois à l'intérieur, rendez-vous à la reconstitution de la chambre des joueurs des Canadiens de Montréal, ou encore observez sur un des nombreux écrans vidéo les extraits des moments marquants de l'histoire du hockey. Vous pourrez constater aussi toute l'évolution de l'équipement de hockey à travers les différents masques de gardien, bâtons de hockey, patins et chandails de joueurs légués par les grands hockeyeurs qui ont marqué ce sport au cours des dernières décennies.

Sortez par Yonge Street, et vous apercevrez la façade extérieure de la **Bank of Montreal** ★★. Cette construction abrite en réalité le Hockey Hall of Fame, dont l'entrée se trouve à l'intérieur de la BCE Place. Le Hockey Hall of Fame en fait aujourd'hui partie intégrante. Érigée en 1886 par les architectes Darling & Curry, la Bank of Montreal est un des plus vieux bâtiments du XIXe siècle encore debout. Conçue à une époque prospère et optimiste, son architecture évoque ce sentiment de puissance et d'invulnérabilité qu'éprouvaient les gens d'alors: maçonnerie imposante, portiques splendides et fenêtres gigantesques. Ce magnifique bâtiment fut, jusqu'à la construction d'un nouvel édifice

en 1982, le siège social de la Banque de Montréal à Toronto.

À l'angle sud-est de Yonge Street et de Front Street, vous verrez le **Hummingbird Centre**, aussi appelé O'Keefe Centre. Avec ses 3 200 sièges, il constitue l'une des plus importantes salles de théâtre, de ballet et d'opéra de Toronto. Une rue plus à l'est, vous apercevrez le **St. Lawrence Centre**, qui présente lui aussi plusieurs concerts et pièces de théâtre chaque année. Malgré une façade imposante, il offre un décor intérieur beaucoup plus intime.

La peinture murale tape-à-l'œil, à l'est, est le point de départ de la visite à pied de l'Old Town of York.

Circuit D:
Old Town of York

C'est à l'intérieur du rectangle formé par les rues George, Berkely, Adelaide et Front que le commandant John Graves Simcoe de l'armée britannique a fondé en 1793 la ville de York, mieux connue aujourd'hui sous le nom de Toronto. Cette partie de la ville fut pendant longtemps le centre de l'activité économique, principalement à cause de la proximité du lac

Ontario. À la fin du XIXe siècle, le centre économique se déplaça lentement vers ce qui est aujourd'hui le quartier des affaires, laissant ainsi à l'abandon tout un quartier de la cité. Tout comme le Harbourfront (voir p 102), le quartier St. Lawrence a été l'objet d'un réaménagement majeur au cours des 20 dernières années, financé par les gouvernements fédéral, provincial et municipal. On y retrouve aujourd'hui un heureux mélange d'architectures des XIXe et XXe siècles où se croisent les différents groupes socioéconomiques de la métropole canadienne. Derrière le Berczy Park, la

fresque en trompe-l'œil peinte à l'arrière du **Gooderham Building** ★ *(49 Wellington St.)*, créée par Derek Besant en 1980, est devenue une attraction très populaire à Toronto. Elle ne représente pas, contrairement à ce que beaucoup de gens croient, les fenêtres du Gooderham Building, mais plutôt la façade du Perkins Building, situé de l'autre côté de la rue, au 41-43 Front Street East. L'édifice est souvent appelé le *Flatiron Building* à cause de sa structure triangulaire rappelant la forme de son fameux cousin de New York, qu'il précède d'ailleurs de quelques années. Le Gooderham Building se dresse sur

● ATTRAITS

1. Gooderham Building	10. Little Trinity Church
2. Beardmore Building	11. Bank of Upper Canada
3. St. Lawrence Market	12. Toronto's First Post Office
4. Farmer's Market	13. St. Lawrence Hall
5. St. Lawrence Neighbourhood Condominiums	14. St. James Park
6. Young People's Theatre	15. St. James Cathedral
7. Canadian Opera Company	16. Argus Corporation
8. Gooderham & Worts Distillery	17. King Edward Hotel
9. Enoch Turner Schoolhouse	18. Market Square
	19. Peinture murale

○ HÉBERGEMENT

1. Ambassador Inn Downtown Toronto
2. Cawthra Square Bed and Breakfast
3. Hostelling International
4. Novotel
5. Quality Hotel by Journey's End
6. Royal Meridian King Edward Hotel (R)

(R) Établissement avec restaurant décrit

⬡ RESTAURANTS

1. Biagio Ristorante	6. Hiro Sushi
2. Bombay Palace	7. Le Papillon
3. Café du Marché	8. Starbucks
4. C'est What	9. Young Thailand
5. Features Café	

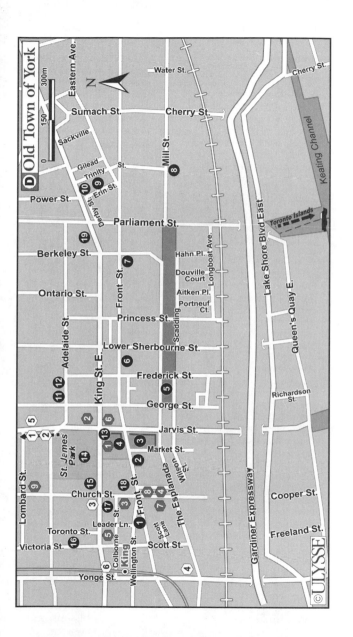

un terrain de forme triangulaire à l'intersection de Wellington Street, qui suit le quadrillage des rues imposé par les Britanniques lors de la fondation de la ville de York, et de Front Street, parallèle à la rive nord du lac Ontario. Construit pour George Gooderham, un homme d'affaires qui a fait fortune dans le domaine de la distillerie, cet édifice étonne autant par sa peinture murale que par son architecture de château. Il abrite encore aujourd'hui plusieurs bureaux.

Après l'avoir passé, retournez-vous, et contemplez le tableau urbain formé par le Flatiron devant les tours du Financial District et la tour du CN.

De l'autre côté de Front Street, vous remarquerez que de nombreuses boutiques sont regroupées à l'intérieur d'un même édifice. Il s'agit du **Beardmore Building** *(35-39 Front St. E.)*. La façade rutilante de ce bâtiment n'est autre que celle d'un simple entrepôt. Vous verrez d'ailleurs qu'il n'est pas le seul. Le Beardmore Building fait en effet

partie d'une série d'entrepôts qui constituaient le cœur du Wharehouse District au milieu du XIXᵉ siècle. La plupart de ces entrepôts ont aujourd'hui été reconvertis en boutiques.

Gooderham Building

Continuez votre marche par Front Street en direction est. À l'intersection avec Jarvis Street, vous apercevrez le **St. Lawrence Market** ★★ *(91 Front St. E.)*. Construit en 1844, il abrite l'hôtel de ville jusqu'en 1904, année où Henry Bowyer Lane le transforme en marché public. Agrandi en 1978, le St. Lawrence Market est aujourd'hui réputé pour la fraîcheur de ses fruits et légumes, poissons, saucisses et fromages. La **Market Gallery**, au premier étage, présente des expositions historiques et contemporaines sur le visage en perpétuel changement de Toronto, en faisant appel à des photographies, à des plans de la ville et à différents tableaux. Cette collection fait partie des archives de la Ville de Toronto. Désormais, ce colosse en brique rouge englobe totalement le premier City Hall de la ville (hôtel de ville), qu'on peut encore distinguer sur la facade. Le meilleur moment pour s'y rendre est le samedi, alors que les fermiers de la grande région de Toronto viennent vendre leurs produits, de l'autre côté de la rue, au **Farmer's Market** (*dès 5h du matin*).

De nos jours, le quartier St. Lawrence est perçu comme un secteur à la mode où l'on élit volontiers domicile. Ainsi nommé en l'honneur d'un saint, comme c'est d'ailleurs le cas pour nombre de quartiers ouvriers des environs, le quartier St. Lawrence accueillait jadis une population à majorité irlandaise et protestante, et regroupait aussi bien des usines et des entrepôts que de simples habitations. Il y a quelque temps, il n'offrait à la vue qu'une collection de ces constructions vides et délabrées, dont beaucoup ont été transformées (ou sont sur le point de l'être) en condominiums (appartements) et en espaces de bureaux vivement recherchés. L'un de ces projets, qui porte à juste titre le nom de **St. Lawrence Neighbourhood Condominiums** (*The Esplanade, au sud du marché*), a été réalisé en 1982 et a contribué à ramener une partie de la population torontoise dans le quartier. L'endroit a des airs modernes, et pourtant ses nombreuses constructions peu élevées, conçues par différentes équipes d'architectes, lui confèrent un cachet distinctement victorien et s'intègrent har-

Hogtown

Sans doute l'usine victorienne la plus pittoresque de Toronto se dresse-t-elle à l'angle des rues Frederick et Front. Érigé en 1867, ce bâtiment en brique rouge et aux fenêtres arquées en brique ocre abritait à l'origine l'usine d'emballage de produits du porc William Davies & Co, dont les activités ont mérité à Toronto l'un de ses premiers sobriquets, soit *Hogtown*.

monieusement au paysage urbain tel qu'il se présentait autrefois.

Revenez sur vos pas jusqu'à Front Street East en empruntant George Street ou Frederick Street.

Le **Young People's Theatre** *(165 Front St. E.)* se dresse quelques pas plus à l'est. Là où l'on logeait jadis les chevaux de la Toronto Street Railway Co., on présente désormais de bonnes productions théâtrales pour les jeunes.

La **Canadian Opera Company** *(239 Front St. E.)* occupe pour sa part une ancienne usine, construite en 1888, qui abritait la Consumers' Gas Company et qui maintenant fait office de salle de répétition. Son intéressant briquetage et ses pignons en gradins démontrent sans ambages à quel point même une usine pouvait être flamboyante à l'époque victorienne. L'impulsion qui a motivé toute cette grandeur est la même que celle qui a donné jour à l'opulence de l'ancienne Banque de commerce, sur King Street, de même qu'au raffiné Toronto-Dominion Centre, également sur King Street, c'est-à-dire le besoin d'impressionner le client.

Poursuivez par Front Street, tournez à droite dans Parliament Street, puis à gauche dans Mill Street, et marchez jusqu'à la prochaine rue où se dresse la distillerie Gooderham & Worts.

Gooderham & Worts Distillery *(55 Mill St.).* Une grande partie du voisinage immédiat de cette distillerie conserve tout son cachet du milieu du XIXe siècle, et constitue un bel exemple de quartier ouvrier typique de l'époque victorienne. Bien que plusieurs secteurs se soient transformés et embourgeoisés, la distillerie subsiste, et une promenade dans les environs vous fera en quelque sorte remonter dans le temps. À l'origine, on moulait ici du grain, mais il ne fallut guère de temps pour qu'on s'intéresse davantage à sa distillation. Les esprits, peut-être aussi bien immatériels qu'éthyliques, règnent encore en maîtres sur les lieux, où l'on fabrique du rhum à partir de la mélasse.

Remontez Trinity Street en direction de King Street.

La coquette petite rue Trinity accueillait jadis les habitations de nombreux travailleurs protestants pauvres de souche irlandaise qui, jusqu'en 1848, devaient payer pour faire instruire leurs enfants à l'école St. James, ce dont beaucoup n'avaient pas les moyens. Mais, en 1848, le gouvernement ontarien libéralisa l'éducation, de sorte que plusieurs enfants jusque-là tenus à l'écart purent enfin bénéficier d'une instruction gratuite. À Toronto, cependant, le conseil municipal jugea cette mesure trop drastique, si bien qu'Enoch Turner, brasseur et employeur d'une bonne partie de la population locale, fit construire à ses frais, cette même année, la Trinity Street School. Ce charmant édifice en brique rouge et crème vint plus tard à être reconverti en école du dimanche pour le compte de la Little Trinity Church (voir ci-dessous), soit après avoir été récupéré par la municipalité en 1851, enfin disposée à reconnaître le droit à l'éducation gratuite. L'**Enoch Turner Schoolhouse** ★★ *(dons appréciés; lunsam sur rendez-vous; 106 Trinity St., ☎863-0010)* s'impose comme la plus vieille école encore visible à Toronto et, bien entendu, comme la première école gratuite de la ville. Le bâtiment abrite une petite exposition.

Un peu plus haut sur la même rue, la **Little Trinity Church** *(425 King St. E.)* fut quant à elle construite pour la communauté anglicane locale, qui ne pouvait défrayer le coût de location des bancs à l'église St. James. Le style Tudor gothique de cette construction, à la fois simple et enchanteur, entoure ce site d'une aura presque magique.

En revenant vers l'ouest par King Street East, vous croiserez d'autres usines et entrepôts transformés en restaurants, en cafés et en bureaux, l'un de ces bâtiments servant même désormais de siège social au *Toronto Star (333 King St. E.)*, un des grands quotidiens de la ville. Remarquez au passage l'amusante **fresque ★** sur un des murs latéraux de l'édifice.

Saviez-vous que les biscuits de M. Christie ont vu le jour à Toronto? La première boulangerie de M. Christie, aujourd'hui rachetée par Nabisco Brands et du nombre des plus célèbres fabriques de biscuits au monde, se trouvait ici même, sur King Street East. Les chevaux utilisés pour la livraison des précieuses friandises logeaient dans des écuries du 95 Berkeley Street, une rue au nord de King, et les biscuits eux-mêmes étaient fabriqués un peu plus loin sur King, au n° 200. La boulangerie n'existe plus toutefois, puisque le bâtiment qu'elle occupait abrite désormais le pavillon St. James du collège George Brown.

Plus haut, sur Adelaide Street, se dresse la première banque de la municipalité de York, la Bank of Upper Canada. À l'époque de sa construction, en 1827, ce bâtiment de calcaire dominait les rues non revêtues de la «Muddy York», ainsi qu'on surnommait alors la ville, et l'édifice en question inspirait certes espoir et confiance aux résidants de la municipalité naissante. La banque a malheureusement fait faillite en 1866, après quoi les Christian Brothers occupèrent ses locaux et y créèrent une école catholique romaine pour garçons, le De La Salle Institute, qui subsista jusqu'en 1916.

Au nº 260, vous trouverez le **Toronto's First Post Office** *(entrée libre; lun-ven 9h à 16h, sam-dim 10h à 16h; 260 Adelaide St. E., ☎865-1833)*. Ce vieux bureau de poste, le premier de Toronto, est inscrit au registre des monuments historiques. Il a ouvert ses portes en 1843 sous l'égide des services postaux britanniques, qui eurent cours jusqu'en 1851, soit l'année où Postes Canada fut créée. Le bureau est toujours en activité, tenu par un commis en costume d'époque, et, outre les services postaux réguliers, vous pourrez faire sceller à la cire chaude vos lettres à envoyer.

De retour à King Street, la rangée de bâtiments qui portent les nºˢ 167 à 185 constitue la plus ancienne succession d'édifices de Toronto, quoiqu'ils aient été construits à des dates différentes. La brique ocre qui orne la façade du nº 150 est commune dans toute la

ville. Les ordonnances municipales concernant la protection contre les incendies obligeaient en effet les constructeurs à faire appel à la brique, et cette variété particulière de brique, dite «blanche» à l'époque, était non seulement peu coûteuse du fait de la proximité des glaisières, mais en outre tenue pour avoir l'aspect de la pierre, beaucoup plus onéreuse.

Traversez la rue en diagonale en direction du **St. Lawrence Hall** ★ *(151 King St. E.)*, le centre communautaire de Toronto dans les années 1850-1900. De style victorien, il a été construit pour la présentation de concerts et de grands bals. Plusieurs célébrités y ont donné des spectacles, entre autres Jenny Lind, Andelina Patti, Tom Thumb et P.T. Barnum. Pendant plusieurs années, le St. Lawrence Hall logea aussi le National Ballet of Canada.

Continuez votre route vers l'ouest. Vous apercevrez le très joli **St. James Park**, un jardin du XIXᵉ siècle avec sa fontaine et ses buissons de fleurs saisonnières. Asseyez-vous sur un des nombreux bancs, d'où vous verrez, à l'angle de Church Street et de King Street, la **St. James Cathedral** ★★, la première cathédrale anglicane à être construite à Toronto. Érigée en 1819 avec l'aide d'un prêt du gouvernement d'une part et d'une contribution des nombreux fidèles d'autre part, elle fut détruite par l'incendie de 1849, qui avait alors ravagé une partie de la ville. La St. James Cathedral que vous voyez aujourd'hui fut reconstruite sur les ruines de la précédente selon les plans de l'architecte Frederick Cumberland, qui voulait évoquer la suprématie religieuse. Elle possède d'ailleurs le plus haut clocher de tout le Canada et le deuxième en Amérique du Nord, derrière celui de l'église St. Patrick's

St. James Cathedral

de New York. La façade en brique jaune souligne les formes gothiques de la cathédrale, ce qui lui confère un caractère plutôt sobre. À l'intérieur, le décor est beaucoup plus élaboré, le

chœur de l'église en marbre où repose l'évêque Stachan étant tout à fait magnifique.

Continuez vers l'ouest par King Street et tournez à droite dans Toronto Street, qui, au XIXe siècle, était une des plus belles rues de toute la ville. Aujourd'hui certains bâtiments donnent une vague image de tout le charme et de l'élégance qui devait se dégager de cette rue. Remarquez tout particulièrement l'**Argus Corp.** *(10 Toronto St.)*, qui abritait autrefois le Toronto Post Office, dont le portique composé de quatre colonnes ioniques symétriques et l'architecture néoclassique rappellent un temple grec. Le bâtiment fut à tour de rôle bureau de poste, département de la douane et succursale de la Banque du Canada.

Revenez maintenant à la rue King et admirez le **King Edward Hotel** ★★ *(37 King St. E.)* (voir p 216), entre Church Street et Leader Lane; il a été conçu en 1903 par E.J. Lennox, l'architecte de l'**Old City Hall** (voir p 141), du **Massey Hall** (voir p 139, 291) et de la **Casa Loma** (voir p 179). Avec son style édouardien, ses merveilleuses colonnes de faux marbre au rez-de-chaussée et ses magnifiques

Attraits touristiques

salles à manger, le King Edward Hotel fut un des hôtels les plus luxueux de Toronto pendant près de 60 ans, jusqu'à ce que le déclin du quartier fasse baisser sa popularité. Aujourd'hui, avec la renaissance du quartier, le King Edward Hotel attire de nouveau une clientèle huppée grâce à ses superbes chambres et à ses deux merveilleux restaurants.

Revenez maintenant vers la St. James Cathedral, de laquelle vous apercevrez le **Toronto Sculpture Garden**. Traversez-le et admirez les différentes sculptures qui le longent. Le passage à la rue Front se poursuit ensuite par le **Market Square** ★ *(80 Front St. E.)*, construit juste à côté du premier marché de la ville. Relativement récent, il réussit à bien s'insérer à l'intérieur de ce quartier historique sans toutefois en briser l'harmonie urbaine. Le Market Square est bordé par de nombreuses boutiques et des appartements de luxe tout à fait sympathiques.

Circuit E:
Queen Street West

Ce circuit part de l'angle des rues Yonge et Queen,

● ATTRAITS

1. The Bay
2. Elgin and Wintergarden Theatres
3. Bank of Montreal
4. Canon Theatre
5. Massey Hall
6. Toronto Historical Board
7. St. Michael's Catholic Cathedral
8. Metropolitan United Church
9. Mackenzie House
10. Eaton Centre
11. Church of the Holy Trinity
12. Old City Hall
13. New City Hall
14. Nathan Phillips Square
15. Osgoode Hall
16. Campbell House
17. CityTV and MuchMusic
18. Black Bull Tavern

◐ HÉBERGEMENT

1. Bond Place Hotel
2. Cambridge Suites Hotel
3. Sheraton Centre Toronto
4. St. Lawrence Residences
5. Toronto Colony Hotel
6. Toronto Marriott Eaton Centre

● RESTAURANTS

1. Adis Ababa
2. Babur
3. Barberian's Steak House
4. Cyberland Café
5. Eureka Continuum
6. Everest Café and Bar
7. Fez Batik
8. Hard Rock Café
9. Lost Camel
10. Monsoon
11. Peter Pan
12. Queen Mother Café
13. Salad King
14. Sushi Bistro on Queen
15. Sushiman Japanese Restaurant
16. Tiger Lily's Noodle House
17. The Senator
18. XXX Diner

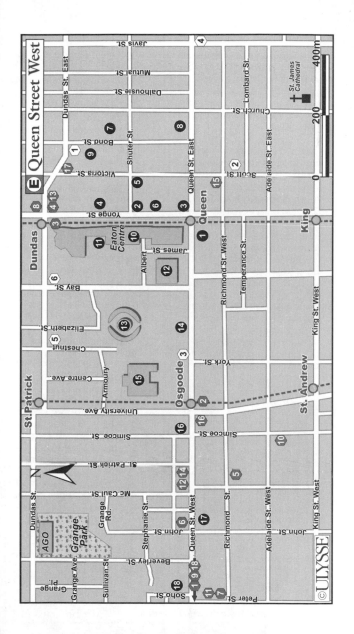

là où débute Queen Street West. Le grand magasin à rayons **The Bay** occupe l'angle sud-ouest de cette intersection de même que tout le côté sud de la rue Queen jusqu'à Bay Street. À l'origine, ce bâtiment abritait le magasin Simpson, c'est-à-dire jusqu'à ce que des difficultés financières n'entraînent sa fermeture et ne voient presque tous les Simpson devenir des magasins La Baie. Il s'agissait là du plus grand commerce de détail au Canada en 1907, époque à laquelle lui fut ajoutée la portion de la rue Queen. La structure originale de six étages (1895) qui se trouve directement à l'angle des rues Yonge et Queen arbore de jolis ornements en terre cuite. Par ailleurs, une extension de style Art déco adjointe à l'ensemble en 1928 donna lieu dans tout le magasin à une somptueuse rénovation

que reflète bien l'entrée située à l'angle des rues Richmond et Yonge.

Empruntez Yonge Street en direction nord. Sur votre gauche resplendit la façade de ce haut lieu du magasinage qu'est l'Eaton Centre, tandis que sur votre droite vous ne tarderez pas à apercevoir deux autres majestueux théâtres de Toronto, à savoir les Elgin and Winter Garden Theatres et le Canon Theatre.

Avant de visiter l'Elgin and Wintergarden, jetez un coup d'œil sur l'édifice de la **Bank of Montreal** *(173 Yonge St.)*, directement sur le coin. Ce bâtiment de style édouardien date de 1909.

Les **Elgin and Winter Garden Theatres** ★★ *(visite d'une heure, 7$; mar 17h, sam 11h; 189 Yonge St., ☎314-2871)* forment ensemble le dernier complexe théâtral à deux étages encore en activité au monde. Inaugurés en 1914, ils furent d'abord des théâtres de vaudeville; l'Elgin, au rez-de-chaussée, se voulait l'opulence même, alors que le Wintergarden, à l'étage, s'imposait comme un des premiers théâtres «atmosphériques» avec ses murs à treillis et ses colonnes déguisées en troncs d'arbre sous un

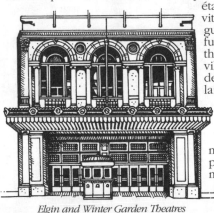

Elgin and Winter Garden Theatres

plafond de feuilles véritables. Après avoir servi de cinémas un certain temps, ces purs joyaux ont été restaurés par l'Ontario Heritage Centre et accueillent de nouveau des troupes de théâtre.

Heritage Toronto *(205 Yonge St., ☎392-6827, poste 233)* présente des collections permanentes sur l'histoire et le développement de la ville de Toronto, des visites à pied l'été ainsi que de nombreux événements durant toute l'année. Le bâtiment hébergeait autrefois la Bank of Toronto.

À une certaine époque le plus grand théâtre de vaudeville de tout l'Empire britannique, le **Canon Theatre ★** *(263 Yonge St., ☎364-4100)*, anciennement connu sous le nom de Pantages Theatre, eut nombre d'affectations différentes, tantôt comme palais d'images tantôt comme cinéma de six salles, avant de retrouver toute sa splendeur d'antan en 1988-1989.

Revenez sur vos pas par Yonge Street, puis tournez à gauche dans Shuter Street et faites encore deux rues à pied jusqu'au Massey Hall.

Le **Massey Hall** *(178 Victoria St., angle Shuter St., ☎593-4822 ou 872-4255)*, qui portait au départ le nom de Massey Music Hall, est réputé pour son acoustique

exceptionnelle. Bien que l'orchestre symphonique de Toronto n'y joue plus, on peut encore y entendre des concerts tout à fait respectables.

Deux grandes églises de Toronto se trouvent une rue plus à l'est.

Les catholiques, relativement peu nombreux à Toronto au XIXe siècle, ont tout de même fait construire la **St. Michael's Cathedral ★** *(200 Church St.)* entre 1845 et 1867, édifice qui n'a cependant pas la prestance de la cathédrale anglicane ou de l'Église Unie, toute proche. On reconnaît dans cette église l'architecture parfois touffue des temples catholiques victoriens à travers son clocher à ouvertures multiples, ses lucarnes massives et son intérieur polychrome. On remarquera plus particulièrement la fausse voûte étoilée réalisée vers 1870. Du côté sud de la rue Shuter, donnant sur Queen Street, la **Metropolitan United Church ★** (1870) est perçue comme un défi lancé aux cathédrales aussi bien anglicanes (voir p 134) que catholiques romaines, et elle incarne bien toute la puissance sociale et commerciale de la communauté méthodiste de Toronto (les méthodistes, les congrégamistes et les deux tiers des presbytériens fondèrent ensemble l'Église Unie en 1925). Compte tenu de ses dimensions et de son emplacement imposants au milieu d'un parc carré couvrant toute l'étendue d'un pâté de maisons, elle domine complètement le secteur.

Remontez Bond Street en direction de Dundas et arrêtez-vous à la Mackenzie House.

En 1837, la colonie canadienne bouillonne. Les tentatives pour implanter un gouvernement responsable n'aboutissent pas, et l'impatience à l'égard de l'Angleterre croît sans cesse. Louis-Joseph Papineau, dans le Bas-Canada (le Québec), et William Lyon Mackenzie, dans le Haut-Canada (l'Ontario), seront les deux principaux chefs des mouvements d'émancipation coloniale. Mackenzie était arrivé à Toronto en provenance de l'Écosse en 1820. Avant de devenir le premier maire de la ville, il publiait un journal intitulé *The Colonial Advocate*, qui enragea tant et si bien le Family Compact (voir p 22) que son atelier fut saccagé et que ses caractères d'imprimerie furent jetés dans le lac Ontario. Après avoir perdu la course à la mairie en 1836, il mena sans succès une rébellion contre l'oligarchie, puis se réfugia aux États-Unis. La **Mackenzie House** ★ *(3,50$; mai à déc mar-dim 12h à 16h, jan à avr sam-dim 12h à 17h; 82 Bond St., métro Dundas, ☎392-6915)*, un

modeste bâtiment à l'allure georgienne construit en 1857, lui fut offerte par un groupe d'admirateurs en 1859. Heritage Toronto a depuis restauré la maison. Des guides en costumes d'époque font revivre pour les visiteurs les us et coutumes de la classe moyenne du Toronto des années 1860. L'implantation de la maison est incongrue, parce qu'elle est la seule survivante d'une rangée d'habitations identiques. Elle est meublée d'antiquités et renferme par ailleurs une reconstitution de l'atelier d'imprimerie de Mackenzie où vous pourrez admirer sa presse maudite. Mackenzie eut pour petit-fils William Lyon Mackenzie King, le premier ministre canadien en poste le plus longtemps.

Empruntez Dundas Street jusqu'à Yonge Street, puis tournez à gauche. Au milieu du pâté de maisons apparaît le Pantages Theatre.

Même si vous n'avez nullement l'intention de magasiner, donnez-vous au moins la peine de jeter un coup d'œil à l'intérieur de l'**Eaton Centre** ★★, qui se trouve sur Yonge Street entre Queen et Dundas. De plus, s'il se trouve que vous ayez besoin d'un article quelconque, n'hésitez pas à vous attarder sous cette arcade au toit de verre où quelques moineaux ont même élu domicile, préférant cette structure à tout autre abri. Les artères (appelées «rues») qui arpentent ce centre commercial sur cinq étages sont bordées de bancs et d'arbres. En levant la tête, vous verrez le magnifique vol de bernaches en fibre de verre de Michael Snow, une œuvre intitulée *Step Flight* qui a été suspendue au-dessus de la galerie marchande. Encadré par deux gratte-ciel de 30 étages et deux stations de métro (Dundas et Queen), et occupant une superficie de plus de 500 000 m², l'Eaton Centre renferme 320 boutiques et restaurants, deux parcs de stationnement et un cinéma de 17 salles. Il abrite en outre la **Thomson Gallery** (*9ᵉ étage de la tour de La Baie, Eaton Centre*), qui expose la collection privée du richissime propriétaire de «The Bay» et du *Globe and Mail*.

Lorsque vous aurez vu suffisamment de boutiques, quittez le centre Eaton par le Trinity Square, à l'angle nord-ouest du centre commercial.

Ce charmant havre a bien failli ne jamais exister. La **Church of the Holy Trinity** ★★ (1847), le **Rectory** (1861) et la **Scadding House** (1857) font partie des plus vieux monuments de Toronto, et les premiers plans du centre Eaton prévoyaient leur démolition. Fort heureusement, suffisamment de gens se sont opposés à ce projet

pour qu'on décide de construire l'immense centre commercial autour de ces trois structures. L'église de la Sainte-Trinité résulte d'un don fait par une Anglaise anonyme qui tenait à ce que n'importe qui puisse gratuitement prendre place sur ses bancs. Son excellente acoustique a permis la création des magnifiques mélodies qu'on retrouve sur l'album *The Trinity Sessions* de la formation Cowboy Junkies. Le presbytère et la maison du révérend Henry Scadding, le premier pasteur de l'église, complètent le trio (la maison a été déplacée pour faire place au magasin à rayons Eaton).

Descendez James Street jusqu'à l'arrière de l'**Old City Hall** ★★ (*60 Queen St. W.*), dessiné par E.J. Lennox en 1889. Alors que vous contournez le bâtiment par Queen Street, remarquez les avant-toits sous lesquels l'architecte a gravé les lettres «E.J. Lennox Architect» afin de s'assurer que son nom passe à la postérité. Lennox avait obtenu ce contrat par voie de concours, mais les conseillers municipaux refusèrent d'accéder à sa requête d'apposer son nom sur une des pierres angulaires du bâtiment. Pour se venger d'eux, il fit sculpter des espèces de gargouilles à leur image au-dessus de l'escalier extérieur, de manière à ce qu'ils soient quotidiennement confrontés à une forme défigurée d'eux-mêmes! Lorsqu'on nota la présence de ces touches personnelles de l'architecte, il était déjà trop tard pour y remédier.

À l'origine, on trouvait dans ce même édifice le palais de justice. Le vaste bâtiment de grès adopte un plan carré distribué autour d'une cour centrale. Il s'agit sans contredit de l'exemple le plus probant du style néoroman de Richardson au Canada. Ce style a été développé dans les années 1870-1880 aux États-Unis par l'architecte Henry Hobson Richardson à partir du vocabulaire architectural de l'art roman français. Il se définit par un traitement habituellement bossagé des surfaces et des volumes. Les ouvertures cintrées, en grand nombre, sont encadrées de colonnettes engagées qui confèrent aux bâtiments de ce style un caractère médiéval et pittoresque. Son élégant campanile doté d'une horloge s'inscrit dans l'axe de Bay Street, l'artère de la haute finance par excellence au Canada.

En 1965, l'administration municipale de Toronto quitte son hôtel de ville victorien pour emménager dans le **New City Hall** ★★ *(100 Queen St. W.)*, une œuvre moderniste ayant su acquérir en peu de temps une notoriété qui en fait, avec la tour du CN, le principal symbole de Toronto. Réalisé à la suite d'un concours international, l'édifice est l'œuvre du Finlandais Viljo Revell, le maître à penser du rationalisme scandinave de l'après-guerre. Ses deux tours courbées de hauteur inégale sont comme deux mains entrouvertes protégeant la

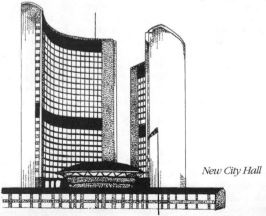

New City Hall

structure en forme de sou
coupe qui abrite la salle du
conseil. Devant le nouvel
hôtel de ville s'étend le
Nathan Phillips Square ★, un
vaste espace public baptisé ainsi en l'honneur
du maire qui
dota To-
ronto
de
plu-
sieurs

Osgoode Hall

nouvelles installations au
début des années 1960. On
y retrouve un grand bassin
d'eau franchi par trois arches et qui se transforme en
patinoire très fréquentée
l'hiver venu. À proximité
prennent place *The Archer*
du sculpteur Henry Moore
et le *Peace Garden* (jardin de
la Paix), conçu en 1984 par
l'Urban Design Group. Ce
mini-espace vert intégré au
square sert d'écrin à la flam-
me éternelle de la Paix.
L'élément dominant en est
une hutte à demi détruite
rappelant les effets de la
guerre et symbolisant le
désir de paix de la population.

Derrière les grilles de fonte
qui entourent son jardin
ombragé, l'**Osgoode Hall** ★★
*(entrée libre; lun-dim 9h à
14h, 130 Queen St. W., ☎947-*
3300) rappelle un palais
vice-royal de l'Empire britannique, alors qu'en réalité
il a été érigé pour loger
l'Association professionnelle
des avocats ontariens (Law
Society of Upper Canada) et
la Cour provinciale. Ce bâtiment ayant été réalisé par
étapes entre 1829 et 1844
selon les plans de différents
architectes, sa façade présente néanmoins une belle
unité d'ensemble. Elle
adopte un plan à la mode
palladienne mais aussi un
répertoire décoratif tiré des
palais de la Renaissance italienne, alors en vogue dans
la haute société londonien-
ne. Il est possible de visiter
le vestibule néoclassique
ainsi que la magnifique
bibliothèque de droit de
l'Osgoode Hall en s'adressant au guichet de l'entrée.

Située non loin de l'Osgoode Hall, la **Campbell House** ★ *(160 Queen St. W.)* sert

Attraits
touristiques

de cercle privé à l'Advocates Society, un groupe sélect d'avocats ontariens. La maison, construite en 1822 pour le juge William Campbell, est une des plus anciennes qui subsistent à Toronto. Sa façade en brique allie les traditionnels éléments georgiens aux fantaisies Adam, tel cet œil-de-bœuf ovale du fronton qui vient alléger la structure. L'intérieur, ouvert aux visiteurs, présente de belles boiseries et cheminées aux délicates guirlandes typiques de l'art des frères Adam, ces architectes écossais qui ont balayé la Grande-Bretagne de leur raffinement antiquisant à la fin du XVIIIᵉ siècle.

Poursuivez par Queen Street West, une rue flanquée de boutiques, de cafés et de bars à la mode où se trouve en outre **CityTV and MuchMusic** *(299 Queen St. W.)*, «la station musicale du Canada». L'ancien Wesley Building a été construit pour le compte d'une maison d'édition en 1913-1915 (remarquez les lecteurs et scribes grotesques qui ornent la façade). Rénové en 1986 pour accueillir Much-Music, une chaîne de télévision qui présente des vidéo-clips musicaux, l'immeuble bourdonne aujourd'hui d'activité, et les «vidéo-jockeys» animent souvent leurs émissions directement du trottoir, sans parler de l'*Electric Circus*, un spectacle de

danse et de mode présenté tous les vendredis soirs. Une autre attraction inusitée des lieux est la cabine d'enregistrement vidéo mise au service du public *(Speaker's Corner)*, où vous pouvez glorifier ou critiquer n'importe quelle cause, et peut-être même passer en ondes à la télévision nationale.

Prenez bien le temps d'arpenter **Queen Street West** ★★ pour admirer ses librairies et ses boutiques à la mode et avant-gardistes. Le «Queen Street Village», ainsi qu'on surnomme souvent ce secteur, est vanté par les uns et les autres comme un «quartier de boutiques branchées». Bien qu'il possède sa part d'antres étranges et *underground*, ces dernières années ont également vu s'établir ici plusieurs cafés et magasins de vêtements tout à fait conventionnels (on songe immédiatement à The Gap, Roots et Second Cup). De plus, au dire de certains, c'est très bien ainsi, puisque l'artiste et le conformiste en vous peuvent désormais y trouver l'un comme l'autre leur bonheur. De plus, lorsque viendra l'heure de manger, vous trouverez aussi bien là de petits restaurants sans prétention que des établissements extravagants dont la devise pourrait très bien être «voir et être vu»... Vous y découvrirez même quelques perles d'architecture, puisque la majorité de ces boutiques et restaurants sont installés dans des bâtiments du XIXe siècle, mais dont les éléments de style victorien n'apparaissent plus généralement qu'aux étages supérieurs. L'intersection de Soho et Queen est souvent encombrée par des motocyclettes dont les propriétaires convergent volontiers vers la **Black Bull Tavern** *(298 Queen St. W.,* ☎*593-2766)*, qui a fait ses débuts en tant qu'auberge en 1833. Les n°s 371-373 abritent aujourd'hui le **Peter Pan Restaurant** (voir p 248); ils datent de 1890 et renfermaient à l'origine une épicerie. Leurs vitraux méritent d'être vus. Quant aux n°s 342 à 354, on les désigne collectivement sous le nom de *Noble Block* en mémoire d'une certaine Emma Noble, à qui appartenait jadis cette propriété de 1888.

Queen Street West, à l'ouest de Spadina Avenue, n'affiche pas encore la rutilance à la «Queen Street Village» des deux ou trois rues situées plus à l'est. Les antiquaires, les bazars, les magasins de disques d'occasion et les commerces indépendants à caractère familial résistent encore à la vague entre Spadina et Bathurst, quoique ce fief soit peu à peu envahi par des bistros branchés et des boîtes de nuit à la page. Cela n'a certes rien pour déplaire, mais profitez-en pour arpenter les trottoirs de Queen Street West et vous imprégner de l'atmosphère des lieux avant que son visage ne soit transfiguré à tout jamais.

Circuit F: Chinatown et Kensington Avenue

Toronto compte pas moins de sept quartiers chinois identifiés comme tels. Le plus coloré et le plus pittoresque d'entre eux s'inscrit à l'intérieur du présent circuit. Bien qu'il gravite présentement autour de l'avenue Spadina et de la rue Dundas, il s'était à l'origine développé à quelques rues à l'est de l'emplacement du nouvel hôtel de ville. La construction des bureaux municipaux et l'aménagement du Nathan Philips Square ont pour ainsi dire effacé toute trace du quartier chinois des premiers jours, quoique certains vestiges subsistent, ce qui en fait un bon point de départ pour le présent circuit. Si vous comptez visiter le secteur un dimanche, allez-y de bon matin, car, ce jour-là, la plupart des familles chinoises sortent pour le brunch ou *dim sum* (et vous ne trouverez là ni œufs brouillés ni fèves au lard!).

Le secteur qui s'étend immédiatement au sud de

Attraits touristiques

l'ancien et du nouvel hôtel de ville était jadis le rendez-vous de bon nombre d'immigrants. La majorité des nouveaux venus en provenance de la Chine établissait en effet résidence et commerce dans les environs, donnant ainsi naissance au premier Chinatown de la ville. À l'angle nord-ouest du Nathan Philips Square, vous dénicherez, en cherchant bien, une petite plaque commémorant la première laverie chinoise «à la main» de Toronto. Aussi, en parcourant la rue Chestnut ou la rue Elizabeth en direction de Dundas Street, vous remarquerez que quelques boutiques chinoises ont encore pignon sur rue.

Le **Museum for Textiles** ★ *(5$; mar-ven 11h à 17h, mer jusqu'à 20h, sam-dim 12h à 17h; 55 Centre Ave., ☎599-5321),* riche de 11 collections permanentes, relate tout ce que vous avez toujours voulu savoir sur les textiles et les tissus du monde entier, qu'il s'agisse de costumes, de vêtements de cérémonie, de tapisseries, d'étoffes africaines racontant respectivement une histoire fascinante, de somptueuses broderies ou de toute autre pièce hors de l'ordinaire issue de cultures non occidentales.

Suivez maintenant Dundas Street vers l'ouest jusqu'à McCaul Street, passé University Avenue.

La **St. Patrick's Chinese Catholic Church** *(141 McCaul St.)* se dresse à l'angle des rues McCaul et Dundas. Alors qu'à l'origine cette église desservait une population à majorité irlandaise, ses paroissiens ont passablement changé de visage au fur et à mesure que le quartier chinois s'est déplacé vers l'ouest. La chapelle de bois qui occupait au départ cet emplacement, dans les années 1860, fut une des premières églises catholiques romaines de Toronto. L'édifice néoroman qui l'a remplacée date de 1905.

L'Art Gallery of Ontario se trouve du côté sud de Dundas Street, tout juste à l'ouest de McCaul Street.

L'Art Museum of Toronto a été fondé en 1900, mais il n'eut un siège permanent qu'en 1913, lorsque The Grange (voir ci-après) fut cédée au musée. Un nouveau bâtiment lui fut adjoint en 1918, et la première exposition du célèbre Groupe des Sept (voir p 47) eut lieu en 1920, à l'intérieur de ce qui était d'ores et déjà devenu l'Art Gallery of Toronto. Un important chapitre de l'histoire culturelle aussi bien ontarienne que canadienne s'écrivait ainsi. En 1966, le musée reçut l'appui financier de la province et fut officiellement rebaptisé l'**Art Gallery of Ontario (AGO)** ★★★ *(une contribution volontaire de 6$ est sug-*

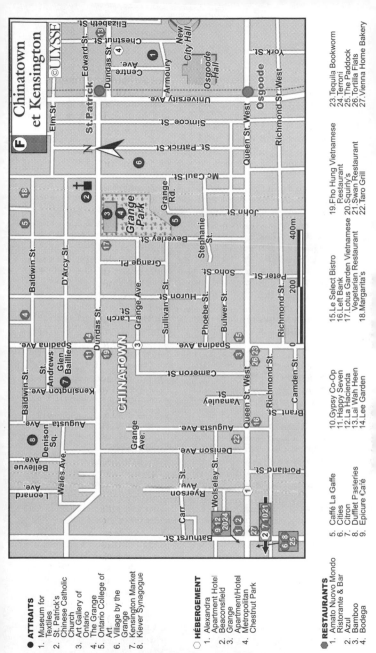

Chinatown et Kensington

F

© ULYSSE

N

400m
0   200   400

● ATTRAITS

1. Museum for Textiles
2. St. Patrick's Chinese Catholic Church
3. Art Gallery of Ontario
4. The Grange
5. Ontario College of Art
6. Village by the Grange
7. Kensington Market
8. Kiever Synagogue

○ HÉBERGEMENT

1. Alexandra Apartment Hotel
2. Beaconsfield
3. Grange Apartment/Hotel
4. Metropolitan Chestnut Park

● RESTAURANTS

1. Amato Nuovo Mondo Ristorante & Bar
2. Azul
3. Bamboo
4. Bodega
5. Caffé La Gaffe
6. Cities
7. Citron
8. Dufflet Pasteries
9. Epicure Café
10. Gypsy Co-Op
11. Happy Seven
12. La Hacienda
13. Lai Wah Heen
14. Lee Garden
15. Le Select Bistro
16. Left Bank
17. Lotus Garden Vietnamese Vegetarian Restaurant
18. Margarita's
19. Fho Hung Vietnamese Restaurant
20. Squirly's
21. Swan Restaurant
22. Taro Grill
23. Tequila Bookworm
24. Terroni
25. The Paddock
26. Tortilla Flats
27. Vienna Home Bakery

*gérée; mar-ven 11h à 18h,
mer jusqu'à 20h30, sam dim
10h à 17h30; 317 Dundas
St. W., ☎977-0414 ou 979-
6648).* Des rénovations et
des ajouts successifs au fil
des années ont tour à tour
contribué à réinventer
l'AGO en cachant d'anciens
éléments et en en faisant
apparaître de nouveaux. Le
musée occupe désormais
une série de bâtiments reliés avec succès par les
architectes Barton Myers
and Associates en 1989, et il
rend enfin justice aux
splendides trésors qu'il renferme, soit des collections
privées dont lui ont fait don
de riches Ontariens depuis
ses origines.

Les ajouts de 1989, désignés
sous le nom de «Phase III»,
ont augmenté de 50% la
surface d'exposition, et la
collection permanente est
maintenant disposée dans
un ordre chronologique, du
XVe siècle à nos jours. Vous
y verrez des œuvres con-
temporaines, des sculptures
inuites et le magnifique Ta-
nenbaum Sculpture Atrium,
où est exposée l'une des
faces de The Grange. Le
Henry Moore Sculpture
Centre fait partie, pour sa
part, des plus grands trésors
du musée. Son contenu,
légué par l'artiste lui-même,
constitue la plus importante
collection publique des
œuvres de Moore dans le
monde. Les collections canadiennes historiques et
contemporaines contien-
nent, quant à elles, des pièces de premier plan signées
par des artistes aussi notoires que Cornelius Krieghoff,
Michael Snow, Emily Carr,
Jean-Paul Riopelle, Tom
Thomson et le Groupe des
Sept – Frederick Varley,
Lawren S. Harris, A.Y. Jackson, Arthur Lismer, J.E.H.
MacDonald, Franklin Carmichael et Frank Johnston. Le
musée possède également
des chefs-d'œuvre de Rem-
brandt, Van Dyck, Rey-
nolds, Renoir, Picasso, Ro-
din, Degas et Matisse, pour
ne nommer que ceux-là.

Adjacente à l'Art Gallery of
Ontario, subsiste sa pre-
mière demeure, **The Grange** ★ *(droit d'entrée inclus
dans le prix du billet de l'AGO;
mar-ven 11h à 18h, mer jusqu'à 20h30, sam-dim 10h à
17h30; 317 Dundas St. W.,
☎977-0414).* Cette ancienne
résidence georgienne fut
construite en 1817-1818 par
D'Arcy Boulton Jr., alors
membre de l'élite dirigeante
de Toronto, le très détesté
«Family Compact». La ville
de Toronto avait à peine
30 ans d'existence à cette
époque, mais en 1837, l'année de la rébellion de Mackenzie, The Grange était
déjà devenue le siège symbolique du pouvoir poli-
tique et incarnait dès lors le
régime colonial opprimant
du Haut-Canada. En 1875,
Goldwin Smith, un érudit
d'Oxford, s'y établit. Alors
qu'il était perçu comme un
intellectuel libéral en son

temps, la suspicion qu'il entretenait à l'égard des autres races et religions ont depuis fait la lumière sur sa bigoterie. Il n'en reçut pas moins de très éminentes personnalités dans sa demeure, y compris Winston Churchill, le prince de Galles (appelé à devenir Edward VII) et Matthew Arnold. À sa mort, en 1910, Smith légua par testament sa résidence à l'Art Museum of Toronto, qui l'occupa au cours des 15 années qui suivirent. Puis on y installa des bureaux attachés au musée jusqu'en 1973, alors que la demeure retrouva toute sa splendeur des années 1830 avant d'être ouverte au public. Sa face arrière fut enfin intégrée à la galerie de sculptures de l'AGO en 1989. Il faut aussi noter que cette résidence de gentilhomme, pourvue d'un grand escalier circulaire et d'étonnants quartiers réservés aux employés de la maison, fait partie des premières constructions en brique de Toronto.

L'**Ontario College of Art** *(100 McCaul St.)* occupait autrefois un bâtiment semblable à l'est de The Grange. L'aile la plus récente du collège fait face à la rue McCaul. Son vibrant intérieur abrite des expositions sur l'animation, le design, la publicité, le verre soufflé, la sculpture et la peinture.

Le **Village by the Grange** *(78 St. Patrick St.)*, un complexe d'appartements et de commerces, renferme des comptoirs de restauration rapide à saveur ethnique ainsi que des galeries d'art de second rang. Nombreux sont ceux et celles qui ne tarissent pas d'éloges sur l'architecture et les trésors cachés de cet endroit, mais il faut reconnaître qu'en dépit des mille et une jolies choses qu'on peut y voir, sentir, manger et acheter, la

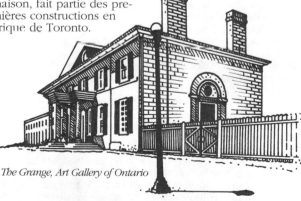

The Grange, Art Gallery of Ontario

section marchande prend des airs de labyrinthe et gagnerait à être rafraîchie, sans compter que la restauration rapide se révèle justement un peu trop «rapide» à certains comptoirs. Néanmoins, si vous êtes en quête d'une pause ou d'une bouchée sans plus, vous y trouverez votre compte.

Après une édifiante matinée artistique, empruntez Dundas Street vers l'est jusqu'au cœur du Chinatown pour déjeuner et faire un peu de magasinage.

Des enseignes aux couleurs vives, des trottoirs bondés, de la musique populaire cantonaise partout dans l'air, des étalages de canards laqués, de merveilleux parfums de fruits frais et de thé de ginseng, des odeurs prenantes de durions et de poisson frais: le Chinatown est un festin complet pour les sens. Ralentissez donc le pas pour donner à votre cerveau le temps d'enregistrer toute l'information qu'il reçoit, et laissez-vous envoûter par toutes les merveilles et curiosités qui vous sollicitent depuis les vitrines des magasins. Vous ne le regretterez nullement. Les épiceries asiatiques, les herboristeries, les salons de thé et les commerces d'import-export sont ici légion, sans parler des nombreux petits (et moins petits) restaurants divins. Tout fait en sorte que chacun soit assuré d'y combler ses attentes. De plus, si vous êtes dans les parages le dimanche, rappelez-vous que vous pouvez en profiter pour faire l'expérience d'un délectable *dim sum* local (voir «Restaurants», p 249).

Voici maintenant quelques-uns des commerces que vous croiserez sur votre route. La **Tai Sun Co.** *(407 Dundas St. W.)* est une épicerie disposant d'un bon choix de légumes et, surtout, de champignons. Quelques portes plus loin, la **Ten Ren Tea House** *(454 Dundas St. W.)* regorge de thé vert, de thé noir et de thé *oolong*, sans oublier ces thés miracles garantis amaigrissants. Vous pourrez également vous y procurer une théière traditionnelle en terre cuite et, avec un peu de chance, vous aurez peut-être même l'occasion d'assister à une ancienne cérémonie du thé. Tout juste à côté, la **WY Trading Co.** recèle une vaste sélection de vinyles, de cassettes et de disques compacts chinois parmi les plus récents. L'**All Friends Bakery** *(492 Dundas St. W.)* vend pour sa part des friandises et de délicieux «gâteaux de lune» fourrés au lotus ou au ginseng auxquels vous ne pourrez résister.

La fête se poursuit par Spadina Avenue. Remarquez au passage le grand bâtiment jaune qui se dresse à l'angle sud-ouest de Dundas Street et de Spadina, car son histoire est pour le moins curieuse. Nombre d'entreprises s'y sont succédé et y ont fait faillite avant qu'on n'y fasse état de la présence de fantômes et que ses propriétaires ne décident, en dernier recours, de faire appel à un spécialiste du *feng shui*. Le *feng shui*, qui veut dire «vent et eau», est cette ancienne croyance chinoise voulant que le «mal» puisse s'insinuer dans un bâtiment mal conçu ou mal situé. Au bout du compte, on apporta certaines modifications à l'édifice, l'expert en *feng shui* ayant établi que le panneau-réclame placé du côté sud de Spadina, tout juste au nord de Dundas Street, réfléchissait des énergies négatives sur la devanture du bâtiment. C'est ainsi qu'une nouvelle porte fut aménagée du côté de la rue Dundas, de manière à déplacer la façade de l'édifice, et que deux lions de pierre furent chargés de garder l'entrée originale sur Spadina Avenue. Reste maintenant à voir si une entreprise parviendra à s'y installer avec succès,

l'activité commerciale semblant ici se confiner à la vente de t-shirts, de valises et de sacs de voyage, et dans la rue même dans la majorité des cas!

Au moins trois autres haltes de nature commerciale s'imposent sur Spadina Avenue. D'abord, au **Great China Herbs Centre** (*251 Spadina Ave.*), où un médecin chinois se propose de vous soulager de vos maux grâce à une potion miracle préparée à partir d'ingrédients mystérieux se trouvant dans les centaines de tiroirs et de jarres soigneusement étiquetés et alignés le long des murs. Chacun de ces ingrédients est pesé sur une balance à l'ancienne, et le montant de la facture est calculé avec une rapidité déconcertante sur un authentique abaque. Rendez-vous ensuite au **Dragon City Mall** (*280 Spadina Ave.*), un centre commercial asiatique qui renferme, entre autres, une intéressante aire de restauration rapide. Enfin ne manquez pas les quelques bons vieux magasins qui se sont établis quand le quartier était encore presque exclusivement juif.

Poursuivez maintenant votre chemin à l'ouest de Spadina, en direction du Kensington Market.

Le **Kensington Market** ★★★ se trouve sur Kensington Avenue, à une rue à l'ouest de Spadina entre Dundas Street et Oxford Street. Ce bazar incarne mieux que tout autre le caractère multiethnique de Toronto, puisqu'il a d'abord été un marché essentiellement est-européen avant de devenir ce qu'il est aujourd'hui, soit un savoureux mélange d'influences juives, portugaises, asiatiques et antillaises. La moitié inférieure de l'avenue Kensington est principalement flanquée de boutiques de vêtements d'une autre époque, tandis que sa moitié supérieure accueille avec fierté des épiceries internationales proposant à qui mieux mieux des pro-

duits frais et délectables de tous les coins du monde. Un endroit de rêve pour faire des provisions en vue d'un pique-nique!

Les vieilles maisons victoriennes en rangée, usées par le temps quoique souvent rajeunies, et les trottoirs qui les longent sur Kensington Avenue entre Dundas et St. Andrews sont une véritable mine d'or aux yeux de ceux et de celles pour qui tout ce qui est ancien prend une valeur inestimable. Des jeans Levi's d'occasion, des vestes d'aviateur en cuir, des manteaux de mouton et des chemises psychédéliques en polyester vous y attendent à des prix défiant toute concurrence. **Courage My Love** *(14 Kensington Ave.)*, **Exile and Assylum** *(42 Kensington Ave.)* proposent des articles uniques. Outre l'occasion de compléter votre garde-robe rétro, cette partie de Kensington Avenue recèle divers autres trésors tels qu'encens, huiles naturelles et œuvres d'art exotiques.

En vous dirigeant vers le nord, vous découvrirez le secteur «bouffe» de Kensington Avenue, où des trésors tout aussi exotiques (sinon plus!) ne manqueront pas de vous faire saliver. Crémeries, poissonneries, boucheries, fromageries et marchés d'épices emplissent l'air d'un bouquet d'arômes. La vitrine de **Cheese from**

Around the World (fromages du monde) vous donne une idée du choix incroyable et des prix renversants que vous trouverez à l'intérieur. La **Mendel's Creamery**, une véritable institution installée à la porte voisine, vend d'excellents cornichons à l'aneth, du hareng mariné et un vaste assortiment de fromages. Sur Baldwin Street, la prise du jour du **Madeiro Fish Market** provient souvent des eaux antillaises. En outre, les montagnes d'épices de **Salamanca** vous permettront d'ajouter ce je-ne-sais-quoi à vos recettes préférées.

Prenez Augusta Avenue à gauche, puis Denison Square à droite.

La **Kiever Synagogue** ★ *(25 Denison Square)* figure parmi les dernières synagogues de ce quartier à tenir des offices réguliers (à une certaine époque, il y eut jusqu'à 30 lieux de culte dans les environs). Construite en 1927, elle arbore des vitraux géométriques qui contribuent à inspirer la congrégation Rodfei Sholom Anshei Kiev (les hommes de Kiev) de même que les visiteurs.

Revenez à Augusta Avenue et tournez à gauche.

Autour de Baldwin Street, les scènes et la musique du Portugal se font encore plus présentes en certains endroits, comme l'**Iberia Bakery** (boulangerie) et le **Sagres Fish Market** (poissonnerie). Pour bien vous assurer de ne rien manquer, montez jusqu'à Oxford Streeet avant de revenir vers Spadina Avenue.

Peut-être avez-vous déjà profité de ce circuit pour faire des provisions en vue d'un bon repas maison; sinon empruntez Baldwin Street à travers la partie résidentielle du quartier chinois. Gardez l'œil ouvert pour les distinctives bannières rouge et jaune dont se parent certaines des maisons, de même que pour les petits médaillons disposés ici et là sur leur façade afin d'éloigner les mauvais esprits. Cette rue recèle certains petits bistros et restaurants fantastiques.

Circuit G: Queen's Park et l'université de Toronto

Attraits touristiques

Chacune des 10 provinces canadiennes possède sa propre assemblée législative. Situé au centre de Queen's Park, dans l'axe de l'avenue University, le **parlement provincial** ★★ (1886-1892) a été dessiné dans le style néoroman de Richardson (voir «Old City Hall», p 141) par l'architecte Richard A. Waite de Buffalo, à qui l'on doit plusieurs bâtiments canadiens dont l'ancien siège du Grand Tronc de la rue McGill, à Montréal (édifice Gérald-Godin). On remarquera les amusantes tours de couronnement de la portion centrale du parlement, qui traduisent bien le niveau d'invention élevé de ces architectes du XIXe siècle préoccupés de pittoresque et d'éclectisme. Il est suggéré de faire le tour de l'édifice avant de pénétrer à l'intérieur, pour en visiter les aires publiques, typiques des années 1890 avec leurs revêtements de bois foncé abondamment sculpté.

Les quelque 40 pavillons de l'**University of Toronto** ★★ *(entre Spadina Rd. à l'ouest, Queen's Park Crescent à l'est, College St. au sud et Bloor St. W. au nord)* sont disséminés sur un vaste campus de verdure à la mode anglaise. Dotée d'une charte dès 1827, l'institution ne prendra véritablement son envol qu'avec la construction du premier pavillon en 1845 (aujourd'hui démoli). Mais les rivalités religieuses ralentiront considérablement les progrès de l'université, chaque dénomination voulant créer sa propre institution de haut savoir. Dans la décennie suivante, Toronto

● ATTRAITS	
1. Provincial Parliament	13. Trinity College
2. University of Toronto	14. Philosopher's Walk
3. Hart House	15. Royal Conservatory of Music
4. Students' Administrative Council	16. Royal Ontario Museum
Building	17. George R. Gardiner Museum of
5. University College	Ceramic Art
6. Knox College	18. Flavelle House
7. Convocation Hall	19. Victoria College
8. Koffler Student Services	20. St. Michael's College
9. Knox College	21. Metropolitan Toronto Police Museum
10. Ukrainian Museum of Canada	and Discovery Centre
11. John P. Robarts Research Library	22. College Park
12. Massey College	

○ HÉBERGEMENT	
1. Best Western Primrose Hotel	6. Jarvis House
2. Beverley Place Bed & Breakfast	7. Les Amis
3. Comfort Hotel Downtown	8. Ramada Hotel and Suites
4. Delta Chelsea	9. Sutton Place Hotel
5. House on McGill	10. Victoria's Mansion

● RESTAURANTS	
1. Banaboia	12. Oasis
2. Bar Italia	13. Peter's Chung King
3. Bertucci's	14. Pony
4. Café Societa	15. Second Cup
5. College Street Bar	16. Shanghai Restaurant
6. El Bodegon	17. Swatow
7. Irie Caribbean Restaurant	18. Thai Dynasty
8. Kalendar Koffee House	19. The Living Well
9. Kensington Kitchen	20. The Lucky Dragon
10. Maggies	21. Utopia Café and Grill
11. Not Just Noodles	

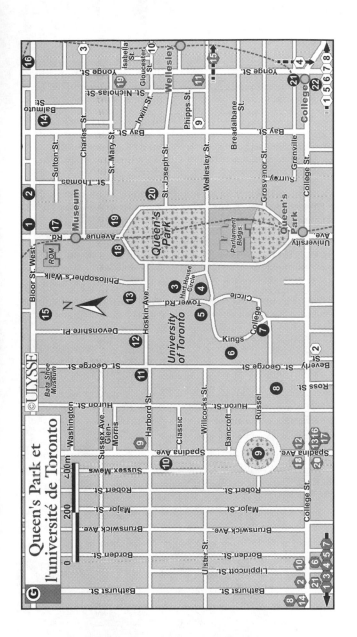

G Queen's Park et l'université de Toronto

©ULYSSE

comptera jusqu'à six universités, toutes rachitiques. Il faudra attendre leur unification partielle dans les années 1880 pour voir s'épanouir le campus. De nos jours, l'université de Toronto est considérée comme l'une des plus importantes en Amérique du Nord.

De Queen's Park Crescent West, contournez le Hart House Circle.

D'entre les nombreux bâtiments de l'université, la **Hart House ★** *(7 Hart House Circle)* est particulièrement remarquable et attrayante. Son grand hall est au cœur même des activités sociales de l'université. Léguée par la fondation Massey, cette maison servit de centre d'activité aux seuls étudiants mâles de premier cycle jusqu'en 1972, date à laquelle les étudiantes purent à leur tour en devenir membres. Elle fut dessinée par les architectes Sproatt & Rolph, qui lui prêtèrent le style gothique; la Soldiers'

Memorial Tower, réalisée par les mêmes architectes, lui fut ajoutée en 1924.

Le charmant **Students' Administrative Council Building** *(12 Hart House Circle)* fut bâti dans le style victorien en 1857. On le désigne souvent sous le nom de «Stewart Observatory» en mémoire d'une de ses réincarnations; néanmoins, il abritait à l'origine le Toronto Magnetic and Meteorilical Observatory et se trouvait de l'autre côté du Front Lawn. Il a été déplacé et reconstruit en 1908.

Continuez vers King's College Circle.

Le plus ancien bâtiment du campus est l'**University College ★** *(15 King's College Circle)*, conçu en 1859 par les architectes Cumberland et Storm. Ceux-ci ont créé un pittoresque ensemble néoroman dont les détails de sculpture sur pierre méritent un examen attentif. Le magnifique portail Norman

Parlement provincial

s'avère particulièrement exceptionnel. Le style néo-roman était alors considéré comme une nouveauté au Canada et n'était donc pas encore associé à un courant religieux ou social précis, répondant de la sorte aux objectifs des dirigeants de l'université qui voulaient créer un environnement laïque ouvert à tous. Cette vision des choses en a cependant conduit certains à surnommer l'University College le «collège impie». Le **Knox College** *(59 George St.)* arbore de jolies fenêtres à battants ornés de vitraux et un extérieur de grès rude. Ce bâtiment est l'un des favoris des cinéastes.

L'imposant hall circulaire situé au point de jonction de King's College Circle et de King's College Road est le **Convocation Hall** *(31 King's College Circle)* de l'université. Lui sont attenants les bureaux administratifs de l'université, aménagés à l'intérieur du **Simcoe Hall** *(27 King's College Circle)*.

Descendez King's College Road jusqu'à College Street.

Lorsque l'université de Toronto a été fondée en 1827, elle se trouvait à une certaine distance de la ville, et l'on rejoignait son campus boisé de 65 ha par University Avenue et College Street, deux chemins privés qui ont appartenu à l'université un certain temps. College

Street fut cédée à la municipalité et devint une voie publique en 1889. Parmi les immenses pavillons qui bordent cette artère, celui des **Koffler Student Services** ★ *(214 College St.)*, qui date de 1906, est particulièrement notoire. Ayant à l'origine abrité la Public Reference Library, il doit son existence au philanthrope américain Andrew Carnegie, qui finança la construction de centaines de bibliothèques publiques aux États-Unis et au Canada.

Poursuivez par College Street jusqu'à Spadina Avenue, puis tournez à droite.

D'une largeur de 45 m, l'avenue Spadina est deux fois plus large que toutes les autres rues anciennes de Toronto. Elle fut tracée en 1802 par William Warren Baldwin, dont la maison occupait l'emplacement de l'actuelle Casa Loma; elle bénéficiait à l'époque d'une vue imprenable sur le lac Ontario et de la municipalité naissante de York. Vous noterez cependant qu'aujourd'hui la vue est partiellement obstruée par un croissant au centre duquel se dresse un bâtiment néogothique à riche tonalité victorienne. Il s'agit du premier **Knox College** *(1 Spadina Crescent)*, fondé en 1844, au moment où la petite fille de Baldwin vendit le terrain en question à ce séminaire presbytérien, l'une des nombreuses maisons d'enseignement confessionnelles appelées à se joindre plus tard à l'université de Toronto. Ce collège a déménagé sur St. George Street en 1915 (voir ci-dessus).

Continuez par Spadina Avenue jusqu'à Harbord Street.

La succursale ontarienne de l'**Ukrainian Museum of Canada** *(2$; lun-ven 13h à 16h, sur rendez-vous la fin de semaine; 620 Spadina Ave., ☎905-923-3318)* présente l'héritage coloré des Ukrainiens venus s'installer au Canada au moment de la ruée vers l'Ouest. Nombre de costumes traditionnels à couper le souffle et de fabuleux œufs de Pâques décorés à la mode ukrainienne font partie des pièces d'exposition.

Prenez Harbord Street à droite.

Le centre d'athlétisme et le nouveau collège se trouvent sur votre droite, tandis qu'un peu plus loin, à l'angle de St. George Street, là où Harbord Street devient Hoskin Avenue, surgit la **John P. Robarts Research Library** *(130 St. George St.)*. On désigne souvent cette étrange construction sous le nom de «Fort Book» (la forteresse du livre), et certains architectes prétendent qu'il faut la voir du haut des airs, en hélicoptère, pour en apprécier toute la merveille...

Faute de mieux, laissez courir votre imagination!

De l'autre côté de St. George Street, se dressent les tours du Newman Centre, à côté duquel repose le **Massey College** *(4 Devonshire Place)* de 1963, qui marie avec succès ambiance médiévale et architecture moderne.

Dirigez-vous vers le **Trinity College** *(6 Hoskin Ave.)*, qui, avec le Knox College, le Stewart Observatory et la Hart House, tous plus au sud (voir ci-dessus), créent un **décor romantique** ★ de constructions gothiques à l'anglaise. Il a été conçu par les architectes Darling et Pearson (1925), tandis que sa chapelle est l'œuvre de Sir Giles Gilbert Scott, bien connu pour sa cathédrale de Liverpool. Ces quatre bâtiments, avec leur abondance de nervures de pierre, de verrières et de cours tranquilles, s'inspirent des pavillons d'Oxford et de Cambridge.

Tout juste à l'est, empruntez le chemin en lacet baptisé la **Philosopher's Walk** ★ (promenade du philosophe). Le Taddle Creek coulait jadis là où se promène aujourd'hui le «philosophe», au son des gammes des étudiants du conservatoire de musique flottant au-dessus des bruits de la trépidante rue Bloor. Une balade contemplative le long d'une rangée de chênes récemment plantés vous conduira aux Alexandra Gates, les grilles qui gardaient autrefois l'entrée de l'université à l'angle de Bloor Street et de Queen's Park.

À votre gauche sur Bloor Street, vous apercevrez le **Royal Conservatory of Music** *(273 Bloor St. W.)*. Admirez l'extérieur on ne peut plus victorien de cet édifice rehaussé de lucarnes, de cheminées et d'encorbellements. Ce bâtiment abritait à l'origine le Toronto Baptist College.

Royal Ontario Museum

Marchez vers l'est dans Bloor Street, et tournez à droite dans Queen's Park pour atteindre l'entrée du Royal Ontario Museum.

Le **Royal Ontario Museum (ROM)** ★★★ *(18$ en semaine, 20$ la fin de semaine; lun-jeu 10h à 18h, ven 10h à 21h30, sam 10h à 18h, dim 11h à 18h; 100 Queen's Park,* ☎*586-5549 ou 586-8000)* est en fait deux musées en un, puisque l'entrée au ROM, ainsi qu'on l'appelle communément, couvre également l'accès au George R. Gardiner Museum of Ceramic Art (voir ci-après). À la fois le plus grand musée public du Canada et un centre de recherche, le ROM veille sur six millions de trésors artistiques, archéologiques et naturels. À la suite d'importants travaux de rénovation et de restauration, de même qu'à l'ouverture de nouvelles galeries, le ROM est désormais en mesure d'exposer ses richesses de manière à rendre justice à leur valeur inestimable.

En pénétrant à l'intérieur du bâtiment vaguement romanisant, vos yeux seront captivés par le plafond de verre vénitien représentant une mosaïque de cultures. Soit dit en passant, ce plafond est la seule partie du musée à ne pas avoir été construite au moyen de matériaux ontariens. Puis vous lèverez de nouveau les yeux, cette fois pour admirer les deux grands totems qui encadrent le hall d'entrée, l'un d'eux faisant près de 25 m de hauteur, si bien qu'il ne lui manque qu'une dizaine de centimètres pour toucher le plafond! Devant la variété des expositions présentées ici, des chauve-souris aux dinosaures et des Romains aux Nubiens, vous devriez d'abord et avant tout opter pour la Mankind Discovering Gallery (galerie de la découverte de l'humanité), où vous seront présentés le plan d'aménagement et le mode d'exploitation du ROM.

Les choix qui s'offrent à vous sont pour le moins renversants. Retenons la galerie des dinosaures, fort appréciée des paléontologues amateurs de tout âge; l'exposition Maiasaurus, un projet en cours qui vous permettra d'observer des paléontologues œuvrant à la reconstitution d'un authentique squelette de dinosaure; la galerie de l'évolution; la galerie romaine, la plus complète du genre au Canada; la collection de tissus et d'étoffes, une des plus belles au monde; les galeries d'Asie orientale, où vous trouverez certains des plus précieux joyaux du musée, à savoir la collection d'art et d'antiquités de la Chine, renfermant une tombe Ming, ainsi que la galerie Bishop White, dont les murs sont couverts de peintures bouddhistes et taoïstes; la galerie de la découverte, dont les éléments d'exposition à interaction tactile font le bonheur des enfants, qui peuvent ici manipuler d'authentiques objets anciens; la galerie de l'Égypte antique et la galerie de la Nubie, où trônent les toujours fascinantes momies et reliques d'un passé mystérieux; le Canadiana Sigmund Samuel, une collection d'objets décoratifs canadiens déplacée du campus de l'université de Toronto; et, le clou de la visite, la Bat Cave, qui recrée de façon presque trop réaliste la grotte calcaire de St. Clair, en Jamaïque, envahie par des chauve-souris au vol en piqué si caractéristique. Bref, les possibilités offertes par le ROM aux chapitres de la découverte et de l'exploration sont pour ainsi dire illimitées.

Traversez Queen's Park jusqu'au prochain attrait.

Du côté est de Queen's Park Avenue, le **George R. Gardiner Museum of Ceramic Art** ★★★ *(10$, entrée libre le premier mar du mois; mar et jeu 10h à 20h, sam-dim 10h à 17h; 111 Queen's Park, ☎586-8080)* peut s'enorgueillir de posséder une impressionnante collection de porcelaines et de poteries. Quatre galeries y retracent l'histoire de l'humanité à travers des céramiques mayas et olmèques de l'ère précolombienne jusqu'aux trésors européens des cinq derniers siècles. Ces trésors venus d'Europe comprennent des porcelaines italiennes des XVIe et XVIIe siècles, des faïences de Delft du XVIIIe siècle, de même que des pièces d'une grande finesse et des services de vaisselle complets signés par d'aussi grands noms que Meissen, Derby et Vienna. Particulièrement digne de mention, le Swan Service (service du cygne) compte pas moins de 2 200 pièces!

Descendez Queen's Park jusqu'à Queen's Park Crescent East.

Remarquez la **Flavelle House ★** *(78 Queen's Park)*, sur votre droite. Construite en 1901 pour Joseph Flavelle, elle est demeurée pendant de nombreuses années la plus grandiose des grandes résidences de Toronto. Elle est aujourd'hui utilisée par la faculté de droit de l'université.

Longez Queen's Park Crescent jusqu'au Victoria College et le St. Michael's College.

Le **Victoria College ★** *(73 Queen's Park)*, une construction romane de très belle facture, se fait fort invitant pour un établissement d'enseignement. Il ne s'agit là que d'un des bâtiments de la Victoria University, qui réunit par ailleurs le Burwash Hall (à l'angle nord-

est de la propriété), l'Annesley Hall (sur Queen's Park) et l'Emmanuel College (à l'ouest), formant un ensemble tenu pour un des plus heureux de l'université de Toronto.

Le regroupement d'édifices dont se compose le St. Michael's College occupe un emplacement de choix à l'angle de Queen's Park et de St. Joseph Street. Cette institution catholique a été fondée par des prêtres de Saint-Basil venus de France. Le **St. Michael's College** *(81 St. Mary St.)* et la **St. Basil's Church** *(81 St. Mary St.)*, tous deux érigés en 1856, en furent les premières constructions. Ce collège fut en outre le premier à s'affilier à l'université de Toronto en 1881 et peut ainsi se targuer de posséder les plus vieux bâtiments du campus.

Descendez Bay Street jusqu'à College Street.

Le **Metropolitan Toronto Police Museum and Discovery Centre ★** *(1$; tlj 9h à 21h; quartiers généraux de la police, 40 College St., ☎808-7020)* met en lumière l'histoire des forces de l'ordre depuis l'époque de la «Muddy York» jusqu'à celle des policiers à bicyclette. Des éléments d'exposition uniques sur l'art de chercher des indices dans des prélèvements de sang et de terre effectués sur la scène d'un crime, des vitrines sur les empreintes digitales et les crimes célèbres, des uniformes anciens, une voiture de patrouille et un ancien panier à salade auront tôt fait de vous transformer en limier averti. Les plus jeunes pourront même tenter de résoudre un crime.

Avant l'avènement de l'Eaton Centre en 1977, le grand magasin à rayons Eaton's occupait une série d'édifices distincts sur Queen Street; puis, en 1930, il déménagea ses pénates dans le bijou Art déco qui se dresse à l'angle des rues Yonge et College, aujourd'hui connu sous le nom de **College Park** *(444 Yonge St.)*. Une bonne partie des détails Art déco ont survécu à la reconversion fructueuse des lieux en boutiques, en bureaux et en appartements à la suite du départ d'Eaton's. Vous pourrez les admirer le long du cours marchand, mais surtout à l'intérieur de la superbe salle de concerts du septième étage. Un joli plan d'eau, transformé en patinoire l'hiver venu, s'étend derrière l'édifice.

Traversez Yonge Street à l'endroit où College Street devient Carlton Street, et marchez jusqu'à Church Street.

Le **Maple Leaf Gardens** *(60 Carlton St., ☎815-5956)* a servi d'arène de jeu aux Maple Leafs de Toronto (Ligue nationale de hockey) pendant près de sept décennies, et ce, jusqu'au début de 1999. Or, bien que les Leafs aient déménagé leurs pénates à l'Air Canada Centre (voir p 105), nombreux sont les supporters pour qui le cœur de leurs Leafs bien-aimés bat toujours au Gardens. La date prévue du début de la saison de hockey de 1931 a forcé 700 ouvriers à faire l'impossible pour terminer cet édifice de brique jaune en seulement 12 mois!

Circuit H: Bloor Street et Yorkville Avenue

Partez de l'intersection de Bloor Street et d'University Avenue, qui devient Avenue Road au nord de Bloor Street.

Le **Royal Ontario Museum** (voir p 159) se dresse à l'angle sud-ouest; en face, soit à l'angle sud-est, apparaît une construction néoclassique connue à l'origine sous le nom de «Lillian Massey Department of Household Science», qui avait pour mandat d'enseigner le arts ménagers aux jeunes filles. Plus récemment, elle a abrité les bureaux de l'ombudsman provincial, mais elle accueille désormais un gigantesque magasin de vêtements de la chaîne Club Monaco.

Aussi, d'entrée de jeu, êtes-vous à même d'entamer votre folle expédition de magasinage autour des chics artères Bloor et Yorkville. Le présent circuit couvre les environs de ces dernières, désormais synonymes de cher, huppé et à la mode grâce à d'excellentes adresses de magasinage.

Le secteur qui s'étend au nord et à l'ouest des rues Bloor et Bedford formait jadis le village de Yorkville, constitué en municipalité en 1853 et demeuré localité distincte jusqu'en 1883, date à laquelle il fut annexé à la ville de Toronto. Il s'agissait d'une élégante ville-dortoir située à faible distance de la métropole, en pleine expansion un peu plus au sud. L'empiètement de celle-ci sur son territoire entraîna cependant la transformation de nombreuses demeures, parmi les plus coquettes de la rue Bloor et de l'avenue Yorkville, en espaces à bureaux, puis l'exode de l'élite citadine vers des quartiers plus sélects du nord de la région. Pendant toute la première moitié du XXe siècle, ce secteur a conservé son statut de banlieue de classe moyenne. Les premiers signes de sa mutation vers une identité plus avant-gardiste sont apparus dès l'après-guerre, lorsque ses résidences du XIXe siècle ont peu à peu été reconverties en cafés et en boutiques, et que Yorkville est devenu le point de convergence des artisans de la musique folk canadienne. L'embourgeoisement final du quartier a pris son envol au cours des années 1970 et 1980, et, depuis ce temps, les gratte-ciel et les complexes à vocations multiples de la rue Bloor se sont efforcés de tirer le meilleur parti de la situation en faisant grimper les coûts de location, aujourd'hui devenus astronomiques.

Le luxueux **Park Plaza Hotel** *(4 Avenue Rd.)*, construit en 1926, se dresse à l'angle nord-ouest d'Avenue Road et de Bloor Street. Les murs de pierres grossières, le large toit d'ardoises et le beffroi de la **Church of the Redeemer** ★ *(162 Bloor St. W.)* occupent, pour leur part, l'angle nord-est de Bloor Street et d'Avenue Road, et derrière l'église surgit le **Renaissance Centre**, qui, bien qu'il la domine, ne lui en accorde pas moins une présence imposante à cette intersection très passante. Le **Colonnade**, à l'est, a été le premier bâtiment de la rue Bloor à allier espaces commerciaux, résidentiels et à bureaux.

La partie de Bloor Street qui s'étend de Queen's Park–Avenue Road à Yonge Street présente une série d'immeubles de bureaux modernes et de centres commerciaux, ainsi que de boutiques et galeries ultra-chics où vous retrouverez des noms aussi prestigieux que Holt Renfrew, Chanel, Hermès, Tiffany's et Hugo Boss. D'aucuns affirment que Bloor Street est la Fifth Avenue de Toronto; vous voilà prévenu! À vous, donc, de la parcourir en toute hâte ou au contraire de vous y attarder... selon votre budget. La majorité des devantures de Bloor Street sont visiblement de construction récente, bien que certaines aient aussi été préservées et redorées pour faire honneur aux chics boutiques qui s'y sont installées. Deux édifices intéressants attendent par ailleurs une transformation

nécessaire. La façade courbe de l'ancien **University Theatre** *(100 Bloor St. W.)* et la modeste façade néogeorgienne en brique rouge de la **Pearcy House** *(96 Bloor St. W.)* sont les seuls éléments encore visibles des deux structures en question, qui abriteraient maintenant des condominiums.

À l'est de Bay Street, vous découvrirez le **ManuLife Centre** *(44 Charles St. W.)*, qui regroupe des appartements, des bureaux et des espaces commerciaux. Les boutiques s'alignent sur le trottoir sous le curieux surplomb en console du ManulifeCentre. De l'autre côté de Bloor Street se dresse le

---

● ATTRAITS

1. Park Plaza Hotel
2. Church of the Redeemer
3. University Theatre
4. Pearcy House
5. ManuLife Centre
6. Holt Renfrew Centre
7. Hudson's Bay Centre
8. Metropolitan Toronto Library
9. Yorkville Public Library
10. Firehall No. 10
11. Heliconian Club
12. Village of Yorkville Park

◯ HÉBERGEMENT

1. Days Inn
2. Four Seasons Hotel Toronto (R)
3. Howard Johnson Inn Yorkville
4. Inter-Continental Toronto
5. Marlborough Place
6. Park Hyatt
7. Quality Hotel Midtown

(R) Établissement avec restaurant décrit

● RESTAURANTS

1. Bistro 990
2. Boba
3. Café Nervosa
4. Jacques L'Omelette
5. Little Tibet
6. Mövenpick
7. Opus Restaurant on Prince Arthur
8. Remy's
9. Sassafraz
10. Yamato

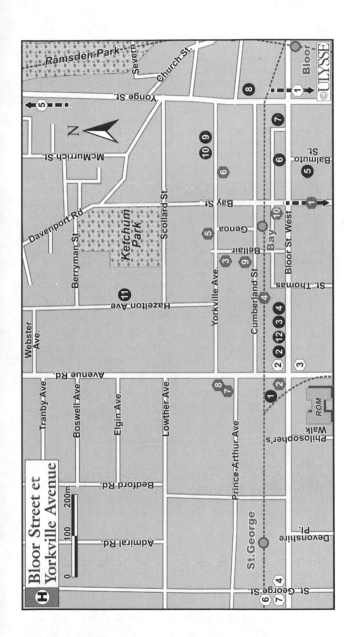

Bloor Street et Yorkville Avenue

H

Holt Renfrew Centre (*50 Bloor St. W.*), lieu d'élection de ce grand nom des magasins à rayons de même que d'un centre commercial. Enfin, le **Hudson's Bay Centre** (*2 Bloor St. E.*) domine le paysage à l'intersection pour le moins passante des rues Bloor et Yonge.

À Yonge Street, tournez à gauche, et prenez la direction du quartier branché de Yorkville.

Avant d'arriver aux commerces, vous croiserez la **Metropolitan Toronto Library** (*789 Yonge St.*). Cette bibliothèque occupe un grand bâtiment en brique et en verre que les Torontois aiment fréquenter non seulement parce qu'ils lisent beaucoup, mais aussi parce qu'ils s'y sentent chez eux parmi les plantes et les espaces lumineux. Le bâtiment, d'aspect quelconque vu de la rue, a été conçu par l'architecte Raymond Moriyama en 1973.

En marchant vers l'ouest sur Yorkville Avenue, vous atteindrez cette fois la grandiose **Yorkville Public Library** (*22 Yorkville Ave.*), construite en 1907 et remodelée en 1978. L'imposant portique de l'entrée domine encore la façade, comme aux jours où cette bibliothèque répondait aux besoins du village de Yorkville.

À la porte voisine, c'est le vieux **Firehall No. 10** ★ (*34

Yorkville Ave.), une caserne de pompiers d'abord érigée en 1876 puis reconstruite (à l'exception de la tour, utilisée pour faire sécher les boyaux d'incendie) en 1889-1890. Ce bâtiment en brique rouge et jaune assurait jadis la protection des citoyens de Yorkville, et la caserne demeure en activité à ce jour. Les armoiries posées sur la tour proviennent de l'ancienne mairie, et les symboles qui y figurent représentent les métiers des premiers conseillers du village: un tonneau de bière pour le brasseur, un rabot pour le charpentier, un moule à brique pour le maçon, une enclume pour le forgeron et une tête de bœuf pour le boucher.

Tout en explorant les boutiques, jetez un coup d'œil sur les maisons georgiennes des n°s 61-63 et 77, sur le porche Queen Anne du n° 84, sur la maison victorienne qui abritait autrefois l'hôpital Mount Sinai, au n° 100 (et qui attend d'être rénovée par un promoteur au grand cœur), et sur la rangée de maisons victoriennes rajeunies des n°s 116 à 134.

Un regroupement exceptionnel de galeries, de boutiques et de cafés bordent les artères Yorkville, Hazelton et Cumberland. D'autres joyaux architecturaux, trop nombreux pour que nous les énumérions ici, vous attendent sur Hazelton Avenue. Tous ont été rafraîchis avec fidélité, tant et si bien que certains bâtiments semblent neufs; mais le résultat n'en est pas moins esthétique et mérite d'être vu. Notons tout particulièrement la **Hazelton House** *(33 Hazelton Ave.)*, qu'occupait à l'origine, c'est-à-dire à la fin du XIXᵉ siècle, l'Olivet Congregational Church et qui renferme à présent des boutiques, des galeries et des bureaux, de même que le **Heliconian Club**, de style «gothique-charpentier», un club féminin d'arts et lettres fondé en 1909.

Après avoir exploré Hazelton Avenue, continuez par Yorkville Avenue, et prenez Avenue Road à gauche.

Si vous en avez le temps et l'envie, profitez-en pour admirer les nombreuses maisons plus charmantes les unes que les autres qui se trouvent à l'ouest d'Avenue Road entre cette dernière et Bedford Street. Elles conservent pour la plupart leur vocation résidentielle, de sorte qu'elles donnent une bonne idée de ce à quoi Yorkville pouvait ressembler avant l'arrivée des promoteurs immobiliers et des faiseurs de mode.

Le côté nord de Cumberland Street entre Avenue Road et Bellair Street est bordé de chics boutiques et galeries, tandis que le côté sud est devenu le **Village of Yorkville Park** ★★. Ce parc urbain, aménagé au-dessus d'une station de métro, s'impose comme un exemple peu commun d'écologie urbaine, d'histoire locale et d'identité régionale. Il se divise en 13 zones, chacune représentant une facctte de la géographie de la province. L'énorme rocher en marge de son centre est de granite et provient du Bouclier canadien. (voir «Plein air», p 206)

En regardant vers le sud au moment de traverser le parc, au-delà du terrain de stationnement, vous apercevrez les façades de l'University Theatre et de la Pearcy House (voir p 164).

Circuit I: Cabbagetown

Anciennement, Cabbagetown (la ville aux choux) était délimitée par la Don Valley, Parliament Street, Queen Street et Carlton Street. De nos jours cependant, lorsque les gens vous parlent de Cabbagetown, ils font le plus souvent référence à la communauté qui gravite autour de Parliament Street (son artère commerciale), laquelle s'étend à l'est jusqu'à la Don Valley entre les rues Gerrard et

Bloor, respectivement au nord et au sud. C'est ici, au cours des années 1840, que s'établirent les plus pauvres des immigrants irlandais, ceux-là même qui plantaient des choux devant leur maison en guise de pelouse, d'où le nom de ce quartier. Les terres de ce secteur avaient été constituées en réserve gouvernementale par le gouverneur John Graves Simcoe, mais elles purent être divisées en parcelles dès 1819. Quelque 100 ans plus tard, ce quartier ouvrier devint perçu comme une zone insalubre et indésirable. Les urbanistes de l'époque, entichés par la récente notion de «renouveau urbain», rasèrent alors la majorité des maisons situées au sud de Gerrard Street pour les remplacer par un projet d'habitations subventionnées par le gouvernement ontarien, le Regent Park, que beaucoup considèrent aujourd'hui comme un échec pur et simple du point de vue architectural.

Partez de la rue Gerrard, en face du **Regent Park**. Les édifices qui se profilent au sud de cette artère sont en fait ceux du projet public d'habitations du Regent Park North, le Regent Park South s'étendant au sud de Dundas Street. Ce projet à deux volets, respectivement complétés en 1947 et en

● ATTRAITS

1.	Regent Park	11.	St. James-the-Less Chapel
2.	Spruce Court Apartments	12.	St. Enoch's Presbyterian
3.	397 Carlton		Church
4.	Riverdale Park	13.	37 Metcalfe Street
5.	Witch's House	14.	Hotel Winchester
6.	Riverdale Farm	15.	First Church of the Christian
7.	Necropolis Chapel		Association
8.	Owl House Lane	16.	Allan Gardens-Tropical Plant
9.	314 Wellesley Street		Collection
10.	St. James Cemetery	17.	Maple Leaf Gardens

○ HÉBERGEMENT

1.	Aberdeen Guest House	5.	Howard Johnson Selby Hotel
2.	Banting House	6.	Mulberry Tree
3.	Historic House	7.	Toronto Downtown Bed and
4.	Homewood Inn		Breakfast

◆ RESTAURANTS

1.	Keg Mansion	6.	Peartree
2.	Madras House	7.	Provence
3.	Mocha Mocha	8.	Rashnaa
4.	Myth	9.	Timothy Tikka House
5.	Pan on the Danforth		

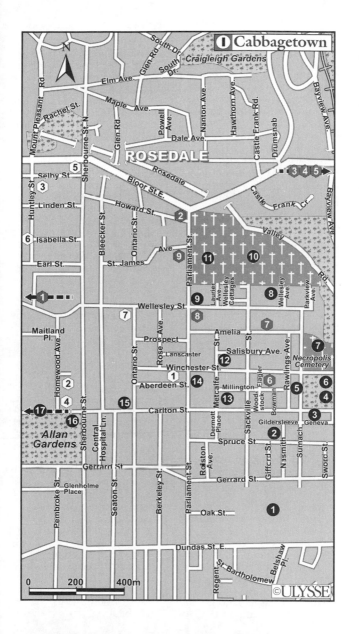

1957, compte parmi les premiers du genre au Canada. Sa conception repose sur les vues modernistes de Le Corbusier et de ses congénères, soucieux de couper les zones résidentielles des quartiers insalubres avoisinants en les dotant de leurs propres rues et parcs, aménagés conformément à l'esprit de leur population restreinte. Selon Robert Fulford, un journaliste en vue de Toronto, les artisans de ce projet n'ont en fait réussi qu'à isoler ses occupants et à les singulariser comme des citoyens de deuxième ordre. Ces «parcs» d'habitations circonscrits n'ont rien d'attirant, d'autant moins que les voitures s'y font plus nombreuses que les arbres. Quant aux constructions elles-mêmes, elles sont en simple brique rouge et dépouillées de toute ornementation. Quoi qu'il en soit, le Regent Park mérite un bref coup d'œil, ne serait-ce qu'à titre de référence avant de poursuivre votre périple à travers le charmant quartier victorien qu'il a partiellement supplanté.

Pénétrez au cœur de l'originale Cabbagetown par Sackville Street.

Le secteur qui s'étend sur la gauche, alors que vous suivez **Sackville Street** en direction nord, était jadis occupé par le Toronto General Hospital. De 1855 à 1913, l'année où il fut démoli et reconstruit sur University Avenue, l'hôpital couvrait ici une superficie de 1,6 ha. La Trinity College Medical School s'établit tout près en 1871, au 41 Spruce Street, cette faculté de médecine devant par la suite être absorbée par l'université de Toronto. Le bâtiment en brique rouge et ocre qui l'abritait fait désormais partie d'un complexe résidentiel du nom de «Trinity Mews». Quant à la maison qui se trouve au n° 35, elle fut autrefois habitée par Charles B. Mackay, un préposé aux douanes, puis par le doyen de la faculté de médecine du collège Trinity. Elle est encore entourée de sa clôture d'origine, installée en 1867.

Revenez sur vos pas et empruntez Spruce Street vers l'est jusqu'à Sumach Street.

À l'angle de Sumach Street se dressent les **Spruce Court Apartments**. Il s'agit là du premier projet d'habitations à loyer modique de la ville, une réussite du genre avec ses cours gazonnées, ses entrées individuelles et son échelle on ne peut plus humaine. Selon toute vraisemblance, les architectes du Regent Park (voir ci-dessus) ne savaient pas reconnaître une bonne chose lorsqu'ils en voyaient une. Ce complexe a depuis été transformé en coopérative d'habitation.

Remontez Sumach Street et tournez à droite dans Carlton Street.

La digne villa italianisante du **397 Carlton** a été construite en 1883. À cette époque, la résidence dominait seule ce secteur encore en bonne partie «champêtre», une atmosphère que vous retrouverez dans une certaine mesure au **Riverdale Park ★★**, un magnifique espace qui déroule son tapis de verdure au nord de Carlton Street.

En vous dirigeant vers le nord à travers le parc, remarquez la maison classique au style tarabiscoté du 384 Sumach Street. On en est venu à la surnommer la **Witch's House ★** (la maison de la sorcière), et quiconque a lu Hansel et Gretel comprendra facilement pourquoi.

Le Riverdale Park couvrait jadis 66 ha de part et d'autre de la rivière Don. En 1898, le Riverdale Zoo y ouvrit ses portes alors qu'il n'abritait que deux loups et quelques cerfs. Les éléphants et les ours polaires qui vinrent peu à peu s'ajouter à la ménagerie avaient visiblement besoin de plus d'espace que celui qu'on leur accordait, de sorte qu'en 1978 le Metro Toronto Zoo

fut créé à Scarborough (voir p 196). Les installations de Riverdale présentent depuis lors poneys, coqs et autres animaux de ferme de la **Riverdale Farm ★★** *(entrée libre; 201 Winchester St., ☎392-0046)*, un petit lieu de délices pour les enfants. Le portail en pierre original du Jardin zoologique, sur Winchester Street, donne désormais accès à la ferme.

Un autre espace vert s'étend au nord de Winchester Street, soit la **Necropolis**, l'un des plus vieux cimetières non confessionnels de Toronto. Ses origines remontent au début des années 1850, et c'est là que reposent pour l'éternité les dépouilles mortelles de William Lyon Mackenzie, premier maire de la ville et chef de la rébellion de 1837 (voir p 140), ainsi que de George Brown, l'un des pères de la confédération canadienne. Par une ironie du sort, cette «cité des morts» s'impose également

Ours polaire

Attraits touristiques

comme un jardin unique en son genre, puisqu'elle présente une impressionnante collection d'arbres, d'arbustes et de plantes rares et exotiques. Son trait le plus frappant demeure cependant sa chapelle mortuaire, la **Necropolis Chapel** ★★, bâtie en 1872. Cette construction gothique de la haute époque victorienne, d'ailleurs merveilleusement bien conservée, est un pur joyau avec son toit d'ardoises à motifs, ses dentelles, ses ferrures ornementales et ses murs couverts de lierre.

Poursuivez par Sumach Street jusqu'à Amelia Street, que vous prendrez sur la droite.

Aujourd'hui, Cabbagetown représente l'ultime réussite torontoise en matière d'élitisme. Au milieu des années 1850 toutefois, un certain nombre d'éléments pour le moins indésirables contribuèrent à donner mauvaise réputation à ce quartier: la rivière Don et la nouvelle Necropolis étaient toutes deux perçues comme des menaces à l'approvisionnement en eau de ce secteur, tandis que les bâtiments de la Peter R. Lamb & Company ne pouvaient que déparer le paysage, sans parler des effluves nauséabonds que ne manquaient sûrement pas de dégager dans l'air de la colle, le cirage à chaussures, la poudre d'os et le charbon animal produits sur place. Le dévelop-

pement du secteur ne débuta vraiment qu'au cours des années 1880, lorsque, par un concours de circonstances fortuit, un incendie ravagea l'usine, suivi d'une seconde vague d'immigrants partis des îles Britanniques pour s'établir à Toronto.

Les maisons qui bordent **Wellesley Street** ★ ont toutes été construites dans les années 1880 et 1890 pour ces nouveaux arrivants, généralement plus fortunés que leurs prédécesseurs vivant quelques rues plus au sud, au cœur du Cabbagetown des premiers jours. Nombre d'entre elles arborent le style Bay-n-Gable de Toronto ou celui, plus récent, qu'on qualifie de Queen Anne. Le premier s'applique à des maisons semi-détachées disposées en rangée et se retrouvait sur tout le territoire de la ville vers la fin du XIXᵉ siècle. Ses pittoresques pignons pointus, ses planches de rive décoratives et ses fenêtres en saillie polygonales sont des marques distinctives de l'architecture torontoise. Le second se veut plus recherché, avec ses tours et tourelles, ses pignons, ses lucarnes, ses fenêtres en rotonde et son mariage de textures et de matériaux. Il honore le plus souvent des demeures entièrement détachées.

L'un des plus beaux exemples du style Bay-n-Gable

de Toronto vous attend au **398 Wellesley Street** ★. Quant au style Queen Anne, vous pourrez l'admirer dans un simple complexe d'appartements tout au bout d'**Owl House Lane**. La maison dont cette allée porte le nom se pare d'une petite chouette et a jadis été habitée par l'artiste Charles Jefferys.

En poursuivant votre exploration sur Wellesley Street, vous remarquerez au passage une rangée de cottages à simple pignon plantés de part et d'autre d'un cul-de-sac nommé à juste titre **Wellesley Cottages**. Ces anciennes résidences ouvrières ont aujourd'hui été modernisées et font l'objet d'une grande convoitise. Continuez jusqu'à **Alpha Avenue**, où une autre rangée de cottages peu élevés ont également été revitalisés avec brio, ceux-là surmontés d'un toit en mansarde.

De retour à Wellesley Street, vous croiserez bientôt la maison Queen Anne la plus typique du quartier au **numéro 314** ★. Une variété de matériaux et un savoureux agencement de formes et d'ornements trahissent sans doute le fait que son propriétaire original était tailleur de pierres.

Au nord et à l'ouest de l'intersection des rues Parliament et Wellesley s'étend le **St. James Cemetery** ★, le deuxième cimetière anglican de Toronto, aménagé en 1845. Les chemins boisés de cet endroit paisible mènent au lieu de repos éternel de l'élite torontoise, dont nombre de représentants se sont fait construire certains des monuments funéraires les plus majestueux de la ville. Heritage Toronto tient une liste des plus remarquables d'entre eux. Ce cimetière renferme en outre l'une des églises les plus louangées du Canada, la **St. James-the-Less Chapel** ★★★ *(625 Parliament Street)*. Sa haute flèche effilée, le profil rigoureux de son toit et sa base diminutive témoignent d'une certaine simplicité, mais n'en sont pas moins superbes.

Dirigez-vous vers le sud par Parliament Street, la principale artère commerciale de Cabbagetown. Tournez à gauche par Winchester Street, et empruntez Metcalfe Street.

Metcalfe Street ★★★ est sans doute la plus belle et la plus représentative des rues de Cabbagetown. De grands arbres y forment un dais de verdure au-dessus de la chaussée, bordée de part et d'autre d'élégantes clôtures en fer forgé et de maisons de la fin de l'époque victorienne disposées en rangée.

À l'angle des rues Metcalfe et Winchester se dresse la **St. Enoch's Presbyterian Church**

(180 Winchester St.), construite en 1891 dans le style roman. Le Toronto Dance Theatre occupe désormais les locaux de cet ancien lieu de culte.

Une étonnante résidence se trouve au **37 Metcalfe Street**. Une succession d'ajouts et de modifications ont ici transformé une villa italianisante de 1875 donnant sur Winchester Street en un édifice néoclassique dont la façade donne désormais sur la rue Metcalfe.

En descendant Metcalfe Street en direction de Carlton, vous verrez sur votre droite, à partir du n° 18, une proprette rangée de

maisons de style Bay-n-Gable de même que, sur votre gauche à partir du n° 15, un chapelet de maisons emblématiques du style Queen Anne.

Carlton Street ★★ marque la limite nord de l'«Old Cabbagetown». La majorité des maisons qui bordent cette rue s'avèrent beaucoup plus grandes et opulentes que celles dont les pelouses frontales étaient remplacées par des jardins de choux. Partez des environs de Rawlings Avenue et dirigez-vous vers l'ouest. La maison du n° 314, construite en 1874, arbore un joli toit en mansarde; au n° 297 se trouve une immense résidence Queen Anne fréquemment photographiée; la jolie maison néoclassique du n° 295 fut l'une des premières de la ville à avoir le téléphone; en face, aux n°s 294 à 300, se dressent de beaux exemples de la fin de l'époque du style Bay-n-Gable; les fenêtres et les portes du n° 286 présentent quelques riches ornements; enfin, le porche décoratif sculpté des n°s 280-282 est à remarquer.

Parliament Street a toujours été une artère importante de ce quartier. Ainsi nommée parce qu'elle par-

Maisons victoriennes

tait autrefois des édifices du Parlement, elle a toujours été la grande rue commerçante du secteur. L'édifice de la Banque canadienne impériale de commerce, à l'angle des rues Carlton et Parliament, a été dessiné en 1905 conformément au style néoclassique par Darling & Pearson. Immédiatement au nord de Carlton Street apparaît un quadrilatère commercial des premiers jours dont les façades se parent de jolies fenêtres en arc; la devanture de la boutique du **n° 242** ★ est particulièrement originale.

Remontez Parliament Street jusqu'à Winchester Street.

L'**Hotel Winchester** *(531 Parliament St.)*, construit en 1888, abritait jadis le Lake View Hotel, assez fréquenté pendant ses jours de gloire pour le poste d'observation aménagé au sommet de sa tour d'angle et offrant une vue sur le lac Ontario.

Tournez à gauche dans Winchester Street.

Le cote gauche de la rue Winchester est bordé par un certain nombre de belles maisons, certaines en rangée serrée et d'autres détachées. La triple résidence Queen Anne des n°s 7 à 11 se démarque de l'ensemble par son briquetage (celui du n° 5 a été refait). Quant aux semi-détachées des n°s 13 et 15, elles témoignent

du style Second Empire avec leur imposante masse centrale et leurs lucarnes décoratives.

Prenez sur la gauche et descendez Ontario Street.

D'harmonieuses rangées de maisons de style Bay-n-Gable s'étirent de part et d'autre d'**Ontario Street** ★★ entre les rues Aberdeen et Winchester. Sur la gauche, au sud d'Aberdeen , les pittoresques arches en pointe des maisons semi-détachées des n°s 481 et 483 sont typiquement néogothiques. Quant à la toute simple **First Church of the Christian Association** *(474 Ontario St.)*, sur la droite, elle date de 1905 et présente une structure gothique en brique rouge.

De retour à Carlton Street, dirigez-vous vers l'ouest jusqu'aux limites de Cabbagetown.

Allan Gardens-Tropical Plant Collection ★★ *(entrée libre; lun-ven 9h à 16h, sam-dim et fêtes 10h à 17h; 19 Horticultural Ave.,* ☎*392-1111)*. Délimités par les rues Jarvis, Gerrard, Sherbourne et Carlton, ces jardins à l'ancienne reposent au beau milieu d'un parc situé à la périphérie de Cabbagetown. Parmi les serres du jardin, vous remarquerez la Palm House, une grande serre victorienne construite en 1909. La collection regroupe des

Attraits touristiques

plantes grasses et différentes espèces tropicales. Ce site marque l'emplacement de l'ancienne propriété de George William Allan, avocat et ancien maire de Toronto, qui s'était introduit par alliance au sein du Family Compact.

Circuit J: The Annex

Au nord et à l'ouest de l'intersection de Bloor Street et d'Avenue Road, de même qu'au nord-ouest des rues Dupont et Bathurst, s'étend un secteur qui fut annexé à la ville de Toronto en 1887, et qui porte aujourd'hui à juste titre le nom de «The Annex». Comme il s'agit d'une banlieue conçue sur plan, une certaine homogénéité architecturale y prévaut, tant et si bien que même les pignons, les tourelles et les corniches qui font sa marque s'alignent tous à égale distance de la rue. Ses résidants ont longtemps et durement combattu pour préserver le caractère architectural de The Annex, et, exception faite de quelques tours d'habitations d'une laideur innommable sur St. George Street et Spadina Avenue, leurs efforts ont été passablement récompensés. Le fait que, dans l'ensemble, ce quartier conserve ses airs d'il y a une centaine d'années té-

moigne bien du souci naissant des Torontois quant à la valeur historique de leur environnement.

Partez de l'angle des rues St. George et Bloor, à quelques pas seulement de la station de métro St. George et des locaux du **Bata Shoe Museum** ★★★ *(6$; mar-sam 10h à 17h, jeu jusqu'à 20h, dim 12h à 17h; 327 Bloor St. W, ☎979-7799)*. Ce musée, le premier du genre en Amérique du Nord, renferme 10 000 paires de chaussures et offre une perspective incomparable sur les différentes cultures de la planète. Le bâtiment a été dessiné par l'architecte Raymond Moriyama de manière à ressembler à une boîte à chaussures, et le cuivre oxydé qui orne la bordure du toit vise à créer l'impression d'un couvercle posé sur cette boîte. On distingue ici quatre collections permanentes: «All About Shoes» (tout ce qui a trait aux chaussures), vantée par les uns et les autres comme un riche festin de «couvre-pieds» agrémenté d'histoire, de renseignements futiles et de chaussures ayant appartenu à des gens riches et célèbres; «Inuit Boots: A Woman's Art» (les bottes inuites: un art féminin), qui traite des «Kamiks» et de l'importance d'être chaussé convenablement dans l'Arctique; «The Gentle Step: 19thCentury Women's Shoes» (le pas léger: la

● ATTRAITS

1. Bata Shoe Museum
2. York Club
3. Medical Arts Building
4. First Church of Christ Scientist
5. Casa Loma
6. Spadina
7. Spadina Gardens
8. Walmer Road Baptist Church
9. Church of St.-Alban-the-Martyr
10. Mirvish (Markham) Village

◯ HÉBERGEMENT

1. Amblecote
2. Annex House Bed & Breakfast
3. French Connection Bed & Breakfast
4. Global Guest House
5. Lowther House
6. Madison Manor Boutique Hotel
7. Morning Glory
8. Palmerston Inn
9. Philomena and Dave Bed & Breakfast
10. Terrace House Bed & Breakfast

● RESTAURANTS

1. Dang de Lion Vietnamese Restaurant
2. Future Bakery and Café
3. Goldfish
4. Korea House
5. Le Paradis
6. Nataraj

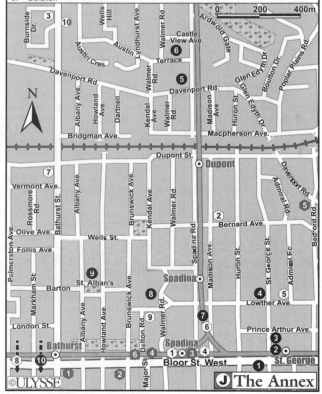

chaussure féminine au XIXe siècle), consacrée à l'évolution de la chaussure féminine à l'aube des temps modernes; et «One, Two, Buckle My Shoe» (un, deux, lace mes souliers) présente des illustrations de chaussures tirées de livres pour enfants. Parmi les plus mémorables pièces exposées, retenons les bottes des astronautes des missions Apollo, les hautes sandales de geisha et une superbe paire d'escarpins en cuir verni ayant appartenu à Elvis Presley.

De biais avec le musée, l'imposant bâtiment en brique rouge et en pierre qui se dresse à l'angle nord-est de l'intersection abrite aujourd'hui le **York Club** ★, mais il s'agissait autrefois d'une résidence privée, construite en 1889 pour l'homme le plus riche de la province à l'époque, soit George Gooderham. C'est d'ailleurs là le plus remarquable exemple d'architecture romane à la Richardson de Toronto. L'architecte David Roberts a également conçu l'unique **Gooderham Building** (voir p 128), communément appelé *Flatiron Building* (fer à repasser), sur Front Street. Le York Club a emménagé dans la maison en 1909, devenant ainsi la première institution séculière à être tolérée dans le quartier.

De l'autre côté de la rue, vous verrez le **Medical Arts Building** *(170 St. George St.)*. Construit en 1929, il se veut le premier édifice en hauteur du quartier. En face, les vestiges d'un mur qui entourait autrefois la propriété du fils de George Gooderham se trouvent désormais sur celle du Royal Canadian Yacht Club. Il va sans dire que ce pavillon urbain fait pendant au pavillon principal du club, situé sur les îles de Toronto. Un autre chef-d'œuvre arborant le style roman de Richardson s'impose à l'angle nord-ouest de St. George Street et de Prince Arthur Avenue. Avec ses grandes arches arrondies et sa tour (couverte de lierre), caractéristiques de ce style, le 180 St. George Street s'offre aux regards. Puis, à l'intersection des rues Lowther et St. George, s'élève la **First Church of Christ Scientist**, la première église de la Science chrétienne de Toronto (1916).

Tournez à droite dans Lowther Avenue puis à gauche par Admiral Road.

Admiral Road est une rue paisible le long de laquelle vous pourrez admirer quelques adorables demeures de The Annex. Un arbre majestueux se dressait autrefois environ à mi-chemin entre Lowther Street et la courbe de Davenport Road, au-delà de Bernard Avenue, ce qui explique le tracé irrégulier de cette artère dans un quartier où toutes les rues épousent un quadrillage parfait.

À St. George Street, prenez sur la droite, puis à gauche dans Dupont Street.

La rue Dupont marque la limite nord de ce quartier annexé à la ville de Toronto en 1887. De beaux grands arbres et des rangées de maisons typiques du secteur bordent cette large avenue.

Marchez vers l'est jusqu'à Spadina Avenue. Tournez à droite et dépassez les voies ferrées de MacPherson Avenue. Une rue plus loin, prenez Walmer Road à droite, traversez Davenport Road et continuez par Walmer Road jusqu'à Austin Terrace et la Casa Loma.

Les Canadiens sont connus pour leur retenue, leur modestie et leur discrétion. Il fallait tout de même une exception à cela: la **Casa Loma** ★ ★ *(10$; tlj 9h30 à 16h; 1 Austin Terrace, ☎923-1171)*, un immense «châ-teau» écossais de 98 pièces construit en 1914 pour l'excentrique colonel Sir Henry Mill Pellatt (1859-1939), qui s'est enrichi en investissant dans les compagnies d'électricité et de transport. Pellatt possédait entre autres les tramways de São Paolo, au Brésil! Sa demeure palatiale, dessinée par l'architecte du vieil hôtel de ville de Toronto, E.J. Lennox, comprend un vaste hall doté d'un orgue à tuyaux et pouvant accueillir plus de 500 invités, une bibliothèque de 100 000 volumes et un cellier souterrain. Au cours de la visite auto-guidée, on repérera plusieurs passages secrets et pièces à la dérobée. Du sommet des tours, on y a de belles vues du centre de Toronto.

Casa Loma

À l'est de la Casa Loma, au sommet de la colline Davenport, accessible par les Baldwin Steps (escalier Baldwin), se trouve **Spadina ★** *(5$; mar-ven 12h à 17h; 285 Spadina Rd.,* ☎*392-6910)*, une autre maison-musée de la haute société torontoise, moins vaste que la Casa Loma mais sûrement plus enrichissante pour qui veut s'imprégner de l'ambiance de la Belle Époque au Canada. Construite en 1866 pour James Austin, premier président de la banque Toronto Dominion, elle comprend notamment un solarium à la végétation luxuriante et un charmant jardin victorien, en fleurs de mai à septembre. La demeure, maintes fois modifiée, présente de curieuses avancées vitrées qui permettaient à ses propriétaires de jouir de vues panoramiques sur les environs, que les Amérindiens auraient baptisés il y a longtemps *Espadinong*, déformé par les Anglais en *Spadina*. Depuis le départ en 1982 du dernier membre de la famille Austin, les guides de Heritage Toronto font faire le tour du domaine aux visiteurs.

Retournez maintenant à The Annex à proprement parler en suivant Spadina Avenue jusqu'à Lowther Avenue.

À titre d'artère principale de The Annex, l'avenue Spadina fut l'une des premières voies à attirer l'attention des promoteurs immobiliers qui, après la Deuxième Guerre mondiale, y plantèrent d'assez horribles immeubles résidentiels plus ou moins cubiques de style international. Immédiatement au sud de Lowther, cependant, un édifice regroupant plusieurs appartements mérite votre attention, soit le **Spadina Gardens** *(41-45 Spadina Ave.)*; construit en 1906, il demeure en effet le plus chic de tous les immeubles de l'avenue, et ce, malgré de récents efforts en vue de l'éclipser.

Poursuivez vers l'ouest par Lowther Avenue puis vers le nord par Walmer Road.

La **Walmer Road Baptist Church** *(188 Lowther Ave.)* fut à une certaine époque la plus grande du genre au Canada. Elle a été fondée par l'oncle de Lawren S. Harris, un artiste du Groupe des Sept (voir p 47). La sinueuse Walmer Road figure parmi les artères les plus pittoresques et les plus prestigieuses de The Annex. Elle s'enorgueillit par ailleurs de quelques maisons typiques de ce quartier, notamment les nos 53 ,83 et 85 ainsi que le grandiose no 109.

Terminez votre balade dans le secteur en empruntant Bernard Avenue vers l'ouest, en faisant le tour du parc, en longeant Wells Street et en descendant

Howland Avenue jusqu'à la rue Bloor. Seul le chœur de la **Church of St. Alban-the-Martyr** ★ *(juste avant St. Alban's Square)*, soit un quart seulement de la cathédrale qu'on prévoyait ériger ici, fut achevé avant que les fonds ne viennent à manquer en 1891. Cette cathédrale devait être l'église mère du diocèse de Toronto, un honneur qui échut plus tard à la St. James Cathedral (voir p 134).

Une fois rendu sur Bloor Street, tournez à droite, et marchez jusqu'aux Honest Ed's et Mirvish Village.

Ed Mirvish est un homme d'initiative. Originaire de la Virginie, aux États-Unis, sa famille déménagea à Toronto alors qu'il était âgé de neuf ans. Lorsqu'il en eut 15, son père mourut, et Ed prit la tête de l'épicerie familiale. Par la suite, les entreprises personnelles de vente au détail de Mirvish allaient cependant prendre beaucoup plus d'ampleur. Criard, et pourtant savoureux sous la splendeur de ses néons, le porte-flambeau de ses commerces de vente à rabais, **Honest Ed's** *(581 Bathurst St.)*, a ouvert ses portes tout juste au sud de la rue Bloor il y a maintenant plus de 40 ans, et, depuis lors, les volumes importants et les marges bénéficiaires restreintes ont servi de fondement à son entreprise. Ses clients profitent au quotidien de «prix à tout casser» et peuvent par exemple se procurer une bouteille de Coca-Cola de deux litres pour 5¢! Lorsque les lois sur le zonage empêchèrent Mirvish de raser les grandes résidences décrépites de Markham Street, derrière son magasin, il en fit le **Mirvish (Markham) Village**, et les bâtiments en cause abritent désormais des galeries d'art et des librairies. Ed Mirvish jouit également d'une certaine réputation de philanthrope, puisque son intérêt grandissant pour la musique, le ballet et le théâtre l'ont incité à sauver l'historique Royal Alexandra Theatre en 1963 de même qu'à acheter et à restaurer l'Old Vic de Londres, en Angleterre. Son fils David dirige maintenant le **Royal Alex** (voir p 116), et, ensemble, ils ont construit un théâtre, **The Princess of Wales Theatre** (voir p 292), spécialement voué à la présentation de la comédie musicale *Miss Saigon*.

Circuit K: Rosedale, Forest Hill et le nord de Toronto

Ce circuit permet de découvrir deux joyaux aux abords de la rivière Don, l'Ontario Science Centre et le Todmorden Mills Park, avant de poursuivre vers l'ouest, où s'étendent les riches quartiers résidentiels de Rosedale et de Forest Hill, le tout couronné d'un assortiment d'attraits dignes de mention au nord de la ville.

L'**Ontario Science Centre** ★★★ *(12$; juil et août tlj 10h à 18h, sept à juin tlj 10h à 17h; 770 Don Mills Rd.,* ☎*429-4100, www.osc.on.ca)* a attiré plus de 30 millions de personnes depuis son ouverture, le 27 septembre 1969. Conçu par l'architecte Raymond Moriyama, il abrite 800 expositions différentes. Ce qui est particulier à l'Ontario Science Centre et ce qui le rend par la même occasion si intéressant, ce sont les diverses démonstrations et expériences auxquelles vous pouvez vous prêter afin de mieux comprendre comment fonctionne notre univers. Les expositions interactives sont réparties sous 12 catégories: The Living Earth, Space, Sport, Communication, Food, A Question of Truth, The Information Highway, Technology/Transportation, The Human Body, Science Arcade, Matter, Energy and Change, Earth. L'Ontario Science Centre offre plusieurs démonstrations gratuites. Celle consacrée à l'électricité vous fera dresser les cheveux sur la tête. La chimie se concentre de son côté sur les effets de la cryogénie. Le planétarium Starlab vous transporte aux quatre coins de notre galaxie. Vous pourrez apprendre à fabriquer votre propre papier ainsi que constater l'évolution et l'impact de l'imprimerie sur l'histoire de l'humanité. Il y a même une fonderie sur place où vous pouvez observer les différentes étapes de la fabrication d'objets en métal, et finalement vous découvrirez les nombreuses applications du laser dans notre monde actuel. Depuis 1996, l'Ontario Science Centre abrite également un cinéma à écran bombé. En effet, l'Omnimax, une version améliorée du cinéma Imax, peut recevoir 320 personnes sous un énorme dôme de 24 m de diamètre doté d'une sonorisation haute-fidélité (réservations nécessaires; billetterie: ☎696-1000).

Empruntez Don Mills Road vers le sud jusqu'à la Don Valley Parkway, que vous suivrez également en direction du sud jusqu'à la sortie de Todmorden Mills.

Le **Todmorden Mills Heritage Museum** ★ *(3$; mai à sept, mar-ven 11h à 16h30, sam-dim et jours fériés 12h à 17h; oct à déc, lun-ven 10h à 16h; 67 Pottery Rd.,* ☎*396-2819)* se présente comme un musée à ciel ouvert regroupant deux maisons restaurées de l'époque de la Confédération (1867), une ancienne brasserie et l'Old Don Train Station, une gare

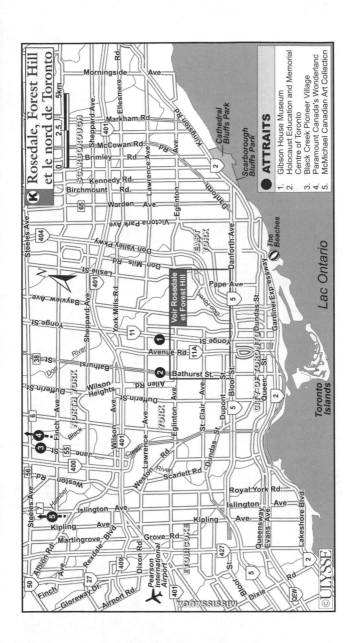

Rosedale, Forest Hill et le nord de Toronto

ATTRAITS

1. Gibson House Museum
2. Holocaust Education and Memorial Centre of Toronto
3. Black Creek Pioneer Village
4. Paramount Canada's Wonderland
5. McMichael Canadian Art Collection

Cathedral Bluffs Park
Scarborough Bluffs Park

The Beaches

Lac Ontario

Toronto Islands

Voir Rosedale et Forest Hill

SCARBOROUGH

NORTH YORK

YORK

CITY OF TORONTO

EAST YORK

ETOBICOKE

MISSISSAUGA

Pearson International Airport

© ULYSSE

ferroviaire autrefois utilisée par le Canadien National et le Canadien Pacifique. La localité de Todmorden Mills, qui se trouve sur la rivière Don, était jadis habitée par des immigrants de Todmorden Mills, en Angleterre; le parc qui entoure le musée se prête merveilleusement bien aux pique-niques.

Filez vers l'ouest jusqu'à Rosedale, accessible par Castle Frank Road.

L'un des quartiers les plus distingués et les plus riches de Toronto s'étend tout juste au nord du centre-ville. Le secteur de **Rosedale** n'a pas toujours été convoité. En effet, les nantis que les promoteurs immobiliers cherchaient à attirer ici estimaient au départ que Rosedale se trouvait *«trop isolé, trop loin de la ville»* et qu'il serait *«difficile de trouver des domestiques disposés à s'y rendre»*. Aussi la majorité des résidences n'y ont-elles été construites qu'au début du XXe siècle et, pour la plupart, par de nouveaux riches de la petite bourgeoisie, bien que certains noms plus éminents se soient aussi retrouvés dans les registres de Rosedale, entres autres les Osler, Gooderham, Darling et Small.

Rosedale fut ainsi nommée en l'honneur de l'épouse de Jarvis, Mary, qui tirait grand plaisir des roses sauvages poussant autour de leur villa, elle-même baptisée «Rosedale». Conçue de manière à surplomber le vallon, la résidence finit par être démolie en 1905. Après la mort de Mary, dans les années 1850, Jarvis traça Park Road et commença à morceler son domaine pour le vendre en lots. Les grands propriétaires voisins lui emboîtèrent le pas, et, peu à peu, on vit surgir ici et là quelques maisons. Puis, même lorsque Rosedale commença à prendre de l'ampleur au début du XXe siècle, la tendance à vendre ne s'amoindrit nullement, de sorte que le morcellement des terres se poursuivit au fur et à mesure que se multiplièrent les nouveaux venus. C'est pour cette raison que beaucoup de maisons de Rosedale sont aujourd'hui construites très près les unes des autres, et même très près de la rue. Dans la foulée, on comprend aisément l'absence d'homogénéité architecturale qui y règne, des constructions de styles tout à fait différents se côtoyant volontiers. Une promenade le long des plus belles rues du quartier constitue dès lors une excellente occasion d'admirer un large éventail des architectures résidentielles les plus charmantes de Toronto.

La propriété qui s'étend au nord de la rue Bloor fut réservée par le gouverneur

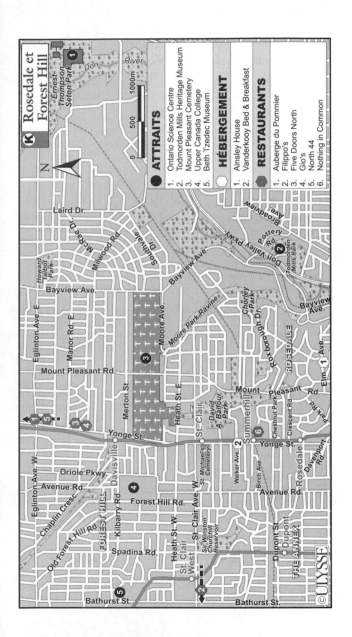

Rosedale et Forest Hill K

ATTRAITS ●

1. Ontario Science Centre
2. Todmorden Mills Heritage Museum
3. Mount Pleasant Cemetery
4. Upper Canada College
5. Beth Tzedec Museum

HÉBERGEMENT ⬡

1. Ainsley House
2. Vanderkooy Bed & Breakfast

RESTAURANTS ⬡

1. Auberge du Pommier
2. Filippo's
3. Five Doors North
4. Gio's
5. North 44
6. Nothing in Common

© ULYSSE

John Graves Simcoe en 1793, au moment où il traça les plans de la municipalité de York. Il lui donna le nom de «Frank», en l'honneur de son fils, et y fit construire une maison qu'il baptisa «Castle Frank». La demeure a été ravagée par un incendie en 1829 après avoir été abandonnée par Simcoe, rappelé en Angleterre en 1797. Cette portion de Rosedale appartenait à l'origine à Francis Cayley, qui avait donné à son domaine de 49 ha le nom de «Drumsnab». Cette propriété fut peu à peu morcelée par les spéculateurs, mais la maison (érigée en 1834 et pourvue d'ajouts en 1856 et en 1908) subsiste toujours. Elle constitue d'ailleurs la plus ancienne construction privée à vocation résidentielle de Toronto.

Empruntez Castle Frank Road jusqu'à Elm Avenue.

Edgar Jarvis, le neveu du shérif Jarvis, aménagea l'avenue Elm alors que Rosedale commençait à peine à se développer. Il la borda d'ormes et y construisit une belle demeure dans l'espoir d'attirer des acheteurs. Sa maison est toujours là, tout au bout de la rue. Avant de l'atteindre, toutefois, remarquez le n° 27 de la rue Sherbourne, un lot que Jarvis parvint à vendre à la riche famille Gooderham, distillateurs de renom. Cette

maison est en fait la deuxième à avoir été construite à cet endroit, la première ayant été démolie.

À l'approche de Mount Pleasant Road, l'école privée pour jeunes filles qu'est le Branksome Hall se dresse sur votre droite. Le bâtiment principal se trouve cependant de l'autre côté du Mount Pleasant; il s'agit de l'ancienne résidence d'Edgar Jarvis lui-même, érigée en 1866. Cette jolie construction italianisante faisait jadis face à Park Road et servait de point de vente à Jarvis.

Montez Mount Pleasant Road et tournez à gauche par South Drive puis de nouveau à gauche par Park Road.

Au 124 Park Road surgit la première maison construite sur la propriété morcelée en lots du shérif Jarvis. Au moment de son érection en 1855, cette gracieuse georgienne entourée d'une véranda ne comptait qu'un seul étage.

Poursuivez par Park Road et tournez à droite par Avondale Road.

La première intersection marque l'endroit, sur la gauche, où se dressait la villa Rosedale du shérif Jarvis. Elle fut bâtie en 1821, et Jarvis y emménagea en 1824, après quoi il y vécut jusqu'à la mort de son épouse, en 1852. Elle fut malheureusement démolie en 1905.

Crescent Road était du nombre des sept voies sinueuses tracées par Jarvis au moment de morceler sa propriété en lots. Longez cette artère par la droite jusqu'à ce que vous retrouviez Mount Pleasant Road.

Remontez Mount Pleasant Road jusqu'au Mount Pleasant Cemetery.

Le premier cimetière non confessionnel de Toronto fut le Potter's Field, à l'angle nord-ouest de Bloor Street et de Yonge Street. L'expansion de la voisine Yorkville fit que l'espace vint à y manquer, de sorte que les dépouilles mortelles ensevelies ici furent transportées à la nouvelle nécropole, tout près de la rivière Don (voir p 171). Mais la nécropole elle-même finit par être débordée, et c'est alors qu'on créa, en 1876, le **Mount Pleasant Cemetery** *(délimité par Yonge St., Bayview Ave., Moore Ave. et Merton St.).* La beauté de ses aménagements paysagers a tôt fait de le classer parmi les attraits de Toronto, et il demeure encore aujourd'hui un endroit serein et agréable à l'œil où il fait bon passer un moment de réflexion contemplative. Il s'enorgueillit d'un extraordinaire arboretum peuplé

d'espèces aussi bien indigènes qu'importées dont la majorité est identifiée, de même que de certaines réalisations architecturales remarquables. Son développement s'étant effectué d'ouest en est, la plupart des personnages historiques sont enterrés à proximité de la rue Yonge. Parmi les notables séjournant pour l'éternité au Mount Pleasant, retenons William Lyon Mackenzie King, le premier ministre le plus longtemps en poste du Canada, Frederick Banting et Charles Best, qui ensemble ont découvert l'insuline, Glenn Gould, le pianiste classique de renommée internationale, et Foster Hewitt, le commentateur de hockey qui immortalisa en anglais la phrase désormais célèbre «*He shoots, he scores!*» (Il lance et compte!). Les mausolées des familles Eaton et Massey s'imposent sans doute comme les plus impressionnants du cimetière, le premier étant fait de granite importé d'Écosse et le second ayant été conçu par E.J. Lennox.

En poursuivant votre route par Mount Pleasant Road en direction de North York, faites un crochet par **Forest Hill**, l'autre quartier résidentiel huppé de Toronto.

Prenez Heath Street jusqu'à Forest Hill Road, puis tournez à droite.

Banting et les autres

Frederick Grant Banting (1891-1941) termina ses études de médecine à l'université de Toronto et établit sa pratique chirurgicale à London, Ontario, complétant ses revenus à l'aide d'un poste de chargé de travaux pratiques en médecine à l'University of Western Ontario, à London. Par une journée d'automne en 1920, Banting, chirurgien sans expérience de la recherche, lut un article sur le pancréas. La nuit même, il nota quelques idées au sujet d'une méthode qui pourrait permettre d'isoler la composante antidiabétique du pancréas.

Il retourna à l'université de Toronto en 1922, pour continuer ses expériences sur le pancréas. Sous la direction de J.R.R. MacLeod, chef du département de physiologie de l'université de Toronto, Frederick Banting et Charles Best, un étudiant de deuxième cycle, réussirent à isoler l'insuline avant la fin de l'été. Pour sa part, le docteur Charles Collip mit au point un procédé qui permettait de raffiner et de traiter l'insuline en quantité suffisante pour des essais cliniques sur des humains. Les résultats furent inestimables pour les diabétiques qui connurent une nouvelle vie grâce à l'insuline.

En 1923, le prix Nobel de médecine fut décerné au discret Dr. Frederick Banting et à son chef de laboratoire, J.R.R. MacLeod. Comme leur découverte et la mise au point du procédé clinique furent un travail d'équipe, ils tinrent à partager leur honneur avec leurs collaborateurs. Banting partagea sa part avec Best alors que MacLeod fit de même avec Collip.

Le Dr Banting continua ses recherches et coordonna les travaux nationaux de recherche médicale en temps de guerre. Malheureusement un accident d'avion à Terre-Neuve lui coûta la vie en 1941.

Le village de Forest Hill a été constitué en municipalité en 1923 et fusionné à la ville de Toronto en 1968. Il marqua un tournant mémorable dans la petite histoire de Toronto lorsque, en 1982, la municipalité cessa de cueillir les ordures ménagères dans les cours arrière des résidences, les déchets devant désormais être déposés sur les trottoirs, devant les maisons! Forest Hill a toujours été le jardin de Torontois riches et influents, la plupart occupant d'étonnantes maisons néo-georgiennes posées comme il se doit sur de grands terrains.

Suivez Forest Hill Road jusqu'à Old Forest Hill Road.

Du côté droit de Forest Hill Road, entre Lonsdale Road et Kilbarry Road, se dresse l'une des écoles privées pour garçons les plus respectées du Canada, l'**Upper Canada College**. Les salles auréolées de cet établissement ont vu grandir certains des plus grandes sommités

canadiennes, y compris les auteurs Stephen Leacock et Robertson Davies.

Prenez Kilbarry Road à gauche, puis Old Forest Hill Road à droite.

Forest Hill Road, artère sinueuse, jadis un sentier amérindien, est flanquée, de part et d'autre, de certaines des plus élégantes résidences de Forest Hill. Poursuivez jusqu'à Eglinton Avenue, à la limite nord du quartier. Si l'envie de faire quelques achats vous tenaille, descendez Spadina Road en direction de St. Clair Avenue.

Le **Beth Tzedec Museum** *(entrée libre; lun, mer-jeu 11h à 13h et 14h à 17h; dim 10h à 14h; 1700 Bathurst St.,* ☎ *781-3511)* recèle plusieurs trésors à la fois étranges et amusants en rapport avec la culture juive, et il mérite sans contredit une visite si vous vous trouvez dans les parages. Il loge à l'intérieur d'une synagogue moderne du même nom.

Poursuivez vers le nord par Bathurst Street jusqu'à l'autoroute 401, que vous emprunterez vers l'est jusqu'à Yonge Street afin de visiter la Gibson House.

Gibson House Museum *(2,75$; mar-ven 9h30 à 16h30, sam-dim et fêtes 12h à 17h; 5172 Yonge St., métro North York Centre,* ☎*395-7432).* David Gibson, un géomètre et politicien local, vécut avec sa famille dans cette maison de North York vers le milieu du XIXᵉ siècle. Gibson était un fervent partisan de William Lyon Mackenzie King, ce qui lui valut d'être exilé aux États-Unis en 1837. Il construisit cette maison à son retour d'exil après avoir constaté que sa première demeure avait été incendiée par les partisans du Family Compact. À cette époque, tout n'était ici que terres cultivées et champs ondulants à perte de vue. La maison a retrouvé son éclat d'antan, et des guides en costumes d'époque font revivre pour les visiteurs la vie de la famille Gibson en ces lieux.

Prenez vers l'ouest l'autoroute 401, puis sortez à Bathurst Street, que vous emprunterez vers le nord.

L'Holocaust Education & Memorial Centre of Toronto *(entrée libre, dons appréciés; mar-jeu 9h à 16h, ven 9h à 15h, dim 11h30 à 16h30; 4600 Bathurst St.,* ☎*635-2883)* est un émou-

vant musée qui rend hommage aux difficultés rencontrées par les Juifs européens au cours de la Seconde Guerre mondiale. Les vitrines sur la vie des Juifs de l'Europe pré-nazie s'avèrent particulièrement poignantes.

Continuez vers le nord par Bathurst Street jusqu'à Finch Avenue, que vous prendrez vers l'ouest jusqu'à Jane Street.

Le **Black Creek Pioneer Village** ★ *(9$; mai à déc lun-ven 10h à 17h, sam-dim et jours fériés 9h30 à 16h; 1000 Murray Ross Parkway, angle Jane St. et Steeles Ave. W.,* ☎*736-1733; du métro Finch, prenez l'autobus 60 jusqu'à Jane St.)* se trouve à environ 30 min du centre-ville. Les bâtiments d'époque de ce village de pionniers comprennent un authentique moulin des années 1840, doté d'une meule de quatre tonnes actionnée par une roue à aubes qui moud jusqu'à 100 barils de farine par jour, un magasin général, une mairie, une imprimerie et une forge. Tous s'animent de personnages amicaux qui vaquent à leurs occupations, qui coulant des bougies, qui tondant des moutons ou préparant des produits de boulangerie que vous pouvez goûter. En été, profitez-en pour faire un tour de chariot tiré par des chevaux et, en hiver, adonnez-vous au patin à glace, aux descentes en toboggan ou aux promenades en traîneau.

Remontez Jane Street vers le nord jusqu'à Rutherford Road.

Premier du genre au pays, **Paramount Canada's Wonderland** ★★ *(laissez-passer d'une journée 44,99$; mai, sept et début oct sam-dim 10h à 20h; juin à la fête du Travail tlj 10h à 22h, 9580 Jane St., Vaughan, ☎905-832-7000; à 30 min du centre-ville, sortie Rutherford de l'autoroute 400, suivez les indications; du métro Yorkdale ou York Mills, prenez l'autobus express spécialement marqué GO; www. canadaswonderland.com)* est l'endroit tout indiqué si vous disposez d'une journée libre et que vous désiriez faire plaisir à vos enfants. Parmi les manèges à vous mettre sans dessus dessous, retenons le Vortex, soit les seules montagnes russes suspendues au Canada, et le célèbre Days of Thunder, qui vous met au volant d'un stock-car le temps d'une course simu-

lée. Vous trouverez également ici un parc aquatique, le Splash Works, qui compte 16 manèges et toboggans, sans oublier les spectacles du nouveau **Kingswood Theatre** *(☎905-832-8131)*. Acquis par Paramount, le site est parcouru par des personnages de Star Trek et d'autres vedettes appréciées des Canadiens, tels Scooby Doo et Fred Flinstone. Les restaurants aménagés sur les lieux ne feront peut-être pas votre bonheur, de sorte que vous feriez bien de songer à emporter vos provisions.

La collection d'art canadien McMichael de Kleinberg s'offre à vous à environ 45 min au nord du centre-ville de Toronto.

Paisible hameau à la limite de la grande banlieue de Toronto, **Kleinberg** attire essentiellement les visiteurs en raison du **McMichael Canadian Art Collection** ★★★

Attraits touristiques

McMichael Canadian Art Collection

(12$; tlj 10h à 16h; prenez l'autoroute 400, puis suivez Major Mackenzie Dr. jusqu'à Islington Ave., 10365 Islington Ave., ☎905-893-1121 ou 888-213-1121), qui renferme l'une des plus belles collections d'art canadien et autochtone du Canada. Une superbe maison en rondins et en pierre, construite autour des années 1950 pour les McMichael, abrite le musée. Grands amateurs d'art, les McMichael commencèrent à collectionner des toiles de grands maîtres canadiens, aujourd'hui au cœur de la collection du musée. Les galeries, vastes et claires, présentent une fort belle rétrospective des œuvres de Tom Thomson ainsi que du Groupe des Sept.

La visite, essentiellement contemplative, vous donnera l'occasion d'admirer quelques-uns des plus beaux tableaux de ces peintres qui se sont efforcés de reproduire et d'interpréter à leur façon la nature ontarienne. Une place est également faite aux œuvres d'artistes inuits et autochtones, notamment le peintre d'origine ojibwé Norval Morrisseau, qui a su créer son propre style, dit «pictographique».

Circuit L: L'est de Toronto

The Beaches

Si nous disons «The Beaches», c'est par souci de clarté et de conformité, et peut-être aussi par égard pour le tourisme. Mais d'un point de vue rigoureusement historique, force nous est de reconnaître que les Torontois de longue date témoignent d'un attachement presque féroce pour ce qu'ils considèrent être le véritable nom de ce quartier, soit «The Beach» (la plage). Cela dit, les plages s'étendent vers l'ouest de la Woodbine Race Track (hippodrome) à la R.C. Harris Filtration Plant (usine de filtration d'eau) et, vers le nord, du lac Ontario à Kingston Road.

En 1853, le soldat anglais Joseph Williams établit son domaine en ces lieux et le baptisa «Kew Farms», nom qu'il devait par la suite changer en «Kew Gardens» en 1879, soit à l'époque où sa ferme devint un parc grandement convoité par les Torontois en quête d'un répit face au rythme trépidant de la vie urbaine. Ces mêmes citadins ne tardèrent

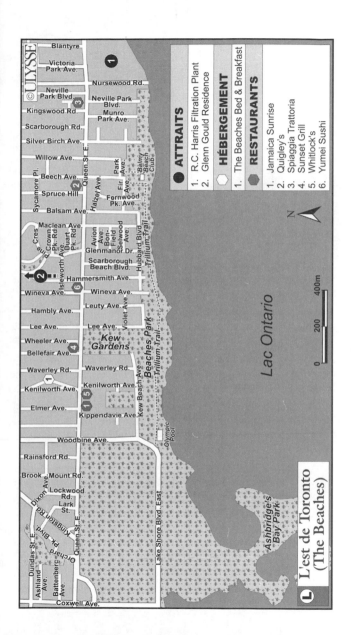

L'est de Toronto
(The Beaches)

ATTRAITS
1. R.C. Harris Filtration Plant
2. Glenn Gould Residence

HÉBERGEMENT
1. The Beaches Bed & Breakfast

RESTAURANTS
1. Jamaica Sunrise
2. Quigley's
3. Spiaggia Trattoria
4. Sunset Grill
5. Whitlock's
6. Yumei Sushi

Lac Ontario

ULYSSE

N

0   200   400m

d'ailleurs pas à y construire des cottages, et vous noterez que beaucoup des maisons actuelles du voisinage sont bel et bien d'anciennes résidences d'été transformées en habitations permanentes. Le meilleur argument en faveur d'une appellation plurielle des lieux («les plages» plutôt que «la plage») tient sans doute du fait qu'à l'époque il y avait de fait trois plages: la Kew Beach à l'ouest, le Scarboro Beach Park au centre et la Balmy Beach à l'est.

Prenez le tramway 501 vers l'est, sur Queen Street, jusqu'à Woodbine Avenue.

La plage elle-même vous réserve d'agréables moments. Une jolie promenade en bois la parcourt sur toute sa longueur, tout comme d'ailleurs la **Trillium Trail**, une piste cyclable sur laquelle se retrouvent aussi les amateurs de jogging. Un club de tennis, un club de crosse et un club de bowling sur gazon ont tous leurs installations en face de la plage. Quant à l'espace vert qui se trouve sur votre gauche, il finit par s'élargir à Kew Gardens, qui lui-même s'étend jusqu'à Queen Street East. Enfin, sur Lee Avenue, qui avoisine le parc à l'est, se dresse la maison construite par Kew Williams, le fils de Joseph, au n° 30.

Si la perspective du sable chaud et du soleil radieux sur fond de vagues étincelantes berçant les voiliers à l'horizon vous enchante, n'hésitez pas un instant à foncer vers la plage. La promenade se rend jusqu'à Silver Birch Avenue et le Balmy Beach Canoe Club. De là, laissez le sable s'infiltrer entre vos orteils, et marchez sur une distance de quelques rues jusqu'à la **R.C. Harris Filtration Plant**. Cette usine de filtration des eaux figure parmi les bâtiments les plus évocateurs de Toronto, à tel point que d'aucuns y voient le plus vénérable exemple d'«ingénierie faite art» de la ville.

Remontez Queen Street East et dirigez-vous vers l'ouest pour vous imprégner un peu plus encore du mode de vie de The Beaches, lieu ponctué de boutiques de surf et de cafés-terrasses. L'endroit est tout indiqué pour faire du lèche-vitrine.

Une fois rendu sur Glen Manor Drive, tournez à droite, et poursuivez jusqu'à Southwood Drive. Le pianiste Glenn Gould habitait le quartier jusqu'à la fin de sa vingtaine, et la maison de ses parents, au 32 Southland Drive, est identifiée par une plaque commémorative.

Scarborough

Une visite de Scarborough, vous demandez-vous? Il est malheureusement vrai que la réputation de cette municipalité de l'agglomération urbaine de Toronto, qu'on affuble même parfois du surnom de «Scarberia» (par analogie avec la Sibérie), la précède. Votre hésitation se comprend donc très bien. Néanmoins, malgré ses bungalows sans distinction particulière, cette ville s'impose comme le berceau du spectaculaire Jardin zoologique de la grande région torontoise, sans parler de ses majestueuses falaises grises, qui lui ont d'ailleurs valu son nom (Elizabeth Simcoe, l'épouse de John Simcoe, trouvait qu'elles ressemblaient à celles de la Scarborough anglaise).

Quatre splendides parcs donnent accès à ces falaises de légende, ici connues sous le nom de Bluffs: le Bluffers West Park, le Scarborough Bluffs Park, le Bluffers Park et le Cathedral Bluffs Park. Chacun d'eux offre des panoramas du lac Ontario à couper le souffle, mais aussi une foule de possibilités en ce qui a trait aux activités de plein air (voir p 208).

Depuis les falaises, empruntez Brimley Road vers le nord en direction du centre de Scarborough.

Le **Scarborough Historical Museum** *(2,50$; avr à juin et sept à mi-déc lun-ven 10h à 16h, juil et août, mer-dim 12h à 16h; Thomson Memorial Park, 1007 Brimley Rd., ☎431-3441)*, à ciel ouvert, regroupe des bâtiments historiques de même qu'une annexe renfermant des vitrines d'exposition. La Cornell House (1858) évoque la vie rurale du début du XXᵉ siècle; la McGowan Log House se veut pour sa part le témoin d'une époque plus ancienne encore, celle des pionniers des années 1850; enfin, la Hough Carriage Works se présente comme une authentique fabrique de calèches du XIXᵉ siècle.

En continuant par Brimley Road, vous atteindrez, tout juste au nord d'Ellesmere Road, le centre de la ville de Scarborough. Dans un effort visant en partie à redorer son blason, le centre-ville a été conçu vers la fin des années 1960 dans la foulée du dévoilement du nouvel hôtel de ville et de la nouvelle image de marque de Toronto. L'architecte Raymond Moriyama a ainsi dessiné l'exceptionnel **Scarborough Civic Centre**, dotant par le fait même la ville d'un point de mire central. Les opinions varient quant à l'effet produit par cette construction, mais elle n'en reste pas moins un endroit animé avec son grand square.

Pour atteindre le zoo, suivez McGowan Road jusqu'à Finch Avenue, puis dirigez-vous vers l'est. Poursuivez par Old Finch Road jusqu'à Meadowvale Drive et prenez vers le sud jusqu'à l'entrée.

Pour une balade dépaysante à souhait dans la région, il faut se rendre au **Jardin zoologique de Toronto ★★** *(15$; mars à mai 9h à 18h, sept et oct 9h à 18h, nov à fév 9h30 à 16h30; suivez l'autoroute 401 jusqu'à la sortie 389, puis prenez Meadowvale Dr., ☎392-5900, www.toronto zoo.com)*, où vous pourrez observer quelque 5 000 animaux tout en profitant d'un magnifique parc de près de 300 ha. Vous aurez la chance d'y voir des animaux de tous les coins du globe. La visite du pavillon d'Afrique s'avérera particulièrement intéressante, car il s'agit d'une grande serre dans laquelle le climat et la végétation de ce continent ont été recréés. Bien sûr, la faune canadienne est aussi à l'honneur, et plusieurs espèces pouvant s'adapter au climat d'ici s'ébattent librement dans de vastes enclos.

Circuit M: Les chutes du Niagara

Ce circuit aborde la région située à l'ouest de la rivière Niagara, qui forme la frontière avec les États-Unis et dont le contrôle était autrefois impératif afin d'assurer la navigation sur les lacs Ontario et Érié. Deux forts y avaient d'ailleurs été érigés, dont un à Niagara-on-the-Lake, et ils gardent encore chaque extrémité de la rivière. Aujourd'hui, cette région est surtout connue pour ses vignes et ses vergers, ainsi que pour un site naturel extraordinaire, les chutes du Niagara, qui n'ont cessé d'ébahir les jeunes et les moins jeunes, les amoureux et les intrépides depuis des décennies.

De Toronto, il suffit de prendre la Queen Elizabeth Way (QEW), qui se rend jusqu'à St. Catharines, puis de suivre la route 87 jusqu'à Niagara-on-the-Lake.

Niagara-on-the-Lake

L'histoire de Niagara-on-the-Lake remonte à la fin du XVIIIe siècle, alors que la ville se nomme Newark et qu'elle est choisie, de 1791 à 1796, pour être la capitale

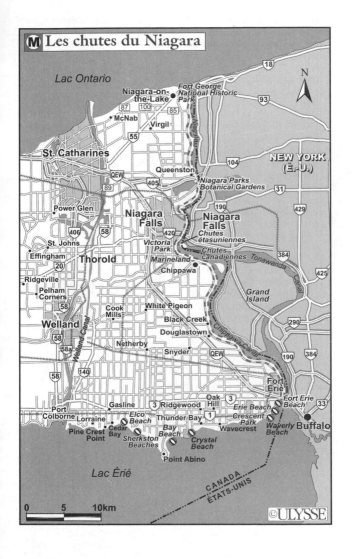

Les chutes du Niagara

Lac Ontario

Niagara-on-the-Lake

Fort George National Historic Park

McNab

Virgil

St. Catharines

Queenston

Niagara Parks Botanical Gardens

NEW YORK (É.-U.)

Power Glen

Niagara Falls

Niagara Falls

Chutes étasuniennes

Chutes canadiennes

St. Johns

Effingham

Thorold

Victoria Park

Marineland

Chippawa

Tonawanda Canal

Ridgeville

Pelham Corners

Grand Island

Cook Mills

White Pigeon

Black Creek

Welland

Welland Canal

Netherby

Douglastown

Snyder

QEW

Chippawa Canal

Fort Erie

Port Colborne

Gasline

Ridgewood

Oak Hill

Erie Beach

Fort Erie Beach

Lorraine

Elco Beach

Thunder Bay

Crescent Park

Waverly Beach

Buffalo

Pine Crest Point

Cedar Bay

Bay Beach

Wavecrest

Sherkston Beaches

Crystal Beach

Point Abino

Lac Érié

CANADA
ÉTATS-UNIS

0   5   10km

©ULYSSE

du Haut-Canada. Il ne reste cependant rien de cette époque, car, au cours de la guerre de 1812, qui opposa les colonies britanniques aux États-Unis, elle est incendiée. Au lendemain de cette invasion, la ville est reconstruite, et d'élégantes demeures de style anglais y sont alors érigées, lesquelles ont été merveilleusement bien conservées et confèrent encore aujourd'hui un grand charme à ce village situé à l'embouchure de la rivière Niagara. Ces résidences, dont certaines ont été reconverties en auberges élégantes, accueillent chaque année des vacanciers venus profiter de l'atmosphère très anglaise de la ville ou assister à l'une des représentations théâtrales du réputé festival Shaw (voir p 301).

Au lendemain de la guerre d'Indépendance américaine, les Britanniques cèdent le Fort Niagara, qui s'élève du côté est de la rivière; aussi, pour assurer la protection des colonies demeurées britanniques, les autorités envisagent-elles la construction d'un autre fort. De 1797 à 1799, le Fort George est construit du côté ouest de la rivière. Quelques années s'écoulent à peine avant que les deux pays n'entrent de nouveau en guerre. En 1812, le conflit éclate, et la région de Niagara-on-the-Lake, frontalière avec les États-Unis, est

au cœur des hostilités. Le Fort George est alors conquis, puis détruit en 1813. Il est cependant reconstruit en 1815.

Aujourd'hui, il est possible de visiter ces installations en se rendant au **Lieu historique national du Fort-George** ★ *(6$; tlj 10h à 17h; 26 Queen's Parade, ☎905-468-4257)*, le fort ayant été restauré. Dans l'enceinte, vous pourrez découvrir entre autres les quartiers des officiers, la salle des gardes et les casernes.

Vous pourrez aussi visiter la belle **maison McFarland** *(2,50$; mi-avr à juin tlj 10h à 16h; juil et août dim-jeu 10h à 17h, ven-sam 10h à 20h; sept tlj 11h à 16h; oct ven-dim 11h à 16h; reste de l'année sur réservation; Niagara Parkway S., 2 km au sud de la ville, ☎905-468-3322)*, de style georgien, qui fut bâtie en 1800 pour James McFarland et qui est encore garnie de meubles datant des années 1800 à 1840.

La région de Niagara-on-the-Lake compte plusieurs **vignobles**, et, tout au long de la route, vous apercevrez ces vastes champs zébrés. Certains producteurs proposent des visites de leurs installations. En voici quelques-uns:

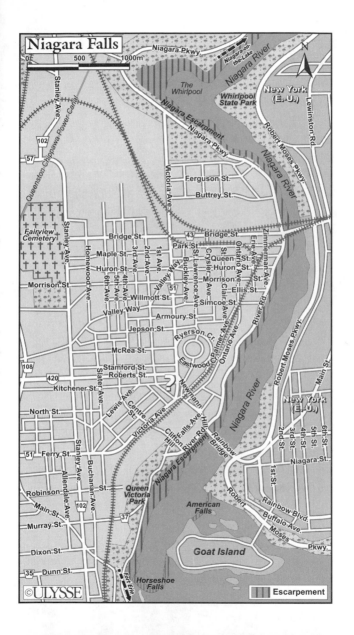

Maison McFarland

Hillebrand Estates Winery
Aurotoute 55
Niagara-on-the-Lake
☎ *(905) 468-7123*

Konzelmann
1096 Lakeshore Rd.
Niagara-on-the-Lake
☎ *(905) 935-2866*

Stonechurch
1242 Irvine Rd., RR5
Niagara-on-the-Lake
☎ *(905) 935-3535*

Château des Charmes
1025 York Rd.
Niagara-on-the-Lake
☎ *(905) 262-4219*

En continuant par Niagara Parkway vers le sud, vous longerez la rivière Niagara et arriverez à Queenston.

Queenston

Joli hameau qui s'est développé le long de la rivière Niagara, Queenston comprend quelques maisonnettes et des jardins verdoyants. Il est surtout connu comme le lieu où habita Laura Secord.

Maison de Laura Secord *(adulte 1,75$, enfant 7 à 16 ans 1$, 7 ans et moins entrée libre; fin mai à début sept tlj 10h à 17; Queenston St., ☎877-642-7275 ou 262-4851, www.niagaraparks.com).* Laura Secord, née Ingersoll au Massachusetts en 1775, épouse James Secord en 1795 et vient s'établir à Queenston quelques années plus tard. Elle devient célèbre durant la guerre de 1812, alors que, mise au courant d'une attaque imminente des Améri-

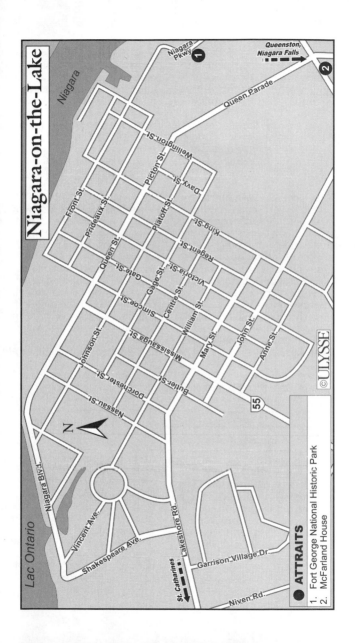

Niagara-on-the-Lake

Lac Ontario

Niagara

Niagara Pkwy

Queenston, Niagara Falls

Queen Parade

Wellington St.

Picton St.

Davy St.

Front St.

Prideaux St.

Platoff St.

King St.

Queen St.

Regent St.

Gate St.

Victoria St.

Simcoe St.

Centre St.

Mississauga St.

William St.

Johnson St.

Mary St.

John St.

Dorchester St.

Butler St.

Anne St.

Nassau St.

N

Niagara Blvd.

Vincent Ave.

Shakespeare Ave.

Lakeshore Rd.

Garrison Village Dr.

St. Catharines

Niven Rd.

55

©ULYSSE

● ATTRAITS

1. Fort George National Historic Park
2. McFarland House

cains, elle court quelque 25 km pour en avertir l'armée britannique, qui parvient alors à repousser les troupes ennemies. Aujourd'hui, on associe surtout son nom à une marque de chocolat, que vous pourrez d'ailleurs goûter dans la boutique attenante à la maison.

En poursuivant votre route vers le sud, vous arriverez au pied de Queenston Heights. Si vous vous sentez en forme, vous pourrez gravir les marches menant au monument Isaac Brock, un général britannique qui est mort en ces lieux durant la guerre de 1812, alors qu'il menait ses troupes à la victoire. Vous y aurez en outre une **vue splendide** ★ sur la région.

En continuant vers le sud, vous atteindrez Niagara Falls.

Niagara Falls

Les chutes du Niagara, spectacle naturel saisissant, attirent une foule de visiteurs depuis, dit-on, que le frère de Napoléon y serait venu avec sa jeune épouse. Juste à côté, la ville de Niagara Falls est entièrement vouée au tourisme, et son centre-ville se compose d'une succession de commerces sans charme: motels quelconques, musées sans intérêt, comptoirs de restauration rapide, le tout rehaussé d'une ribambelle d'enseignes colorées. Ces commerces ont poussé dans l'anarchie, sans le moindre souci d'esthétisme. À n'en point douter, les chutes du Niagara sont un véritable trésor de la nature, mais la ville mérite qu'on la boude.

Les **chutes du Niagara** ★★★ se sont formées il y a quelque 10 000 ans, au moment où le recul des glaciers dégageait l'escarpement du Niagara en détournant les eaux du lac Érié vers le lac Ontario. Composée de deux chutes côte à côte, cette formation naturelle offre un tableau d'une rare beauté: la chute américaine, haute de 64 m et large de 305 m, d'un débit de 14 millions de litres d'eau par minute, et la chute canadienne, qui a la particularité d'avoir la forme d'un fer à cheval. Cette dernière est haute de 54 m et large de 675 m, et a un débit de 155 millions de litres d'eau par minute. L'escarpement rocheux étant constitué de pierres tendres, les chutes rongeaient la paroi d'environ 1 m chaque année avant qu'on ne détourne une partie de cette eau pour alimenter les centrales hydroélectriques toutes proches. Aujourd'hui, la paroi ne recule plus que d'environ 0,3 m par an.

Qui peut rester impassible face à ces flots en furie se précipitant vers le gouffre dans un vrombissement de tonnerre? Cette nature qui semble indomptable en a inspiré plus d'un. Ainsi, au début du XXᵉ siècle, quelques intrépides voulurent montrer leur bravoure en sautant dans les chutes à bord d'un simple tonneau ou en marchant au-dessus de celles-ci sur un fil tendu de part et d'autre; plusieurs en moururent. Une loi votée en 1912 interdit depuis lors ce genre d'exploits afin de protéger le site contre les spéculateurs.

Le **Maid of the Mist** ★ *(12,25$; mai à fin oct, départ aux 15 min, premier et dernier départ varient durant la saison, 9h à 17h ou plus tard en haute saison; 5920 River Rd., ☎905-358-5781)* est un bateau qui vous emmène au pied des chutes et qui vous semblera alors bien petit. Pourvu d'un imperméable, qui vous évitera de sortir trempé de cette expédition, vous pourrez d'abord observer la chute américaine, puis la chute canadienne en plein cœur du fer à cheval. Un moment des plus impressionnants!

Maid of the Mist

Dès 1885, la nature environnant les chutes fut aussi protégée du développement commercial trop rapide, grâce à la création du **parc Victoria** ★★, un délicieux jardin de verdure qui longe la rivière. Des sentiers de randonnée pédestre et de ski de fond y sont tracés.

Outre les **points d'observation** ★★★ qui font face aux chutes, vous pourrez admirer ces dernières sous à peu près tous les angles.

En grimpant au sommet de la **tour Skylon** *(8,95$; mai à oct tlj 8h à 22h30, nov à avr tlj 11h à 22h30; 5200 Robinson St., ☎356-2651 ou 877-475-9566)*, vous aurez à vos pieds le spectacle des **chutes** ★★: un tableau unique et mémorable s'offrira alors à vous. Vous pourrez également contempler ce fabuleux panorama de la **tour Minolta** *(6,95$; tlj 7h à 23h; 6732 Oakes Dr., ☎905-356-1501)*.

Le **téléphérique espagnol** *(5$; mars à nov 10h à 16h30; Niagara Parkway, ☎905-642-7275)* vous permet de contempler les chutes d'une hauteur de 76,2 m.

Il est également possible de se rendre derrière la chute canadienne grâce aux **tunnels panoramiques Table Rock** *(5,50$; tlj dès 9h; Victoria Park, ☎358-3268)*, au nombre de trois, d'où vous pourrez sentir de plus près ces trombes d'eau.

Et que diriez-vous d'une balade franchement aérienne au-dessus des chutes? La chose est possible par l'intermédiaire de **Hélicoptère Niagara** *(90$; tlj dès 9h, si le temps est au beau fixe; 3731 Victoria Ave., ☎905-357-5672)*.

Vous pourrez aussi opter pour une **descente dans la gorge** *(4,75$; avr à mi-oct dès 9h à 17h; 4330 River Rd., ☎905-374-1221)*, un ascenseur vous permettant d'aller jusqu'aux rapides.

Niagara compte également d'innombrables musées, dont certains d'un intérêt plutôt douteux. Plusieurs d'entre eux ont poussé dans le quartier de Clifton Hill, le centre-ville de Niagara Falls.

Si vous avez du temps, vous pouvez aussi visiter le **Daredevil Hall of Fame** *(4$; mai à sept tlj 9h à 23h, oct à avr 10h à 17h; 5651 River Rd., ☎905-356-2151)*. L'établissement, présente des centaines d'artefacts et des photographies, et rend hommage aux intrépides ayant tenté de vaincre les chutes tout en offrant une vue sur ces dernières.

Le **cinéma Imax** *(7,50$; mai à oct tlj; 6170 Buchanan Ave., ☎905-358-3611)* projette sur écran géant un film sur les chutes.

Les personnes souhaitant oublier quelques instants les chutes et assister à des spectacles d'otaries, de dauphins et de baleines peuvent se rendre à **Marineland** *(les prix varient, en été compter 29,95$; 7657 Portage Rd., ☎905-356-9565)*. En outre, un petit zoo et des manèges sauront également amuser les enfants.

Plein air

L e Toronto que nous connaissons aujourd'hui a fait ses débuts comme un ensemble de petits villages jadis autonomes, de sorte qu'il s'embellit de centaines de jardins publics et parcs invitants dont bon nombre recèlent des bâtiments historiques tout en présentant les plus grands espaces naturels de la ville.

P lus de 80 km de sentiers entretenus y attendent en outre les marcheurs, les coureurs, les cyclistes et les amateurs de patin à roues alignées. Les possibilités de plein air sont nombreuses dans la métropole canadienne.

Parcs

Le **High Park** (☎ 392-7306), situé dans l'ouest de la ville et délimité par Bloor Street au nord, The Queensway au sud, Parkside Drive à l'est et Ellis Avenue à l'ouest, s'impose comme le Central Park de Toronto. Vous pouvez aussi bien vous y rendre en métro (stations Keele ou High Park) qu'en tramway (College ou Queen). Ce parc, le plus vaste de la capitale, offre des courts de tennis, des terrains de jeu, des aires de pique-nique, des pistes cyclables et des sentiers pédestres; vous pouvez aussi y pratiquer le patin (en hiver) ou la pêche sur le Grenadier Pond; sa flore cache même des espèces rares, et sa faune se compose d'espèces indigènes de la région, sans parler des enclos de bisons, de lamas et de moutons; on l'a même doté d'une piscine et d'une plage sur le lac Ontario. L'événement **Dream in High Park** (productions estivales shakespeariennes) fait partie des grandes attractions des lieux au cours de la saison estivale (voir p 293).

Bison

C'est enfin ici que vous pourrez voir l'historique **Colborne Lodge** *(3,50$; mai à sept, mar-dim 12h à 17h, oct à déc mar-dim 12h à 16h, jan à avr sam-dim 12h à 16h; ces heures changent fréquemment, de sorte qu'il vaut mieux les vérifier par téléphone avant de se présenter sur place; ouvert toute l'année sur réservation pour les groupes organisés; High Park, ☎ 392-6916)*, une résidence de style Régence anglaise, construite en 1837 par l'architecte John Ho-

ward, qui y a d'ailleurs vécu. Sa belle véranda, qui couvre trois côtés de la maison, offre une vue dégagée sur le lac Ontario et la rivière Humber. Howard a cédé 67 ha à la municipalité de Toronto en 1873; les 94 autres hectares qui forment aujourd'hui le High Park ont été acquis séparément. La maison est désormais ouverte au public, et la visite est dirigée par des guides en costumes d'époque. Le **Howard Tomb and Monument** (tombe et monument de Howard), situé tout près, est entouré d'une clôture en fonte conçue par Christopher Wren, qui ceintura à une certaine époque la cathédrale St. Paul de Londres.

Le **Village of Yorkville Park** *(Cumberland St. entre Avenue Rd. et Bellair St.)* constitue un exemple fascinant d'écologie urbaine. Divisé en 13 zones, il incarne l'histoire locale et l'identité régionale. Une promenade d'ouest en est à travers ce parc vous permettra de découvrir tour à tour l'Amelanchier Grove (bosquet d'amélanchiers), la Heritage Walk (Old York Lane) (promenade historique), le Herbaceous Border Garden (jardin herbacé), le Canadian Shield Clearing & Fountain (clairière et fontaine du Bouclier canadien), l'Alder Grove (aulnaie), l'Ontario Marsh (marais ontarien), la Festival Walk (promenade du festival), la Cumberland Court Cross Walk, le Crabapple Orchard (verger de pommiers sauvages), le Fragrant Herb Rock Garden (jardin de pierres et d'herbes aromatiques), le Birch Grove (massif de bouleaux), les Prairies Wildflower Gardens (jardins de fleurs sauvages des Prairies) et le Pine Grove (pinède). Le clou de la balade demeure toutefois le spectacle du rocher rainuré que vous verrez dans la zone du «Bouclier canadien»; vieux d'environ un milliard d'années, il pèse 650 tonnes et provient de la région des lacs Muskoka, au nord-est de Gravenhurst.

Les **Allan Gardens** *(délimités par les rues Dundas, Gerrard, Sherbourne et Jarvis)* se présentent comme un joli jardin public doté d'une ancienne serre victorienne débordant de fleurs éclatantes en toute saison (voir p 175).

La vallée de la rivière Don se profile à travers Toronto jusqu'au lac Ontario et est parsemée d'une série de parcs magnifiques reliés entre eux par des ponts et des sentiers. Les **Edwards Gardens** *(stationnement à l'angle de Leslie St. et Lawrence Ave. E.; pour information ☎397-1340)* font partie des premiers jardins fleuris de la métropole canadienne, et vous pourrez y admirer des rocailles, des vivaces, des massifs de roses, de petites cascades ainsi qu'une dense forêt. La rivière coule vers le sud à travers le **Wilket Creek Park** et l'**Ernest Thompson Seton Park**, que domine l'Ontario Science Centre. Près de Don Mills Road, le **Taylor Creek Park** s'étend quant à lui vers l'est jusqu'aux Warden Woods. Tous ces parcs et jardins se prêtent merveilleusement bien à la marche, à la bicyclette, au jogging, au ski de fond et même à l'observation des oiseaux.

Le **Scarborough Heights Park** et le **Cathedral Bluffs Park** offrent des vues à couper le souffle sur le lac Ontario du haut de falaises panoramiques, tandis que le **Bluffer's Park** dispose de belles plages spacieuses ainsi que d'aires de pique-nique.

Le **Toronto Islands Park** occupe un groupe de 17 îles connues sous le nom de Toronto Islands (îles de Toronto), à 8 min de bateau du port de Toronto. Les traversiers, qui partent tous du Mainland Ferry Terminal, au pied de Bay Street, desservent ces îles. Voir p 209 pour un circuit pédestre et de ski de fond sur les îles.

Plein air

Activités de plein air

Vélo

La **Martin Goodman Trail**, un sentier de jogging doublé d'une piste cyclable de 22 km, longe la rive du lac Ontario depuis l'embouchure de la rivière Humber, à l'ouest du centre-ville, jusqu'au Balmy Beach Club des Beaches en passant par l'Ontario Place et le Queen's Quay. Composez le ☎392-8186 pour obtenir un plan du sentier.

Des sentiers similaires serpentent également à travers les parcs du Toronto métropolitain. Pour vous procurer les plans voulus ou tout autre renseignement désiré, composez le ☎392-8186.

Location de vélos

Toronto Island Bicycle Rental
Centre Island
☎203-0009

Wheel Excitement
5 Rees St. (au sud du SkyDome)
☎260-9000

Patin à roues alignées

Les rues de la ville ne se prêtent sans doute guère à la pratique de ce sport, compte tenu des dangers qu'elles présentent, mais vous aurez tout le loisir de vous adonner à votre activité favorite le long des pistes revêtues qui sillonnent les îles de Toronto et le bord de l'eau aux Beaches et aux Bluffs.

Location de patins

Wheel Excitement
5 Rees St. (au sud du SkyDome)
☎260-9000
Cette boutique loue tout l'équipement nécessaire à la pratique de ce sport (comme les protecteurs) et propose des cours d'initiation. Comptez au moins trois heures pour faire le tour des îles.

Patin à glace

Plusieurs sites enchanteurs se prêtent à la pratique du patin à glace à l'intérieur des limites de la ville. Il s'agit entre autres de la patinoire qui se trouve en face du nouvel hôtel de ville, du Grenadier Pond du High

Park et du York Quay de Harbourfront. Pour de plus amples renseignements sur les patinoires municipales, composez le ☎*392-1111*.

Golf

On dénombre ici cinq golfs municipaux (trois parcours réduits et deux réguliers), qui fonctionnent tous selon le principe du premier arrivé, premier servi. Le **Don Valley Golf Course** *(☎392-2465)* se présente comme un parcours régulier assez exigeant, avec plusieurs obstacles.

Pour un parcours encore plus difficile, faites un saut à Oakville, où se trouve le **Glen Abbey Golf Club** *(droits de jeu et voiturette 235$, prix réduit à 135$ hors saison et les fins de semaine après 14h;* ☎*905-844-1800)*. Ce parcours spectaculaire est la première création de Jack Nicklaus. Les tarifs sont élevés, mais quel plaisir de jouer là où les professionnels mesurent leur talent. C'est ici que se tient l'Omnium canadien.

Randonnée pédestre et ski de fond

Les nombreux vallons de la région de Toronto sont l'occasion d'heureuses découvertes à pied ou en skis. Une très belle piste part des Edwards Gardens et serpente le long de la rivière jusqu'au Taylor Creek. Les piétons peuvent rejoindre à la vallée de la rivière Don par Leslie Street entre Lawrence et Eglinton, par Gateway Boulevard derrière l'Ontario Science Centre, par Moore Avenue près du cimetière de Mount Pleasant et par la passerelle de Gerrard Street. Des pistes sillonnent aussi les îles de Toronto (voir p 207).

Plus sauvage encore que la Don River Valley, le **Highland Creek**, à l'est de Scarborough, est aussi bordé de sentiers pédestres idylliques. Cette région est d'ailleurs réputée pour ses remarquables feuillages d'automne. Quant aux pistes sous couvert boisé du **Morningside Park**, elles sont idéales pour le ski de fond.

Hébergement

Nous vous proposons quelques formules d'hébergement et divers types d'établissements dont les adresses sont répertoriées selon l'ordre des circuits touristiques de ce guide et selon une gamme de prix qui va croissant.

On trouve à Toronto une panoplie d'hôtels et d'auberges de toutes catégories. Leur coût varie grandement d'une saison à l'autre. Ainsi durant la haute saison, l'été, les chambres sont plus chères. Par contre, les prix sont généralement moins élevés la fin de semaine qu'en semaine à cause des congrès qui sont nombreux à Toronto. Notez enfin que les semaines du festival Caribana (fin juillet et début août) et du festival du film (début septembre) s'avèrent particulièrement fréquentées; il est recommandé de réserver longtemps à l'avance si vous prévoyez séjourner à Toronto en ces périodes. Hors saison, on pourra souvent obtenir un meilleur prix que celui mentionné dans ce guide. Plusieurs hôtels offrent des rabais aux professionnels membres d'associations ou aux membres de clubs automobiles.

En ce qui concerne le logement chez l'habitant

(bed and breakfast), voir p 84 pour une liste d'associations répertoriant des établissements de ce genre.

$	moins de 50$
$$	de 50$ à 100$
$$$	de 100$ à 150$
$$$$	de 150$ à 200$
$$$$$	plus de 200$

Les tarifs indiqués dans ce guide s'appliquent, sauf indication contraire, à une chambre pour deux personnes en haute saison, et ils n'incluent pas les taxes.

Les établissements qui se distinguent

Pour l'emplacement:
Toronto Marriott Eaton Centre (p 218)
Royal York Hotel (p 214)

Pour la vue:
SkyDome Hotel (p 212)

Pour le charme victorien:
Beaconsfield (p 219)
Beverly Place Bed & Breakfast (p 220)
Amblecote (p 227)

Pour les amateurs d'histoire:
Royal Meridien King Edward Hotel (p 216)
Royal York Hotel (p 214)

Pour le summum du luxe:
Sutton Place Hotel (p 221)

Le Waterfront

Voir plan, p 99

SkyDome Hotel
$$$$$
≡, ℜ, ≈, ⊘, △, ⊛
1 Blue Jays Way, M5V 1J4
☎*341-7100 ou 800-237-1512*
⇋*341-5091*
www.renaissancehotels.com
Le SkyDome Hotel, qui compte 348 chambres bénéficiant d'une vue panoramique, propose aussi à sa clientèle 70 chambres donnant sur l'intérieur du stade. Ces dernières se louent plus cher, mais quelle vue! Vous profiterez également d'un choix de restaurants et d'un bar-salon qui offre aussi une vue sur le terrain de jeu. Les chambres, décorées dans un style moderne, sont plus ou moins confortables. Valet et services aux chambres sont disponibles jour et nuit.

Radisson Plaza Hotel Admiral
$$$$$
≡, ⊛, ≈
249 Queen's Quay W., M5J 2N5
☎*203-3333 ou 800-333-3333*
⇋*203-3100*
www.radisson.com
Si vous aimez la mer, vous vous sentirez chez vous au Radisson Plaza Hotel Admiral. Toute la décoration de ce charmant hôtel a une connotation maritime, si bien que les chambres elles-mêmes donnent l'impression que l'on se trouve

à bord d'un bateau de croisière. La vue sur la baie que vous offre la piscine du cinquième étage est tout à fait magnifique. Une navette fait régulièrement la liaison entre l'hôtel et le centre-ville.

Westin Harbour Castle
$$$$$
≡, ≈, ℜ, ☺, ⌂, ℝ, ⊛
1 Harbour Square, M5J 1A6
☎*869-1600 ou 800-228-3000*
⇌*869-0573*
Situé sur les rives du lac Ontario, dans un endroit calme et paisible, le Westin Harbour Castle ne se trouve qu'à quelques pas du Harbourfront et du traversier qui mène aux îles de Toronto. Afin de faciliter les déplacements vers le centre-ville, l'hôtel met à la disposition des visiteurs un service de navette et se trouve par ailleurs relié au réseau de transports en commun de la métropole par le LRT (Light Rail Transit).

Le quartier des affaires et du spectacle

Voir plan, p 117

Global Village Backpackers
$-$$
bc/bp, ℝ, ℂ
460 King St. W., M5V 1L7
☎*703-8540 ou 800-844-7875*
⇌*703-3887*
www.globalbackpackers.com
Le Global Village Backpackers occupe les anciens locaux de l'infâme Spadina Hotel. Aujourd'hui complètement rénové en auberge de jeunesse, il se trouve à trois rues seulement de la zone artistique branchée de Queen Street West. Avec ses 200 lits, c'est la plus grande auberge de jeunesse internationale de Toronto, et son hébergement de type dortoir assure une atmosphère unique aux étudiants et aux autres voyageurs à petit budget.

Strathcona Hotel
$$$
≡, ℜ
60 York St., M5J 1S8
☎*363-3321 ou 800-268-8304*
⇌*363-4679*
www.toronto.com/strathconahotel
Pour profiter d'un hôtel plaisant, situé en plein centre-ville, à deux pas du Royal York Hotel et à quelques minutes de marche du Waterfront, descendez au Strathcona Hotel. Vous trou-

Hébergement

verez, à la porte voisine, un centre de conditionnement physique qui offre des rabais aux clients du Strathcona.

Executive Motor Hotel
$$$

≡

621 King St. W., M5V 1M5
☎*504-7441*
⇄*504-4722*

L'Executive Motor Hotel constitue l'une des meilleures options petit budget du centre-ville. Il vous offre un stationnement gratuit et se trouve directement sur une ligne de métro. Café et beignets vous sont gracieusement servis le matin. À courte distance de marche ou de tramway de la tour du CN, du SkyDome, du quartier des théâtres et du secteur branché de Queen Street West.

Hotel Victoria
$$$ pdj
ℜ, ℝ

56 Yonge St., M5E 1G5
☎*363-1666 ou 800-363-8228*
⇄*363-7327*
www.toronto.com/hotelvictoria

En optant pour l'Hotel Victoria, vous serez choyé par sa situation, à mi-chemin entre le Financial District et la gare Union. Il propose en outre des chambres simples à des prix très abordables; bien qu'il ne dispose pas d'un stationnement qui lui soit propre, vous n'aurez pas trop de mal à vous garer car des stationnements

publics l'avoisinent. Le restaurant n'est ouvert qu'à l'heure du petit déjeuner.

Crowne Plaza Toronto Centre
$$$$$

≡, ⊛, ≈, ℜ, ☺, △

225 Front St. W., M5V 2X3
☎*597-1400 ou 800-422-7969*
⇄*597-8128*
www.crowneplazatoronto.com

Le Crown Plaza Toronto Centre est relié au Convention Centre, ce qui en fait un endroit parfois très animé, à deux pas de la tour du CN et du SkyDome. Le hall d'entrée est joliment décoré de magnifiques bronzes polis, de marbres roses et de bois de cerisier.

Holiday Inn on King
$$$$$

≡, ≈, △, ☺

370 King St. W., M5V 1J9
☎*599-4000 ou 800-263-6364*
⇄*599-4785*
www.hiok.com

Le Holiday Inn on King renferme des chambres au décor moderne et agréable, mais sans charme particulier. Plusieurs ont l'avantage d'être attenantes à un balcon.

Royal York Hotel
$$$$$

≡, ≈, ☺

100 Front St. W., M5J 1E3
☎*368-2511 ou 800-441-1414*
⇄*368-2884*
www.royalyorkhotel.com

Avec ses chambres maintenant rénovées, ses 34 salles pour banquets toutes décorées différemment et ses quelque 10 restaurants, on comprendra que le Royal York Hotel soit l'un des hôtels les plus fréquentés de Toronto. À votre arrivée, vous serez accueilli dans un hall impressionnant, au somptueux décor, qui donne une bonne idée de l'élégance des chambres.

Hilton Toronto
$$$$$

≡, ⊛, ≈, ℜ, ⊘, △
145 Richmond St. W., M5H 2L2
☎*869-3456 ou 800-445-8667*
⇄*869-3187*
www.hilton.com
Le Hilton Toronto ressemble à beaucoup d'autres Hilton avec sa décoration aux tons pastel. Il propose des chambres très confortables, propres et bien équipées. Le Hilton est aussi le pied-à-terre de plusieurs équipes sportives, comme Les Canadiens de Montréal, les Kings de Los Angeles ou les A's d'Oakland, lorsqu'ils viennent affronter les équipes locales.

Voir plan, p 129

Hostelling International
$

ℂ
76 Church St., M5C 2G1
☎*971-4440 ou 877-848-8737*
⇄*971-4088*
www.hostellingint-gl.on.ca
Hostelling International propose 180 lits dans des chambres semi-privées ou des dortoirs, et ce, à prix très abordable. Vous y trouverez aussi un salon avec télévision, une laverie, une cuisine, une table de billard et un jeu de fléchettes, un poste Internet de même qu'une petite terrasse.

Quality Hotel Downtown
$$$-$$$$

≡, ⊘
111 Lombard St., M5C 2T9
☎*367-5555 ou 800-228-5151*
⇄*367-3470*
www.toronto.com/qualityhotel
Le Quality Hotel Downtown propose une formule qui plaira aux personnes se préoccupant de leur budget: des chambres simples mais confortables, à bon prix et sans extravagance. Entre autres commodités, retenons le petit déjeuner continental gratuit, l'accès à Internet et la présence dans les chambres d'une cafetière et d'un séchoir électrique.

**Cawthra Square
Bed & Breakfast**
$$$-$$$$$ pdj
bc/bp, ≡, ✪
10 Cawthra Sq., M4Y 1K8
☎*966-3074 ou 800-259-5474*
⇌*966-4494*
Le Cawthra Square Bed &
Breakfast se compose de
deux élégantes demeures,
l'une victorienne et l'autre
édouardienne, au cœur du
village gay de Toronto, près
de Church et Wellesley. Ses
salles communes sont gran-
dioses, et les hôtes ont ac-
cès à une terrasse et à une
librairie.

🚢 **Ambassador Inn
Downtown Toronto**
$$$-$$$$$ pdj
≡, ✪
208 Jarvis St., M5B 2C5
☎*260-2608*
⇌*260-1219*
www.ambassadorinntoronto.com
L'Ambassador Inn Down-
town Toronto est un chic
bed and breakfast de prestige
aménagé à l'intérieur d'un
manoir victorien de 20 pièces pourvu de cheminées,
d'un plafond cathédrale,
d'un toit à pignon, de vitraux et de lucarnes. Il y a
aussi une salle de conférences et des postes Internet.

Novotel
$$$$-$$$$$
≡, ✪, ℜ, ⊘, ≈, △
45 The Esplanade, M5E 1W2
☎*367-8900 ou 800-668-6835*
⇌*360-8285*
www.novotel.com
L'hôtel de la chaîne française Novotel bénéficie d'un
emplacement des plus
agréables, à quelques minutes à peine du Harbour-
front, des salles St. Lawrence et O'Keefe et de la gare
Union. Il n'y a rien à redire
sur le confort de cet hôtel,
sauf peut-être pour les
chambres donnant sur l'esplanade, car en été leur
tranquillité est troublée en
raison des bars-terrasses qui
l'avoisinent.

🚢 **Royal Meridien King
Edward**
$$$$$
≡, ⊘
37 King St. E., M5C 1E9
☎*863-3131 ou 800-543-4300*
⇌*367-5515*
www.lemeridien-kingedward.com
Construit en 1903, ce qui en
fait le plus vieil hôtel de Toronto, le Royal Meridien
King Edward Hotel fait partie, encore aujourd'hui, des
plus beaux hôtels de la métropole canadienne. Fort
élégant, il renferme des
chambres ayant leur caractère propre mais n'offrant
malheureusement pas une
vue des plus jolies. Cet in-
convénient est cependant
largement compensé par le
magnifique hall d'entrée et
les deux grandes salles de

bal. Une navette pour l'aéroport y passe régulièrement.

Queen Street West

Voir plan, p 137

St. Lawrence Residences
$$ pdj
bc, ℜ, ≡
137 Jarvis St., M5C 2H6
☎ *361-0053 ou 800-567-9949*
⇌ *361-0837*
Les St. Lawrence Residences proposent un hébergement sans cérémonie de types *bed and breakfast*, hôtel ou dortoir. Café et thé vous attendent dans chaque chambre, et certaines unités d'hébergement bénéficient même d'un four à micro-ondes. Les chambres de cet établissement du centre-ville, à distance de marche de l'Eaton Centre et de la rue Yonge, du quartier des affaires et de nombreux restaurants, sont claires et aérées.

Bond Place Hotel
$$$-$$$$
≡, ℜ
65 Dundas St. E., M5B 2G8
☎ *362-606 ou 800-268-9390*
⇌ *360-6406*
Le Bond Place Hotel est sans doute l'hôtel le mieux situé si vous voulez vivre au rythme de la ville et vous mêler à la foule bigarrée qui fourmille à l'angle des rues Dundas et Yonge.

Cambridge Suites Hotel
$$$$-$$$$$ pdj
≡, ⊛, C, ℝ, ⊘, △, ℜ
15 Richmond St. E., M5C 1N2
☎ *368-1990 ou 800-463-1990*
⇌ *601-3751 ou 601-3753*
www.cambridgesuiteshotel.com
Le Cambridge Suites Hotel propose des suites somptueuses de 51 m^2, toutes équipées d'un four à micro-ondes, d'un réfrigérateur et d'un service de vaisselle complet. Les suites de luxe offrent des baignoires à remous.

Toronto Colony Hotel
$$$$$
≡, ≈, ℜ, ⊛, ℝ, C, △, ⊘
89 Chestnut St., M5G 1R1
☎ *977-0707 ou 800-387-8687*
Le Toronto Colony Hotel trône au centre du quartier des affaires de Toronto, à quelques pas seulement du Nathan Phillips Square, de l'hôtel de ville, de l'Eaton Centre et du quartier du spectacle. Le secteur branché de Queen Street West, le SkyDome et la tour du CN vous attendent par ailleurs à courte distance de marche. L'hôtel possède deux restaurants, deux piscines, un centre de conditionnement physique une boîte de nuit et un bar. Son hall d'entrée a été rénové, tout comme ses chambres d'ailleurs, qui renferment désormais un fer à repasser et un séchoir électrique.

Hébergement

Toronto Marriott Eaton Centre
$$$$$
≡, ≈, ℜ, ⊛, △, ☺
525 Bay St., M5G 2L2
☎*597-9200 ou 800-905-0667*
⇄*597-9211*
www.marriott.com
Si vous aimez tout avoir sous un même toit, le Toronto Marriott Eaton Centre a tout pour vous plaire. Relié à l'Eaton Centre, la Mecque du magasinage et l'un des attraits de la ville (voir p 309), l'hôtel Marriott met à votre disposition de très grandes chambres tout équipées (il y a même une planche et un fer à repasser). Si vous désirez vous détendre, vous trouverez deux salons au rez-de-chaussée dont un comptant de nombreuses tables de billard et des téléviseurs.

Sheraton Centre Toronto
$$$$$
≡, ≈, ℜ, ☺, △, ✪
123 Queen St., M5H 2M9
☎*361-1000 ou 800-325-3535*
⇄*947-4854*
www.sheratontoronto.com
Un énorme complexe comprenant une quarantaine de boutiques, des restaurants et des bars ainsi que deux salles de cinéma abrite le Sheraton Centre Toronto. Très confortable, il compte plusieurs chambres, dont les plus belles, celles des deux tours, disposent d'un ascenseur privé. Mais c'est peut-être le hall qui vous

surprendra le plus avec son magnifique jardin intérieur de 0,8 ha. Vous aurez en outre directement accès au PATH, le labyrinthe de couloirs qui relient différents points du centre-ville.

Chinatown et Kensington

Voir plan, p 147

Grange Apartment/Hotel
$$
≡, ℝ, ℂ
165 Grange Ave., M5T 2V5
☎*603-7700*
⇄*603-9977*
www.grangehotel.com
Le Grange Apartment/Hotel, situé dans le centre-ville près du Chinatown, de Kensington et de Queen Street West, vous réserve, à prix abordable, des chambres confortables, sans oublier le service de buanderie et le stationnement.

Alexandra Apartment Hotel
$$
≡, ℝ, ℂ
77 Ryerson Ave., M5T 2V4
☎*504-2121 ou 800-567-1893*
⇄*504-9195*
www.alexandrahotel.com
Au cœur de la zone branchée de Queen Street West, l'Alexandra Apartment Hotel loue des suites-studios confortables pourvues de cuisinettes.

Beaconsfield
$$-$$$ pdj
38 Beaconsfield Ave., M6J 3H9
☎/≠*535-3338*

Le Beaconsfield, aménagé dans une superbe construction victorienne datant de 1882, située dans un petit quartier tranquille tout près de Queen Street, est l'endroit tout indiqué si vous cherchez une auberge qui change des grands hôtels. Il renferme des chambres mignonnes, toutes décorées avec beaucoup d'imagination et de goût. Parmi les bons moments à y passer, mentionnons les sympathiques petits déjeuners musicaux.

Metropolitan Chestnut Park
$$$$$
≡, ⊛, ≈, ⊘, △, ℜ
108 Chestnut St., M5G 1R3
☎*977-5000 ou 800-668-6600*
www.metropolitan.com
Le Metropolitan Chestnut Park est un des plus importants ajouts sur la scène hôtelière de Toronto. En pénétrant dans le hall, vous découvrirez un magnifique atrium tout à fait invitant; il vous donnera une bonne idée de ce qui vous attend, des chambres on ne peut plus invitantes qui bénéficient en outre de l'accès à Internet.

Queen's Park et l'université de Toronto

Voir plan, p 155

The House on McGill
$$ pdj
bc/bp
110 McGill St.
☎*351-1503 ou 877-580-5015*
www.interlog.com/~mcgillbb/
Le Canadien Dave Perks et l'Autralien Adam Tanner-Hill vous accueillent dans leur sympathique gîte nommé The House on McGill, belle résidence victorienne érigée en 1894. Situé sur une petite rue résidentielle à quelques pas de Church Street et du quartier gay de Toronto, l'établissement propose six chambres colorées, décorées avec goût, dans un cadre qui a gardé le meilleur de l'époque victorienne tout en possédant le confort moderne. Les hôtes apprécient le calme et l'intimité de l'endroit, son aménagement soigné, son petit jardin et sa localisation centrale.

Les Amis
$$ pdj
≡, *bc/bp*
31 Granby St.
☎*591-0635*
≠*591-8546*
www.bbtoronto.com
Venus de France il y a plusieurs années, Michelle et Paul-Antoine Buer ont ou-

vert Les Amis, petit *bed and breakfast* sans prétention où vous vous sentirez comme chez vous. Décorées simplement mais avec soin, les trois chambres de la maison possèdent chacune un confortable lit avec futon et une douillette couette de duvet. Situé sur une petite rue peu passante et résidentielle, le gîte des Buer ne s'en trouve pas moins à quelques minutes de l'animation du centre de Toronto. Au petit déjeuner, la fraîcheur est au rendez-vous, et tout est fait maison, sans protéines animales, en utilisant des produits biologiques.

Victoria's Mansion
$$-$$$
ℝ, ℂ, ≡
68 Gloucester St., M4Y 1L5
☎921-4625
≈944-1092
www3.sympatico.ca/victorias.mansion

Situé sur une rue paisible près des quartiers animés, à quelques rues au sud de Bloor, le Victoria's Mansion est une superbe maison du début du XXᵉ siècle. L'extérieur, minutieusement ouvragé, détonne avec le décor intérieur modeste et les suites simplement meublées. Le Victoria's Mansion est bien équipé pour les long séjours. Chacune des chambres renferme une cuisinette et un bureau, offrant un niveau de confort semblable à celui d'un petit appartement.

Beverly Place Bed & Breakfast
$$-$$$ pdj
bc/bp, ≡, ℝ
235 Beverly St., M5T 1Z4
☎977-0077
≈599-2242

Le Beverly Place Bed & Breakfast occupe une maison victorienne de 1887 à laquelle on a redonné son éclat d'origine. Il arbore de très beaux meubles antiques et s'est même vu décerner le très convoité «Certificat d'ambassadeur touristique» du gouvernement canadien. Il se trouve par ailleurs à proximité de tout, près du campus de l'université de Toronto, du Chinatown et des cafés et boutiques de l'Annex.

Jarvis House
$$$
≡, ⊗, ℂ
344 Jarvis St., M4Y 2G6
☎975-3838
≈975-9808
www.jarvishouse.com

La Jarvis House propose 10 chambres impeccables dans une maison victorienne rénovée. Services de buanderie et de petit déjeuner (complet ou à la française).

Comfort Hotel Downtown
$$$
ℜ, ≡
15 Charles St. E., M4Y 1S1
☎924-1222 ou 800-228-5150
≈927-1369

Le Comfort Hotel Downtown a élu domicile près de la zone commerciale huppée de la rue Bloor, à une rue de l'intersection centrale de Yonge et de Bloor. Cet hôtel rénové dispose de chambres au décor élégant.

Best Western Primrose Hotel
$$$$
≡, ≈, ℜ, ⌂, ☺
111 Carlton St., M5B 2G3
☎*977-8000 ou 800-268-8082*
⇌*977-6323*
www.bestwestern.com
Le Best Western Primrose Hotel a élu domicile au cœur même du centre-ville de Toronto, en face du Maple Leaf Gardens. Il propose des chambres spacieuses équipées de deux lits doubles ou d'un très grand lit et d'un canapé, sans parler des salles de réunion, de la salle de bar et de la piscine extérieure.

Ramada Hotel and Suites
$$$$$
≡, ≈, ℜ, ☺, ⌂
300 Jarvis St., M5B 2C5
☎*977-4823 ou 800-567-2233*
⇌*977-4830*
www.ramadahotelandsuites.com
Bien qu'il abrite une centaine de chambres dans un espace aussi réduit, tout en ayant réussi à conserver ses allures d'une autre époque, le Ramada Hotel and Suites a un charme singulier. Rénové, le Ramada propose des chambres pourvues de cafetières, des fers à repasser et de branchements à Internet. Les chambres sont

bien sûr petites mais très confortables, et le service s'avère excellent.

Sutton Place Hotel
$$$$$
≈, ℜ, ☺
955 Bay St., M5S 2A2
☎*924-9221 ou 800-268-3790*
⇌*924-1778*
www.suttonplace.com
The Sutton Place Hotel s'est acquis une solide réputation en ce qui concerne le luxe de son confort et la qualité de son service, et tout cela sur un emplacement idéal près du Queen's Park, du Royal Ontario Museum et des boutiques de Bloor Street et de Yorkville Avenue. Chacune des chambres et des suites offre un peignoir, un séchoir électrique, un minibar, un petit coffrefort, une prise de courant pour ordinateur et une boîte vocale. Les suites renferment de plus une cuisinette tout équipée et présentent un étonnant décor antique.

Delta Chelsea
$$$$$
≡, ⊛, ≈, ℜ, ☺
33 Gerrard St W., M5G 1Z4
☎*595-1975 ou 800-243-5732*
⇌*585-4375*
www.deltahotels.com
Le Delta Chelsea est très populaire auprès des visiteurs, et pour cause, car il propose des chambres tout confort à des prix raisonnables, et les enfants ou adolescents de moins de 18 ans peuvent partager la cham-

bre de leurs parents gratuitement. En outre, la tour attire une clientèle d'affaires grâce à son centre de bureautique pourvu de chaises ergonomiques, de télécopieurs et de téléphones.

Bloor Street et Yorkville Avenue

Voir plan, p 165

Marlborough Place
$$ pdj

≡

93 Marlborough Ave., M5R 1X5
☎922-2159
Le Marlborough Place est un *bed and breakfast* installé dans une charmante maison victorienne en rangée datant de 1880, non loin du secteur commercial à la mode de Yorkville Avenue. Loft spacieux, lits jumeaux et terrasse.

Days Inn – Toronto Downtown
$$$-$$$$

≡, ≈, ℜ, ℝ, △
30 Carlton St., M5B 2E9
☎977-6655 ou 800-329-7466
⇄977-2865
Le Days Inn – Toronto Downtown propose un hébergement convenable et abordable. Il ne se trouve qu'à une demi-rue du métro, à distance de marche de la rue Yonge et de l'Eaton Centre. Rénové, le Days Inn vous offre entre autres un service de buanderie, le stationnement gra-

tuit, une piscine intérieure et des films dans les chambres.

Howard Johnson Inn Yorkville
$$$ pdj

≡, ℝ
89 Avenue Rd., M5R 2G3
☎964-1220 ou 800-654-6423
Le Howard Johnson Inn Yorkville est un pittoresque hôtel de 71 chambres situé dans le secteur branché de Yorkville Avenue. Il est un peu moins cher que les hôtels cinq étoiles de ce quartier, mais ne s'en trouve pas moins qu'à deux pas des rues bordées de boutiques, sans oublier certaines des meilleures galeries d'art de Toronto. Vous trouverez toujours du café et du thé dans le hall d'entrée, et les chambres bénéficient toutes d'un accès haute vitesse à Internet.

Quality Hotel Midtown
$$$$

≡, ℜ
280 Bloor St. W., M5S 1V8
☎968-0010 ou 800-228-5151
⇄968-7765
Le Quality Hotel Midtown repose directement sur la rue à la mode qu'est Bloor Street West, parmi les boutiques, les musées et le magnifique campus arboré de l'université de Toronto. Les nombreux restaurants de l'Annex ne s'en trouvent qu'à courte distance de marche, sans compter que l'hôtel se trouve à proximité d'une bouche de métro. Les

chambres se révèlent propres et spacieuses, aussi sont-elles pourvues d'une cafetière, d'un fer à repasser et d'un séchoir électrique. Vous aurez de plus accès au centre de conditionnement physique qui se trouve à quelques portes de l'hôtel.

Park Hyatt
$$$$$
≡, ℜ, ⊘, ✪
4 Avenue Rd., M5R 2E8
☎*925-1234 ou 800-233-1234*
≈*924-4933*
www.hyatt.com
Les chambres du Park Hyatt ont étés rénovées avec goût–même les salles de bain sont maintenant revêtues de marbre. L'établissement est avantageusement situé au cœur de Yorkville, à quelques minutes de marche du Royal Ontario Museum. Le Park Hyatt dispose d'un centre de bureautique pour les gens d'affaires.

⛵ Four Seasons Hotel Toronto
$$$$$
≡, ⊛, ≈, ℜ, ⊘
21 Avenue Rd., M5R 2G1
☎*964-0411 ou 800-268-6282*
≈*964-2301*
www.fourseasons.com
Si vous êtes à la recherche d'un hôtel de grand luxe, le Four Seasons Hotel Toronto, l'un des établissements les mieux cotés en Amérique du Nord, est sans nul doute un incontournable. L'endroit est d'ailleurs fidèle

à sa réputation, le service y étant impeccable et les chambres présentant un fort beau décor. En outre, il abrite une somptueuse salle de bal garnie de tapis persans et de lustres en cristal. Enfin, même le restaurant de l'hôtel, le **Truffles** (voir p 265), avec à l'entrée les sculptures d'Uffizi représentant deux sangliers sauvages, saura vous combler, car il s'agit vraisemblablement d'une des meilleures tables du Tout-Toronto.

Inter-Continental Toronto
$$$$$
≡, ≈, ℜ, ⊘, △
220 Bloor St. W., M5S 1T8
☎*960-5200 ou 800-267-0010*
≈*960-8269*
À deux pas du Royal Ontario Museum (voir p 159) et de Yorkville Avenue, vous serez séduit par l'Hotel Inter-Continental Toronto, dont les chambres sont vastes et décorées avec goût et où le service est exemplaire.

Cabbagetown

Voir plan, p 169

Homewood Inn
$$ pdj
ℝ
65 Homewood Ave.
☎*920-7944*
≈*920-4091*
www.homewoodinn.com
Établi en 1990, le Homewood Inn se veut un *bed and*

breakfast aux allures britanniques. Cette demeure quasi centenaire dégage une ambiance d'époque avec son mobilier antique, sa décoration respectueuse d'un autre temps et sa bibliothèque où les hôtes apprécient le thé d'après-midi. Les trois chambres sont à l'image du reste de la demeure, confortables et au charme d'antan. Un petit jardin est aménagé à l'arrière de la maison.

Banting House
$$-$$$ pdj
≡, *bc/bp*
73 Homewood Ave.
☎*924-1458*
⇄*922-2718*
www.bantinghouse.com

De style édouardien, et érigée il y a plus d'un siècle, l'extraordinaire Banting House a accueilli de célèbres hôtes au cours de son histoire. Achetée par l'université de Toronto dans les années 1920, elle servit de bureau au Dr Frederick Banting, au Dr Best et à leurs collaborateurs lorsqu'ils faisaient leurs recherches qui allaient mener à la découverte de l'insuline. Dès que l'on pénètre dans la vénérable demeure, on ne peut qu'être impressionné par le magnifique escalier de chêne qui relie les trois étages de la maison. Les actuels propriétaires, qui ont acquis la Banting House en 1997, l'ont rénovée d'une façon exemplaire en gardant les vitraux et les fenêtres d'origine, et en la

garnissant de superbes antiquités. Les sept chambres disponibles, au charme singulier, invitent au calme et à la sérénité. Une superbe adresse où revivre l'histoire et pour profiter d'un confort remarquable.

Aberdeen Guest House
$$-$$$ pdj
≡, *bc/bp*
52 Aberdeen Ave.
☎*922-8697*
⇄*922-5011*
www.interlog.com/~aberinn

l'Aberdeen Guest House se veut un sympathique *bed and breakfast* impeccablement bien tenu par ses propriétaires, Gary et Richard, qui mettent un soin tout particulier à l'aménagement paysager du jardin, d'ailleurs remarquable. Leur petite maison de briques, typique du quartier, comporte trois chambres au décor volontairement rétro. Une adresse où se sentir comme à la maison et bénéficier d'un service attentionné.

Historic House
$$-$$$ pdj
bc/bp, ≡, ℝ
65 Huntley St., M4Y 2L2
☎*923-6950*
⇄*923-1065*

La Historic House a pignon sur rue entre la zone commerciale de Yonge et Bloor et le Cabbagetown, à courte distance de marche de l'une comme de l'autre. Cette maison ensoleillée, confortable et garnie d'antiquités, arbore des planchers de bois dur, un bassin à remous et un mobilier antique en osier.

Howard Johnson Selby Hotel
$$$ pdj
≡, ⌚
592 Sherbourne St., M4X 1L4
☎ *921-3142 ou 800-387-4788*
⇌ *923-3177*
www.toronto.com/selby
Vous découvrirez une option peu coûteuse près de Rosedale: le Howard Johnson Selby Hotel. Des rabais sont consentis aux aînés et aux étudiants, de même que pour les séjours d'une semaine ou plus. Service de buanderie. Café et séchoir électrique dans les chambres.

Mulberry Tree
$$$ pdj
≡, ≈, ℂ
122 Isabella St., M4Y 1P1
☎ *960-5249*
⇌ *960-3853*
Le Mulberry Tree repose sur la rue Isabella, qu'ombragent des rangées d'arbres à proximité du Cabbagetown, du village gay et de la zone commerciale huppée de Yonge et Bloor. Il s'agit d'une maison patrimoniale du centre-ville d'allure quelque peu européenne, avec salon, stationnement gratuit, sans oublier le café et le thé qu'on y sert à toute heure.

Toronto Downtown Bed and Breakfast
$$$$-$$$$$ pdj
572 Ontario St., M4X 1M7
☎ *941-1524 ou 877-950-6200*
⇌ *941-1525*
www.tdbab.com
Situé sur une petite rue au cœur du très sympathique quartier de Cabbagetown, le Downtown Toronto Bed and Breakfast propose trois chambres et une suite dans un cadre familier et détendue. Les hôtes, Roger et Jim, entretiennent impeccablement leur maison et offrent un service discret et attentionné à leurs clients.

The Annex

Voir plan, p 177

Morning Glory
$$ pdj
486 Manning Ave., M6G 2V7
☎ *533-8195*
Le *bed and breakfast* Morning Glory occupe une charmante maison de style édouardien pourvue de jolies fenêtres en verre teinté et abritant de grandes et confortables chambres. L'établissement se trouve à proximité du centre-ville et de ses attraits, du métro, des autobus et des tramways. Si la température le permet, vous pourrez prendre tranquillement votre petit déjeuner sur la terrasse.

Hébergement

Global Guest House
$$
bp/bc, ≡
9 Spadina Rd., M5R 2S9
☎ *923-4004*
⊷ *923-1208*

La Global Guest House s'impose comme une option fort prisée, peu coûteuse et respectueuse de l'environnement, sans compter qu'elle est merveilleusement bien située, tout juste au nord de la rue Bloor. Ses neuf chambres irréprochables présentent un décor simple. Café et thé gratuits, service de buanderie et accès aux cuisines.

Philomena & Dave
Bed & Breakfast
$$ pdj
≡, ℝ, ℂ
31 Dalton Rd., M5R 2Y8
☎ *962-2786 ou 888-272-2718*
⊷ *964-8837*

Le Philomena & Dave Bed & Breakfast est une demeure à la fois élégante et abordable aux limites de l'Annex, à l'intersection des lignes est-ouest et nord-sud du métro. Boiseries de chêne, vitraux et lits confortables.

The French Connection
Bed & Breakfast
$$ pdj
bc/bp, ⊛, ≡
102 Burnside Dr., M6G 2M8
☎ *537-7741 ou 800-313-3993*
⊷ *537-0747*
www.thefrenchconnection.com

Situé dans un quartier résidentiel huppé accessible par Bathurst Street, The French Connection propose six luxueuses chambres, dont une avec balcon privée. Installé dans une grande demeure en brique érigée en 1925, l'établissement offre le calme, la tranquillité ainsi qu'un confort chaleureux, loin de la cohue du centre-ville tout en y étant facilement accessible par le métro.

Annex House Bed & Breakfast
$$ pdj
≡, ℝ, ℂ
147 Madison Ave., M5R 2S6
☎ *920-3922*

L'Annex House Bed & Breakfast avoisine les ravissantes maisons victoriennes et georgiennes des rues arborées de l'Annex, à courte distance de marche des nombreux restaurants de la rue Bloor et du métro.

Terrace House B&B
$$$ pdj
bc/bp, ≡
52 Austin Terrace, M5R 1Y6
☎ *535-1493*
⊷ *535-9616*

Antiquités et vitraux contribuent à agrémenter le somptueux décor du Terrace House B&B, installé près de la Casa et des transports publics. Vos charmants hôtes francophones et les deux chats de la maison vous feront sentir comme chez vous. Et que dire du petit déjeuner gastronomique, sinon qu'il vous transportera au septième ciel!

⛵ Amblecote
$$-$$$ pdj
bc/bp
109 Walmer Rd., M5R 2X8
☎*927-1713*
Situé dans le quartier branché The Annex, un peu à l'ouest de Yorkville Avenue, sur une rue calme où les demeures imposantes rivalisent entre elles, se cache un petit bijou: le *bed and breakfast* Amblecote. Datant du début du XXe siècle, cette superbe maison a dû être entièrement rénovée à la suite d'une série de négligences; les nouveaux propriétaires, Paul et Mark, ont mis la main à la pâte afin de lui redonner toute sa splendeur d'antan. On y trouve partout de belles antiquités, y compris dans les chambres. Les chambres aménagées aux extrémités de la résidence sont particulièrement splendides, lumineuses et spacieuses.

⛵ Lowther House
$$$ pdj
bc/bp, ≡, ℑ
72 Lowther Ave., M5R 1C8
☎*323-1589 ou 800-265-4158*
⇄*962-7005*
La Lowther House est une charmante résidence victorienne magnifiquement restaurée et située en plein cœur de l'Annex, à quelques minutes seulement de plusieurs des attraits les plus intéressants de la ville. Bassin à remous, solarium, foyer, baignoire sur pattes et délicieuses gaufres belges

ne sont que quelques-unes des agréables surprises qui vous attendent dans cet établissement où vous vous sentirez comme chez vous.

Madison Manor Boutique Hotel
$$$-$$$$ pdj
≡, ℜ
20 Madison Ave.
☎*922-5579 ou 877-561-7948*
⇄*963-4325*
www.madisonavenuepub.com
Le Madison Manor Boutique Hotel fait partie d'un ensemble de trois vieilles demeures bourgeoises victoriennes transformées depuis près de 20 ans en pub et en établissement hôtelier. Au numéro 20 de Madison Avenue, vous trouverez l'hôtel avec ses 22 chambres réparties sur quatre étages. Le cachet d'époque a été conservé grâce aux boiseries d'origine et au mobilier antique. Aux numéros 14 et 18 se trouve un pub anglais typique servant des repas légers et une bonne sélection de bières pression.

Palmerston Inn
$$$-$$$$ pdj
bc/bp, ≡, ℑ
322 Palmerston Blvd., M6G 2N6
☎*920-7842*
⇄*960-9529*
Une très jolie maison de style georgien avec deux élégantes colonnes blanches, sur une des rares rues tranquilles de la ville, abrite le *bed and breakfast* Palmerston Inn. Cet établissement propose huit chambres ré-

servées aux non-fumeurs dont cinq avec air conditionné, toutes garnies de meubles d'époque. En guise d'atouts complémentaires, peignoirs et fleurs fraîches dans chaque chambre, et sherry aux frais de la maison l'après-midi.

Rosedale, Forest Hill et le nord de Toronto

Voir plan, p 185

Vanderkooy Bed & Breakfast
$$ pdj
bc/bp, ≡
53 Walker Ave., M4V 1G3
☎*925-8765*
⇌*925-8557*

Le Vanderkooy Bed & Breakfast siège dans le prestigieux quartier résidentiel et arboré de Rosedale, à seulement 5 min de marche de la station de métro Summerhill et à 15 min de marche des rues Yonge et Bloor. Chat à demeure et jardin pourvu d'un étang. Les propriétaires affectionnent particulièrement la musique de jazz.

Ainsley House Bed and Breakfast
$$ pdj
≡, *bc/bp*
19 Elm Ave., M4W 1M9
☎*972-0533 ou 888-423-1853*
⇌*925-1853*

Commodément situé au cœur du quartier de Rose-dale, l'Ainsley House est près des transports publics, d'un musée, des boutiques, restaurants et galeries. Le petit déjeuner, avec pain frais, muffins maison, confitures et café frais moulu, constitue un excellent départ pour l'exploration de ce quartier historique. Non-fumeurs.

L'est de Toronto

Voir plan, p 193

Scarborough

Scarborough's Guild Inn
$$
≈, ℜ
201 Guildwood Parkway, M1E 1P6
☎*261-3331*
⇌*261-5675*

Vous pouvez jouir des plaisirs d'une auberge champêtre traditionnelle à quelques minutes à peine de Toronto en vous rendant au Scarborough's Guild Inn. Ce bâtiment des années 1930 repose dans une forêt verdoyante, tandis que les 82 chambres de l'établissement occupent une aile moderne adjacente.

The Beaches

Beaches Bed & Breakfast
$$ pdj
bc/bp, ≡, ℝ, ℂ
174 Waverly Rd., M4L 3T3
☎ *699-0818*
⇄ *699-2246*

Le Beaches Bed & Breakfast s'impose comme une charmante résidence telle qu'on en voit peu au cœur du quartier des Plages, tout près du lac, des parcs, des commerces, des cafés et du tramway du centre-ville. Les chats partagent la maison avec les hôtes, et le petit déjeuner servi chaque matin s'avère savoureux et nutritif.

L'ouest du centre-ville

Marigold Hostel
$ pdj
2011 Dundas St. W., M6R 1W7
☎ *536-8824 après 19h*
⇄ *596-8188*

Pour faire changement des grands hôtels trop souvent coûteux, optez pour le Marigold Hostel, ce charmant petit hôtel souvent rempli de jeunes voyageurs et d'étudiants qui préfèrent économiser un brin plutôt que de profiter d'une salle de bain privée. Toutes les chambres sont de type dortoir, exception faite d'une chambre privée réservée aux couples *(50$)*. Ouvert jour et nuit.

Islington Bed & Breakfast House
$$ pdj
bc, ≡
1411 Islington Ave., M9A 3K5
☎ *236-2707*
⇄ *233-3192*

L'Islington Bed & Breakfast House repose à l'ouest de la ville dans un des prestigieux quartiers domiciliaires de Toronto, non loin de la Humber Valley et à quelques pas seulement de la ligne de métro vers le centre-ville. Au menu du petit déjeuner, des délices fraîchement sortis du four et une abondance de fruits frais. Café et thé 24 heures sur 24. Stationnement gratuit. Non-fumeurs.

Novotel Mississauga Hotel
$$$-$$$$
≡, ≈, ℜ, ☺, ⌂
3670 Hurontario St., L5B 1P3
☎ *(905) 896-1000*
☎ *800-695-8284*
⇄ *(905) 896-2521*
www.accor.com

Le Novotel Mississauga Hotel se trouve immédiatement à l'ouest de la ville, en plein centre du Mississauga City Centre, non loin des restaurants et de la zone commerciale, et à courte distance de route de l'aéroport. On y trouve entre autres un terrain de racquetball, une piscine intérieure, un bassin à remous et un service de navette gratuit pour l'aéroport.

Près de l'aéroport

Ramada Hotel Toronto Airport
$$

≡, ≈, ℜ, △, ⊘
2 Holiday Dr., Toronto M9C 2Z7
☎*621-2121 ou 800-272-6232*
⇰*621-9840*
www.avari.com
Le Ramada Hotel Toronto
Airport n'est qu'à 5 min de
l'aéroport et offre un service
de navette gratuit de même
que le stationnement gra-
tuit. Bassin à remous, pisci-
nes intérieure et extérieure,
et salle à manger avec per-
mis d'alcool.

🚢 Quality Suites
$$$-$$$$ pdj

≡, ℜ
262 Carlingview Dr., M9W 5G1
☎*674-8442 ou 800-228-5151*
Hôtel de catégorie
moyenne-élevée, le Quality
Suites propose de jolies
chambres sans prétention.
Bien que situé un peu loin
de l'aéroport, il offre un des
meilleurs rapports quali-
té/prix de la région. Les
personnes ne possédant pas
de voiture n'ont toutefois
pas de souci à se faire, car
un autocar fait la navette
entre l'hôtel et l'aéroport
toutes les demi-heures.

Holiday Inn Select Toronto Airport
$$$-$$$$$

≡, ≈, ℜ, △, ⊘
970 Dixon Rd., M9W 1J9
☎*675-7611 ou 800-695-8284*
⇰*674-4364*
www.bristolhotels.com
Le Holiday Inn Select To-
ronto Airport dispose entre
autres de piscines intérieures et extérieures chauffées,
d'un bassin à remous, d'un
stationnement et d'une salle
à manger avec permis
d'alcool. Vous y trouverez
en outre une salle de bar
avec repas légers et un
centre d'affaires. Service de
navette pour l'aéroport gra-
cieusement offert.

Regal Constellation Hotel
$$$$

≡, ≈, ℜ, ⊛, △, ⊘
900 Dixon Rd., M9W 1J7
☎*675-1500 ou 800-268-4838*
⇰*675-1737*
www.regal-hotels.com
Le Regal Constellation Hotel
est un grand hôtel pourvu
de salles de congrès et de
salles d'exposition commerciale à proximité de l'aéroport international Lester B.
Pearson. Piscines intérieure
et extérieure chauffées,
salon de beauté, agence de
voyages, quatre restaurants
et salle de bar.

Best Western Carlton Place Hotel
$$$$$
≡, ⊛, ≈, ℜ, ℝ, ⌂
33 Carlson Court, M9W 6H5
☎*675-1234 ou 800-528-1234*
⇄*675-3436*

Si vous cherchez à vous loger à proximité de l'aéroport, le Best Western Carlton Place Hotel dispose de chambres correctes et confortables à prix raisonnable. Services de buanderie et de gardiennage.

Sheraton Gateway at Terminal Three
$$$$$
≡, ⊛, ℜ, ⊘
P.O. Box 3000, AMF, L5P 1C4
☎*672-7000 ou 800-565-0010*
⇄*672-7100*
www.sheraton.com

L'hôtel Sheraton Gateway at Terminal Three, relié directement à l'aérogare n° 3, est sans aucun doute le mieux situé pour les voyageurs en transit. Il compte 474 chambres joliment décorées et entièrement insonorisées, avec vue panoramique sur l'aéroport ou sur la ville.

Restaurants

T oronto est une ville
où abondent les occasions
d'expériences culinaires.

E n effet, comme il s'agit
d'une métropole cos-
mopolite aux très nom-
breuses cultures et aux
quartiers ethniques voisins
les uns des autres, ses restaurants, qui proposent des
cuisines des quatre coins
du monde, s'avèrent aussi
diversifiés que sa population. Il va sans dire que les
découvertes qui en résul-
tent sont souvent assorties
d'additions salées, quoique
même les voyageurs les
plus soucieux de leur budget soient à même d'y dé-
nicher de petits restaurants
uniques et intéressants à
souhait sans pour autant
avoir à vider leur porte-
feuille. Les établissements
qui suivent sont présentés
dans l'ordre des circuits
touristiques que propose ce
guide, de manière à ce que
vous les trouviez plus facilement, et ce, où que vous
en soyez dans votre exploration de Toronto.

Restaurants par types
de cuisine

Restaurants

Les établissements qui se distinguent

Pour la gastronomie:
Truffles (p 265)

Pour une cuisine innovatrice:
Fez Batik (p 247)
North 44 (p 270)

Pour un choix intéressant:
Marché Mövenpick (p 241)

Pour l'ambiance chaleureuse:
Select Bistro (p 255)
Nothing in Common
(p 269)
The Paddock (p 255)

Pour la vue:
360 Restaurant (p 239)

Pour le décor:
Addis Ababa (p 245)
Bombay Palace (p 243)
Nothing in Common
(p 269)
Fez Batik (p 247)

Pour le petit déjeuner ou le brunch:
Café du Marché (p 242)

Pour le thé d'après-midi:
Queen Mother Café (p 247)

Pour petits budgets:
Epicure Café (p 253)

Pour les amateurs de sport:
C'est What (p 243)

Pour la terrasse:
Spinnaker's (p 237)

Pour voir et être vu:
Café Nervosa (p 263)

Pour les desserts:
Bibiche Bistro (p 272)

Prix et symboles

Les tarifs indiqués dans ce guide s'appliquent à un repas pour une personne, avant taxes, boissons et pourboire.

$	moins de 10$
$$	de 10$ à 20$
$$$	de 20$ à 30$
$$$$	plus de 30$

Le Waterfront

Voir plan, p 99

Spinnaker's
$$
207 Queen's Quay W.
☎*203-0559*
Le Spinnaker's possède une vaste terrasse de 200 places directement au bord de l'eau, à l'intérieur du Queen's Quay Terminal. D'une conception on ne peut plus moderne alliant quantité de stuc, de couleurs contrastantes et de motifs architecturaux, il s'enorgueillit ni plus ni moins d'une esthétique mixte digne d'un bistro méditerranéen. Le chef excelle dans les fruits de mer, mais offre néanmoins une variété d'autres plats à ses convives.

Wayne Gretzky's
$$
99 Blue Jays Way
☎*979-7825*
Le Wayne Gretzky's pourrait fort bien être le dernier endroit où vous aurez une chance d'apercevoir ce prodige du hockey, maintenant que le virtuose du gouret a pris sa retraite. Tout près de la tour du CN, ce bar sportif aux dimensions aussi monumentales que son pro-

Restaurants

priétaire peut accueillir des centaines de personnes, et constitue un véritable sanctuaire au héros, rempli de souvenirs de sa carrière, de chandails de hockey, de trophées et de patins. La terrasse Oasis, aménagée sur le toit, se pare en outre d'une cascade rocailleuse et de faux palmiers, et sert des grillades telles que hamburgers et côtes levées préparées sur un barbecue. Un bon choix de pâtes complète le menu de pub de cet établissement.

Whistling Oyster Seafood Cafe
$$-$$$
11 Duncan St.
☎*598-7707*
Le Whistling Oyster Seafood Cafe a quotidiennement, comme beaucoup d'autres établissements, un «5 à 7», quoique l'accent y porte non pas sur l'alcool, mais plutôt sur les fruits de mer et les mets thaïlandais à prix d'aubaine. Quelques exemples: une demi-douzaine d'huîtres fraîches à seulement 6$, une «chaudrée» de palourde y de la Nouvelle-Angleterre à 2$ et du poulet grillé ou un *satay* de crevettes à 4$. Ce café se trouve au sous-sol de l'édifice qui abrite The Filet of Sole et exsude une atmosphère à la fois décontractée et confortable.

Hard Rock Cafe
$$-$$$
1 Blue Jays Way, SkyDome
☎*341-2388*
Comme la plupart des autres succursales de cette chaîne célèbre, le Hard Rock Cafe de Toronto se présente comme un monument aux grands noms du rock-and-roll. Les murs et le plafond sont recouverts d'instruments dont se sont servis Paul McCartney et Janis Joplin. En plus d'y jouir d'une vue sur le terrain du SkyDome, y prendre un repas est une expérience que vous n'êtes pas près d'oublier. On retrouve les traditionnels hamburgers et frites au menu.

The Boathouse Bar and Grill
$$-$$$
207 Queen's Quay W.
☎*203-6300*
Tout à côté du Spinnaker's, toujours à l'intérieur du Queen's Quay Terminal, The Boathouse Bar and Grill revêt une allure maritime, rehaussée de nombreux éléments en laiton. Vous y trouverez une terrasse extérieure et une cuisine de relais routier: bifteck, pommes de terre et pâtes.

Planet Hollywood
$$-$$$
277 Front St. W.
☎*596-7827*
Le Planet Hollywood de la méga-chaîne américaine du même nom y va pour le

luxe tapageur de Hollywood dans un décor de souvenirs de films, d'ampoules clignotantes et de grands écrans de télévision. Installé au pied de la tour du CN, il attire principalement les touristes. La nourriture n'est toutefois pas aussi prestigieuse que ce restaurant tente de l'être, puisque vous y trouverez une cuisine typiquement américaine de hamburgers, de pâtes et de sandwichs sans intérêt particulier, et à des prix exorbitants.

Captain John's Seafood
$$$
1 Queen's Quay W.
☎363-6062
Un imposant paquebot construit en 1957 et amarré en permanence au pied de Yonge Street constitue le cadre du restaurant Captain John's Seafood. Avec une localisation et un nom pareils, il n'apparaît pas étonnant que les produits de la mer soient au menu! Crevettes, requin, saumon, langouste, coquilles Saint-Jacques et autres rougets tiennent le haut du pavé sur la carte de cet établissement à l'ambiance décontractée.

Pearl Harbourfront
$$$
207 Queen's Quay W.
☎203-1233
Le Pearl Harbourfront, à la même enseigne, se veut légèrement plus formel. Ses nombreuses lucarnes contribuent à éclairer et à aérer la salle, et son personnel s'avère très attentif. Quant aux spécialités chinoises de la maison, entre autres de délicieux plats de poulet et de crevettes, elles sont élaborées avec des ingrédients frais du marché.

360 Restaurant
$$$$
tour du CN, 301 Front St. W.
☎362-5411
Imaginez-vous devant un repas arrosé d'une bonne bouteille, avec, pour toile de fond, une vue panoramique de Toronto et du lac Ontario. Eh bien, le 360 Restaurant, qui tourne sur lui-même au sommet de la tour du CN, propose précisément une cuisine de qualité doublée du spectacle à n'en point douter le plus saisissant de la ville.

Le quartier des affaires et du spectacle

Voir plan, p 117

Bevuc Café and Bar
$
121 King St. W.
☎364-6784
Bevuc Café and Bar vous laissera bouche bée. La salle à manger, très vaste, est ornée de murs imitation marbre, de grands cadres reprenant des thèmes antiques, de tables en fer forgé ainsi que d'un mobilier qui

Restaurants

a été choisi en raison de son confort, comme ces fauteuils à haut dossier et ces banquettes coussinées. En y pénétrant, vous aurez immédiatement envie de vous y installer et d'y rester des heures à savourer quelques-uns des bons plats santé qu'on y prépare. Au menu: des salades de fruits frais, des pâtes sauce maison, des gâteaux de toutes sortes et une bonne variété de thés, idéaux pour prendre le petit déjeuner ou le déjeuner.

Shopsy's Deli & Restaurant
$-$$
33 Yonge St.
☎365-3333

Il est de ces endroits qui ont su plaire à leurs clients depuis des décennies. C'est le cas de Shopsy's, ce *delicatessen* qui a ouvert ses portes en 1921 et qui a depuis conquis sans relâche le cœur et l'estomac des Torontois grâce à ses petits déjeuners traditionnels et, surtout, à ses hot-dogs. Il est situé à deux pas du Hockey Hall of Fame, à l'angle des rues Yonge et Front.

Hey Lucy
$$
295 King St. W.
☎408-3633

Le Hey Lucy rehausse quelque peu le plaisir de savourer une pizza avec ses murs de brique nus et son four à bois. Gens d'affaires et amateurs de théâtre se rassem-

blent à l'intérieur ou sur la terrasse en bordure du trottoir pour déguster des entrées de *nachos* ou de moules fraîches, un choix de salades gastronomiques, 16 variétés de pizzas et des pâtes, dont des linguini aux fruits de mer. L'établissement propose même une pizza-dessert, soit une croûte grillée sur feu de bois saupoudrée de cannelle et de sucre brun, le tout garni d'un coulis de framboises, de fruits frais et de crème fouettée.

Duke of Argyle
$$-$$$
86 John St.
☎340-9700

Situé en plein cœur de Toronto, tout près du Skydome, le Duke of Argyle se veut un pub traditionnel de la Côte Est d'inspiration écossaise et acadienne. Vous y trouverez notamment plus de 60 scotchs pur malt, dont beaucoup à moins de 5$ le verre, et plus de 50 sauces piquantes pour relever votre hamburger ou vos côtes levées, d'ailleurs succulentes.

Golden Thai
$$-$$$
105 Church St.
☎868-6668

Le Golden Thai est un endroit prisé le soir venu, tout spécialement pour son Pad Thai, quoiqu'on y serve l'éventail complet des mets thaïlandais. Plusieurs repas combinés figurent au menu.

N'Awlins Jazz Bar and Grill

$$-$$$

299 King St. W.

☎595-1958

Vous ne pouvez pas manquer le N'Awlins Jazz Bar and Grill, où l'on a suspendu un piano au-dessus de la porte d'entrée. Son atmosphère confortable attire par ailleurs une clientèle branchée et raffinée. D'excellents musiciens de jazz s'y produisent tous les soirs, créant une ambiance propice à la dégustation de savoureux plats de viande et pâtes gastronomiques.

Marché Mövenpick

$$-$$$

BCE Place, angle Front et Yonge

☎366-8986

Au Marché Mövenpick, vous pouvez vous servir à même les nombreux comptoirs de mets gastronomiques offrant tout aussi bien des sushis frais que des pâtes et des salades. La seule difficulté consiste à faire un choix parmi une telle variété de plats, tous plus alléchants les uns que les autres. Cet endroit est très fréquenté, et l'on y fait souvent la queue, surtout à l'heure du déjeuner.

Kit Kat

$$$

297 King St.

☎977-8942

Populaire restaurant italien typique tenu depuis nombre d'années par John Carbone, Kit Kat sert une cuisine authentique, sans trop de compromis, bien appuyée par une carte des vins riche de sélections italiennes, californiennes et australiennes. Dans un décor un peu brouillon, on sert sur des nappes à carreaux rouges quelques excellentes spécialités, notamment la polenta grillée et l'osso bucco. Étroit et relativement exigu, l'établissement a tout pour créer cette animation qui en fait une maison appréciée autant des hommes d'affaires, des artistes - Keith Richards des Rolling Stones y est déjà venu - et des habitués plus modestes.

Restaurant Mövenpick

$$$

165 York St.

☎366-0558

Le Restaurant Mövenpick sert les mêmes plats suisses que le marché (voir ci-dessus), mais dans un endroit beaucoup moins bondé et avec service à la table. Le brunch à volonté, la fin de semaine, est aussi excellent.

Acqua

$$$

10 Front St. W., BCE Place

☎368-7171

Chez Acqua, comme le laisse sous-entendre son nom, tout le décor intérieur tourne autour du thème de l'eau. Tout en contemplant le beau décor quelque peu inusité de ce restaurant très à la mode, vous dégusterez

Restaurants

de succulents plats issus des traditions culinaires méditerranéenne.

Fenice
$$$-$$$$
319 King St. W.
☎ *585-2377*
Le Fenice vous invite à déguster de délicieux plats italiens, préparés avec des ingrédients toujours frais, et à profiter d'une atmosphère chaleureuse à souhait; vous savourerez votre repas en vous laissant bercer par la musique classique.

Fred's Not Here
$$$-$$$$
321 King St. W.
☎ *971-9155*
Le tronçon de King Street qui s'étend entre les rues John et Peter attire aussi bien les amateurs de théâtre que la foule des employés de bureau mettant fin à leur journée de travail. Le Fred's Not Here se donne des airs tranchants avec ses nappes blanches et son décor de verre sculpté. Au menu, du steak, du poisson, des fruits de mer et du gibier, entre autres du canard et du faisan. L'atmosphère y est plutôt civilisée, quoique le bar The Red Tomato, audessous de l'établissement, puisse parfois devenir assez bruyant.

Old Town of York

Voir plan, p 129

Features Café
$
37 King St. E.
☎ *367-1212*
Idéal pour les deux premiers repas de la journée, le Features Café sert de bons cafés à l'européenne, des pâtisseries diverses, un choix de petits déjeuners continentaux et des sandwichs variés. Le décor est on ne peut plus dépouillé et sans attrait particulier.

Starbuck's
$
81 Front St. E.
☎ *955-9956*
En réponse à l'engouement des Torontois pour le bon café, Starbuck's, une célèbre chaîne américaine de cafés, a ouvert quelques succursales à Toronto. Servant un excellent café, l'endroit a tout de suite ravi les Torontois, qui y viennent nombreux, à tel point qu'il peut parfois être difficile d'y trouver un siège.

Café du Marché
$$
45 Colborne St.
☎ *368-0371*
Le Café du Marché ne sert que le petit déjeuner et le déjeuner (il ferme à 15h), mais présente un excellent rapport qualité/prix. Vous y trouverez aussi bien un

comptoir de mets à emporter qu'une salle à manger où l'on sert des salades, des sandwichs, des quiches, des omelettes et divers plats de résistance couronnés d'un délicieux assortiment de desserts.

C'est What
$$
67 Front St. E.
☎867-9499

C'est What propose un merveilleux mélange de cuisines. On peut y aller jusque tard dans la nuit, ou encore avant ou après le théâtre. Le menu affiche d'excitantes salades ainsi que des sandwichs innovateurs. L'ambiance ressemble beaucoup à celle d'un pub avec ses chaises confortables, ses jeux de société et sa musique d'ambiance.

Young Thailand
$$
81 Church St.
☎368-1368

Qualifié de premier restaurant thaïlandais au Canada, Young Thailand propose une classique mais toujours excellente cuisine siamoise, servie dans une grande salle à manger à l'éclairage tamisé et au décor d'inspiration asiatique. Très populaire depuis des années auprès des Torontois, la maison a remporté quelques prix gastronomiques et autres récompenses.

Le Papillon
$$
16 Church St.
☎363-0838

Au restaurant Le Papillon, vous serez comblé, car le menu affiche une alléchante variété de plats combinant les délices des cuisines française et québécoise; les crêpes sont particulièrement réussies.

The Bombay Palace
$$-$$$
71 Jarvis St.
☎368-8048

The Bombay Palace présente un intérieur richement orné avec lumière tamisée, tout en étant rehaussé d'œuvres d'art typiquement indiennes, qui tranche avantageusement sur les cafétérias inondées de néon caractéristiques de nombreux restaurants indiens de Toronto. Ses nappes blanches et ses serveurs en uniforme lui confèrent une certaine réserve, mais la nourriture est excellente et offerte à juste prix. Le menu se veut très varié et complété par un buffet fumant.

Hiro Sushi
$$$
171 King St. E.
☎304-0550

Reconnu pour être le plus adroit des chefs spécialisés dans les sushis à Toronto, Hiro Yoshida fait des heureux dans son populaire restaurant Hiro Sushi. Bien qu'il s'appuie sur les préparations les plus classiques du pays du Soleil levant, où il va d'ailleurs se ressourcer quelquefois, le chef se laisse aller à quelques originalités pour le plus grand plaisir des convives. Intime, l'établissement possède un cadre dépouillé et minimaliste qui laisse toute la place aux créations de Hiro.

Café Victoria
$$$-$$$$
Royal Meridian The King Edward Hotel, 37 King St. E.
☎*863-9700*
Le Café Victoria, avec son décor classique et ses tables intimes équitablement distribuées à l'intérieur de sa vaste salle à manger, vous enchantera à coup sûr. Le repas, un véritable festin que vous terminerez par un non moins savoureux dessert, sera mémorable. Deux des spécialités de la maison sont le steak-frites et la tourtière.

⛵ Biaggio Ristorante
$$$$
155 King St. E.
☎*366-4040*
À deux pas du St. Lawrence Hall, vous pourrez savourer une cuisine italienne digne des plus fins palais au Biaggio, car cet élégant restaurant sert certainement parmi les meilleures pâtes fraîches en ville. Après avoir longuement hésité parmi les plats tout aussi tentants les uns que les autres, vous devrez

choisir parmi l'excellente sélection de la carte des vins. Heureusement, le serveur pourra vous venir en aide.

Queen Street West

Voir plan, p 137

La rue Queen West est au cœur de la vie nocturne de Toronto et s'anime jour et nuit d'une faune bigarrée, allant des jeunes habitués des boîtes de nuit aux amateurs de musique underground en passant par les couples en quête d'une soirée au restaurant dans un secteur branché de la ville. Cette artère est d'ailleurs émaillée de douzaines de restaurants originaux couvrant une gamme variée de cuisines. La plupart affichent des prix modérés, mais vous y trouverez également de purs joyaux offrant des repas à des prix qui défient toute concurrence.

Les environs de Queen Street West se divisent en quelques secteurs distincts, la portion la plus embourgeoisée se trouvant entre les avenues University et Spadina, où cafés et restaurants se succèdent à quelques pas les uns des autres, entrecoupés d'importants détaillants tels que Gap (vêtements) et HMV (disquaire). Les adresses qui suivent comptent résolument parmi les meilleures.

Addis Ababa
$
1184 Queen St. W.
☎*538-0059*
Si vous êtes à la recherche d'une atmosphère résolument exotique, sachez que l'Addis Ababa est un antre capiteux servant une cuisine éthiopienne traditionnelle. Le dîner y prend des allures de rite communautaire, dans la mesure où les plats épicés sont servis sur des plateaux qu'on se passe à tour de rôle autour de la table, et où l'on mange avec ses doigts en emprisonnant la nourriture dans l'*injera*, ce pain éthiopien apparenté à la crêpe. Des volutes d'encens flottent dans la salle bercée par une musique africaine, les tables se parent de nappes tissées hautes en couleur et les murs arborent des sculptures de bois de même que des peintures d'origine éthiopienne. Musiciens de jazz sur scène les vendredis et samedis soirs.

Salad King
$
335 Yonge St.
☎*971-7041*
Le Salad King, niché à l'angle des rues Yonge et Gould, est un endroit si discret qu'on peut facilement le passer sans le voir. Néanmoins la nourriture qu'on sert à son comptoir

de cafétéria flanqué d'une cuisine à aire ouverte vaut bel et bien la peine qu'on s'y arrête. Oubliez l'atmosphère (la plupart des tables sont disposées dans une salle dépourvue de fenêtres et mal éclairée): on ne vient ici que pour savourer d'excellents mets thaïlandais, d'ailleurs on ne peut plus authentiques, et offerts à des prix imbattables.

The Lost Camel
$
559 Queen St. W.
☎*703-5275*
The Lost Camel fait davantage songer à un salon qu'à un petit restaurant avec ses confortables canapés, ses murs garnis de tableaux et son personnel serviable. On y sert de généreux et nourrissants sandwichs et salades, et le café s'y veut bon et corsé.

XXX Diner
$
894 Queen St. W.
☎*536-2822*
Immédiatement adjacent au Swan, le XXX Diner (que les habitués désignent plutôt sous le nom de «Triple X») se veut un café décontracté où les promeneurs du parc voisin peuvent se présenter en compagnie de leur chien. Bien qu'essentiellement végétarien, le menu propose également quelques plats de poulet. Ses brunchs de fin de semaine (mets Tex-Mex axés

sur les œufs, tels que *burritos*) vous réservent une expérience unique dans la mesure où un DJ y fait tourner des airs hypnotiques de drum-and-bass. On présente aussi chaque mois des expositions d'art. Notez cependant qu'on ne peut dîner ici, puisque ce restaurant ferme à 16h.

Babur
$$
273 Queen St. W.
☎**599-7720**
Le Babur est un restaurant typiquement indien où l'on prépare des mets de différentes régions de l'Inde, du poulet tandouri au *paneer korma*, sans oublier de savoureux *pakoras* (beignets frits) de légumes comme entrée. À l'instar de beaucoup d'autres restaurants de Queen West, le Babur s'avère particulièrement affairé, surtout les fins de semaine, de sorte qu'il serait sage de réserver à l'avance.

Everest Café and Bar
$$
232 Queen St. W.
☎**977-6969**
À la fois tibétain et indien, l'Everest Café and Bar présente pourtant un décor résolument occidental, léché et dépouillé. Si certains peuvent trouver ce cadre peu adapté aux plats servis, ils n'en apprécient pas moins les excellentes spécialités venues de l'Asie himalayenne, notamment

les *momo* tibétains et les on ne peut plus indiens currys aux pois chiches et aux pommes de terre.

Sushi Bistro on Queen
$$
204 Queen St. W.
☎**971-5315**
Populaire petit restaurant animé d'une clientèle fidèle, Sushi Bistro on Queen sert évidemment les rouleaux aux algues et poissons crus typiquement japonais. Des arrivages quotidiens de poissons viennent compléter une sélection sur la carte qui peut paraître quelque peu limitée. La décoration très dépouillée et l'éclairage vif, jumelés au service affable et aux prix raisonnables, viennent donner à l'établissement son caractère simple et honnête si apprécié.

Sushiman Japanese Restaurant
$$
26 Richmond St. E.
☎**362-8793**
Le Sushiman Japanese Restaurant sert d'excellents sushis et tempuras à des prix raisonnables, et arbore un décor japonais traditionnel. Le midi, ses plats du jour attirent en général une foule nombreuse.

Tiger Lily's Noodle House
$$
257 Queen St. W.
☎**977-5499**
L'intérieur de la Tiger Lily's Noodle House se veut so-

bre, pour ne pas dire minimaliste et son service ultrarapide. Au menu, un éventail monstre de potages chinois et thaïlandais servis dans ce qui ressemble davantage à des plats de service qu'à de simples bols, mais constituant tout de même des repas complets en soi. Cela dit, et bien que les potages soient indubitablement la spécialité de la maison, le menu affiche aussi un assortiment de plats de nouilles alléchants.

Hard Rock Cafe
$$-$$$
283 Yonge St.
☎362-3636
Le Hard Rock Cafe se trouve au cœur même du centre-ville de Toronto. Établi directement en face de l'Eaton Centre, cet endroit couru des touristes fait honneur à sa réputation et déborde de souvenirs et d'objets relatifs à des décennies d'histoire rock. Menu de hamburgers, frites et autres «classiques» typiquement américains.

Queen Mother Café
$$-$$$
210 Queen St. W.
☎598-4719
Le Queen Mother Café appartient aux mêmes propriétaires que le populaire restaurant-bar Rivoli, un peu plus loin sur la même rue. Contrairement à ce que son nom pourrait laisser croire, il ne s'agit nullement d'un salon de thé à la bri-

tannique, mais plutôt d'un restaurant à service complet spécialisé dans les mets du Laos et de la Thaïlande, d'ailleurs fort variés. Tables et banquettes intimes y emplissent trois salles prolongées d'une petite terrasse à l'arrière. Le Pad Thai est un grand favori des habitués de la maison, et ce, depuis une époque de loin antérieure à celle où tous les établissements du coin se sont mis à en servir. Quant au riz collant sauce arachide, c'est un pur délice. Le menu propose quotidiennement de nombreux plats du jour, et les desserts, qui proviennent de Pasteries (une des meilleures boulangeries-pâtisseries de la ville), sont tout simplement divins.

Fez Batik
$$$
129 Peter St.
☎204-9660
Le Fez Batik est la toute dernière coqueluche des environs, deux restaurateurs locaux s'étant récemment affairés à transformer une ancienne boîte de nuit en un chic restaurant marocain. Il s'agit d'un vaste établissement aménagé sur trois étages où une imposante tête de bouddha domine l'entrée, tandis que la salle de bar se pare de canapés couverts de coussins marocains. Quant au menu, il fait une fusion remarquable entre différentes traditions

culinaires, de la marocaine à la japonaise, la présentations des plats se voulant aussi soignée que leur préparation. Et, tandis que vous ferez votre choix, votre serveur cordial, d'allure tout à fait branchée, vous apportera du pain frais accompagné d'une délicieuse tapenade aux tomates rôties, aux olives et à l'ail pour vous aider à patienter. En plus d'une carte des vins enviable, on y sert quelque 40 thés différents. On propose également de nombreuses bières pression que vous pourrez déguster devant un bon feu de foyer. Des DJ y font valoir leurs talents tous les soirs.

Peter Pan
$$$
373 Queen St. W.
☎593-0917
Le Peter Pan offre un très beau décor qui rappelle les années 1930. Plus encore, on y propose une cuisine imaginative et délicieuse: pâtes, pizzas et poissons prennent ici des allures inédites. Le service y est même distingué.

Eureka Continuum
$$$-$$$$
205 Richmond W.
☎593-8427
Outre une belle collection de sculptures inuites et d'objets d'art des Premières Nations, le restaurant Eureka Continuum met en vedette une nouvelle et raffinée cuisine autochtone

avec des plats tels que les saucisses de caribou fumé servies avec des haricots rouges, le steak de bison, le gibier sauce au vin, le canard et le saumon. Cette nouvelle cuisine fusion, servie dans la salle à manger aménagée au sous-sol du New Textile Building, propose en outre comme accompagnements une purée de courge et pommes de terre ainsi qu'un risotto à base de riz sauvage.

Monsoon
$$$$
100 Simcoe St.
☎979-7172
Malheureusement le décor unique et singulier du restaurant Monsoon tend à faire oublier le caractère subtil et délicieux de sa cuisine. Il est vrai que le cadre léché et bichrome, tout à fait particulier, ne peut que retenir l'attention du convive. Pourtant, les fins palais apprécieront l'invention et l'audace du chef qui transforme viandes, poissons et légumes bien nord-américains en de véritables splendeurs aux parfums d'Asie.

Barberian's
$$$$
7 Elm St.
☎597-0225
Il n'y a rien de tel qu'un bon steak de surlonge grillé et tendre à souhait comme on en prépare si bien au Barberian's. Le steak occu-

pe d'ailleurs une place de choix au menu, qui pourra paraître peu étoffé aux yeux des personnes souhaitant s'offrir autre chose. Il est préférable de réserver à l'avance.

Senator
$$$$
fermé lun
249 Victoria St.
☎364-7517
Le Senator a survécu à la récente multiplication des restaurants torontois, sans doute parce qu'il sert encore un des meilleurs steaks en ville. Décor chic et raffiné. Une boîte de jazz se trouve à l'étage pour ceux et celles qui désirent prolonger la soirée. The Senator est ouvert le matin et le midi 7 jours sur 7, de même que le soir du mardi au dimanche.

Chinatown et Kensington

Voir plan, p 147

Vous ne serez guère étonné d'apprendre qu'on trouve beaucoup de restaurants chinois, vietnamiens et japonais dans le Chinatown, et plus particulièrement le long de Spadina Avenue entre les rues Queen et College, de même que sur Dundas entre Spadina et University.

Amato
$
534 Queen St. W.
☎703-8989
Les amateurs de pizza seront transportés d'extase à l'Amato, où les pointes à 3$ ou 4$ ne sont rien de moins que le quart d'une grande pizza. Tous les jours, on y offre le choix de 30 variétés gastronomiques, de la traditionnelle pizza au pepperoni à la pizza végétarienne, «blanche» (sans sauce tomate) ou garnie d'ingrédients chouettes tels que cœurs d'artichauts, fromage feta et épinards. L'Amato dispose par ailleurs, à l'arrière, d'une section intime pourvue de grandes banquettes confortables où vous pourrez vous installer pour commander des pâtes somptueuses, des salades, des sandwichs sur pain *focaccia* ou des pizzas «sur mesure».

Azul
$
181 Bathurst St.
☎703-9360
L'Azul, niché au détour de la rue Queen sur Bathurst Street, exsude un air décontracté et nonchalant, avec sa table de salon couverte de revues dans un coin de la pièce. Le propriétaire et chef de cet établissement est parvenu à composer une atmosphère détendue et un impressionnant menu de plats fusion d'inspiration asiatique et latine. Quel que soit le repas, cependant, l'emphase porte toujours

Restaurants

sur des mets on ne peut plus sains: beaucoup de plats végétariens, un choix remarquable de jus de légumes et de fruits bien frais et des laits frappés au yogourt. Toutes les boissons, plus alléchantes les unes que les autres, comme le Mind Fuzz Be Gone (carotte, pomme, gingembre, betterave et ginkgo), font largement honneur à leur nom.

Dufflet Pasteries

$

787 Queen St. W.

☎ *506-2870*

Dufflet Pasteries est une pâtisserie qui peut se vanter de produire des gâteaux, des tartes et d'autres douceurs parmi les plus divins qui soient à Toronto. Ses créations se retrouvent d'ailleurs sur les chariots de desserts de bon nombre de restaurants de la ville, quoique rien ne remplace l'approvisionnement à la source. Vous pourrez aussi bien y acheter un gâteau entier pour une occasion spéciale qu'y prendre place à une petite table invitante pour siroter un cappuccino ou un café au lait, tout en succombant à quelque irrésistible délice.

Tequila Bookworm

$

490 Queen St. W.

☎ *504-7335*

Attirant une clientèle jeune, branchée et alternative, Tequila Bookworm propose

des repas légers à ses convives et leur permet d'acheter ou de feuilleter les revues et livres mis à leur disposition. L'endroit est sans prétention et sympathiquement bohème.

Lotus Garden Vietnamese Vegetarian Restaurant

$

393 Dundas St. W., Unit G

☎ *598-1883*

Le Lotus Garden Vietnamese Vegetarian Restaurant est un petit restaurant vietnamien unique en son genre qui attire surtout des jeunes en quête de plats de soja et de tofu, de salades et de potages. Toutes les préparations se font sans MSG et avec très peu de sel, et certaines créations intègrent même des légumes biologiques.

Pho Hung Vietnamese Restaurant

$

350 Spadina Ave.

☎ *593-6274*

Le Pho Hung Vietnamese Restaurant, sur Spadina à l'angle de Baldwin, est affectueusement surnommé la «vache qui rit» du fait du bovin rieur qui lui sert d'effigie. On y sert des mets vietnamiens à bon prix ainsi que des bières à la portée de toutes les bourses et pour tous les goûts. Le restaurant possède une licence complète.

Vienna Home Bakery
$
626 Queen St. W.
☎ **703-7278**
La Vienna Home Bakery semblerait mieux à sa place dans une petite ville du nord de l'Ontario qu'à un jet de pierre de Queen et Bathurst. Ce comptoir de déjeuner à la fois simple et chaleureux se pare de murs rose clair et s'emplit d'effluves de pain chaud. Les potages végétariens maison y sont toujours frais du jour, et le pain sort directement du four. On y sert en outre des sandwichs et des tartes parmi les meilleurs en ville. Ici, tout est on ne peut plus frais. Surveillez les plats du jour, entre autres la quiche et le *chili con carne*, toujours très appréciés.

Happy Seven
$-$$
358 Spadina Ave.
☎ **971-9820**
Le Happy Seven est une autre institution du Chinatown, et, comme beaucoup d'autres établissements de ce quartier, il se caractérise par un éclairage éblouissant, si ce n'est que la propreté en est irréprochable. Son menu vous offre un choix vertigineux de 298 plats, dont des douzaines de potages et plusieurs assiettes de fruits de mer, de porc, de poulet, de canard, de tofu, de nouilles et de légumes servis en généreuses portions. Bien qu'es-

sentiellement cantonais, le menu comporte aussi des spécialités sichuanaises.

La Hacienda
$-$$
640 Queen St. W.
☎ **703-3377**
La Hacienda est un rendez-vous local fort à la mode qui propose des mets Tex-Mex convenables à prix d'aubaine. Intérieur tamisé, murs tapissés d'œuvres de photographes et d'artistes du coin, et grande terrasse arrière ombragée, ouverte au cours de la saison estivale. La musique est forte et le service lent, mais il n'en s'agit pas moins d'un lieu tout indiqué pour vous plonger dans le milieu des artistes et des musiciens de Queen Street West.

Citron
$$
813 Queen St. W.
☎ **504-2647**
En face du Terroni (voir ci-après), le Citron, éclairé à la bougie, révèle un raffinement discret qui le distingue de certains de ses voisins. Le personnel se veut cordial et détendu, et la cuisine à aire ouverte fait en sorte que la petite salle s'emplit toujours d'arômes envoûtants. Une salade frisant la perfection (composée de verdure biologique, de poires grillées, de noix et de feta) et des entrées, tel ce chausson à base de farine de riz fourré de légu-

mes thaïlandais et parfumé
à la menthe et au lemon-
grass, préparent bien le
terrain pour les plats principaux. Offerts à des prix très
raisonnables, une foule de
plats végétaliens et végétariens sont servis ici, de
même que du canard (on
n'y sert aucune viande rouge). Plusieurs bons vins
sont en outre servis au
verre. Ouvert tous les soirs
pour le dîner, de même
qu'à l'heure du brunch du
vendredi au dimanche.

Left Bank
$$$
567 Queen St. W.
☎504-1626
Décor caverneux et austère,
présentation exquise, atti-
tude de mise et éclairage
feutré contribuent tous à
étayer le menu de bistro
nord-américain de ce res-
taurant. Saumon, biftecks et
gigot d'agneau braisé ne
sont que quelques-uns des
délices qui figurent au me-
nu. Cela dit, les végétariens
ne seront pas en reste, car
on fabrique sur place une
variété de pâtes fraîches. Et
n'oubliez pas de vous gar-
der un petit coin pour les
desserts maison, dont vous
pourrez vous délecter avant
d'aller entendre les musi-
ciens ou les DJ à l'affiche.

Margarita's Fiesta Room
$$
14 Baldwin St.
☎977-5525
Quel dépaysement que le
Margarita's Fiesta Room,
avec sa musique latine en-
traînante, ses plats savoureux, comme les *nachos* (les
meilleurs de Toronto), et
son délicieux *guacamole,*
c'est véritablement le Mexique en plein cœur de la
Ville reine. Vous y passerez
à coup sûr une excellente
soirée, plaisante à souhait,
et vous vous sentirez loin
de la ville et de sa grisaille.

Squirly's
$$
807 Queen St. W.
☎703-0574
Le Squirly's propose une
atmosphère décontractée et
un menu de pizzas, pâtes,
sautés, *quesadillas*, hambur-
gers et salades que vous
pourrez apprécier sans
avoir à vider vos poches.
L'endroit est par ailleurs
tout juste assez feutré et
astucieusement décoré pour
se transformer en bar ac-
cueillant en fin de soirée.
Ne vous attendez toutefois
pas à y trouver des vins
exceptionnels, et notez que
la musique prend parfois
passablement d'amplitude
après 23h. L'arrière-salle,
éclairée à la chandelle et
agrémentée de sofas en
velours rouge, se veut enfin
un antre intime et détendu

dont le toit se rétracte pour créer une terrasse au cours de la saison estivale.

Terroni
$$
720 Queen St. W
☎504-0320

Le Terroni se présente comme une longue et étroite pizzeria fine parsemée de banquettes en bois et d'étagères remplies de denrées italiennes, que complète une minuscule terrasse à l'arrière. Salades, pizzas et sandwichs y sont toujours frais, et préparés avec des ingrédients de qualité (il est intéressant de noter qu'on ne sert ici aucun plat de pâtes). Fréquenté par des artistes locaux, c'est un endroit où il fait bon s'attarder devant un express tout en étant entouré d'acteurs, de photographes et autres créateurs. Aucune carte de crédit n'est toutefois acceptée.

Tortilla Flats
$$
429 Queen St. W.
☎593-9870

Le Tortilla Flats est un bazar Tex-Mex voisin de l'intersection de Queen et Spadina, paré de vives couleurs et de babioles mexicaines on ne peut plus caractéristiques de ce genre d'établissement. Vous trouverez à l'arrière un bar, des tables, des banquettes et une terrasse. La nourriture, naturellement Tex-Mex, se compose de *burritos* fromagers,

de *nachos*, d'*enchiladas* et de *fajitas* à tout le moins passables. Et pourquoi ne pas essayer les Jalapeños Poppers, ces piments entiers (et brûlants) farcis de fromage en crème, panés et plongés dans la friture? Spécial *fajitas* «deux pour un» le mardi.

Epicure Café
$$
512 Queen St. W.
☎504-8942

L'Epicure Café s'auréole d'une chaleureuse atmosphère de bistro et regroupe deux salles superposées de même que deux terrasses, l'une directement sur Queen et l'autre, plus tranquille, sur le toit de l'établissement. Tous les repas à prix fixe sont offerts à moins de 10$ et comprennent une variété de pâtes et de délicieux hamburgers (végétariens ou au bœuf) accompagnés d'une salade ou de frites croustillantes. Calmars frits à la cajun et moules provençales ajoutent par ailleurs une touche de Louisiane française au menu, sans oublier un assortiment de bières pression et un comptoir à cappuccino.

🛶 Bamboo
$$-$$$
312 Queen St. W.
☎593-5771

Le Bamboo est sans doute l'élément le plus coloré de la rue Queen. Pour vous rendre jusqu'aux salles à manger, vous devrez vous engager dans un étroit passage reliant le «temple» à la rue. Vous aurez alors le choix entre la terrasse extérieure, aménagée sur deux niveaux, ou l'une des deux salles intérieures. Ce restaurant unique en son genre, où la cuisine prend tour à tour des arômes caribéens, malais, thaïlandais et indonésiens, présente également des spectacles après 21h. Vous pourrez ainsi déguster des spécialités, tel le *satay* (brochettes de poulet sauce arachide), avant de vous élancer sur la piste de danse et vous déhancher sur des airs endiablés de reggae et, à l'occasion, de la salsa, de la musique africaine, du jazz ou du swing, histoire d'équilibrer le tout.

Gypsy Co-Op
$$-$$$
815 Queen St. W.
☎*703-5069*

La Gypsy Co-Op s'impose comme un pilier branché de cette partie de la ville. On y propose d'ailleurs un menu fusion particulièrement raffiné comportant plusieurs plats de pâtes, des spécialités végétariennes, ainsi que du porc, du poulet et du saumon. La moitié arrière de l'établissement accueille un bar confortable, rehaussé de canapés et de fauteuils douillets, où se produisent certains des meilleurs DJ de la ville.

Notez toutefois que le bruit émanant du bar peut troubler l'atmosphère d'un dîner en tête-à-tête, de sorte que, si telle est votre intention, vous feriez sans doute mieux d'y aller tôt.

Lee Garden
$$-$$$
331 Spadina Ave.
☎*593-9524*

Certains jours, on croirait que la Chine tout entière se retrouve dans le petit restaurant Lee Garden, tant il est bondé. Tout ce monde s'y presse pour goûter une cuisine chinoise délectable (surtout cantonaise, mais aussi sichuanaise), notamment en ce qui a trait aux fruits de mer, au canard et au poulet à la mangue.

Swan Restaurant
$$$
892 Queen St. W.
☎*532-0452*

Tout juste à l'ouest du Trinity Bellwoods Park, le Swan Restaurant attire les amateurs de théâtre et de cinéma en quête d'un bon repas. Sa longue salle étroite est garnie de banquettes rétro, et le cool-jazz y est de rigueur. Ses brunchs en surpassent par ailleurs beaucoup d'autres et se composent notamment de mollusques et crustacés frais (le chef y ouvre les huîtres sous vos yeux). Quant au menu régulier, il fait défiler un assortiment exquis de délices, entre autres des potages maison servis avec du pain portugais.

Caffé La Gaffe
$$$
24 Baldwin St.
☎596-2397

Le Caffé La Gaffe occupe les locaux d'un ancien magasin de la rue Baldwin. Connu sous le simple vocable de «Gaffe», il accueille aussi bien la foule de Queen Street West que les étudiants torontois sur ses terrasses avant et arrière. L'intérieur présente pour sa part un décor passablement dépareillé, des chaises précaires aux œuvres d'art qui ornent les murs. Sitôt attablé, vous vous ferez offrir un panier de pain de maïs portugais. On y sert des bouchées de fruits de mer comme entrée, ainsi que des potages maison et des plats de résistance tels que pâtes nourrissantes, biftecks, poissons, fruits de mer et poulet biologique. Le tout se voit couronné d'une bonne carte des vins, dont plusieurs blancs et rouges servis au verre. Également couru pour son brunch de fin de semaine, où les œufs bénédictine trônent en roi.

Select Bistro
$$$
328 Queen W.
☎596-6405

En pénétrant dans le Select Bistro, vous serez tout de suite enveloppé par un jazz qui vous donnera envie d'y rester des heures. Mais ce bistro aux allures très parisiennes n'offre pas qu'une atmosphère chaleureuse et décontractée, il propose également un alléchant menu, ce qui explique qu'il soit fréquenté par une clientèle de connaisseurs qui reviennent sans arrêt pour déguster des délices tels que la bouillabaisse, le cassoulet, la bavette, l'agneau et le confit de canard. Lauréat du prix d'excellence de Wine Spectator pour l'an 2000, cet établissement vous propose plus de 1 000 crus! Une terrasse des plus invitantes vous accueille au cours de la belle saison.

The Paddock
$$$
178 Bathurst St.
☎504-9997

Il n'y a pas si longtemps, The Paddock était connu comme un bar de type saloon – de ceux contre lesquels votre mère vous aurait mis en garde. Aujourd'hui entièrement remodelé, il s'impose plutôt comme un chic et chaleureux restaurant où la jeune trentaine du quartier se rend volontiers pour s'offrir un bon repas. Les portions sont menues, mais admirablement présentées, et vous réservent des délices tels qu'un *crumpet* (petite crêpe épaisse) garni de patates douces et de gorgonzola, le

tout accompagné de mini-
légumes verts, ou encore
un bifteck fumé au *mesquite*
assorti d'une gaufrette de
pommes de terre et de poi-
vrons grillés. L'endroit se
transforme par ailleurs en
bar à cocktails le soir venu.

Cities
$$$
859 Queen St. W.
☎504-3762
Cities illustre à merveille la
joie de cuisiner et de man-
ger. Le décor comme le
menu, où figure principale-
ment une cuisine fraîche de
marché, révèlent une imagi-
nation exceptionnelle. La
carte, qui change quotidien-
nement, propose du porc,
du bœuf, de l'agneau, du
poisson et des plats de
fruits de mer, auxquels on
peut ajouter un dessert fait
maison. Vu la fraîcheur des
ingrédients, le rapport qua-
lité/prix est excellent.
Bonne liste des vins.

Taro Grill
$$$$
492 Queen St. W.
☎504-1320
Le Taro Grill fait partie de
ces restos où l'on se rend
pour bien manger, certes,
mais aussi un peu pour être
vu, car il s'agit d'un des
endroits branchés de la
ville. Ici, le spectacle est
incessant, car vous pourrez
également observer le chef
à l'œuvre dans la cuisine à
aire ouverte.

Bodega
$$$$
30 Baldwin St.
☎977-1287
La Bodega sert une cuisine
française résolument gastro-
nomique, concoctée avec
des ingrédients on ne peut
plus frais. Les tapisseries, la
dentelle et la musique qui
envahissent la salle à man-
ger contribuent à créer une
authentique ambiance fran-
çaise. La seule mention de
ses spécialités, qu'il s'agisse
de la crème brûlée, des
escargots maison au porto,
du carré d'agneau dijon-
naise, de la poitrine de ca-
nard à l'orange, du fromage
de chèvre ou du chutney de
pomme, devrait vous mettre
en appétit!

🚣 Lai Wah Heen
$$$
108 Chesnut St., Metropolitan Hotel
☎977-9899
Toronto compte quantité
d'excellents restaurants chinois, mais peu d'entre eux
rivalisent de qualité avec Lai
Wah Heen. Celui-ci propose
une haute gastronomie chinoise, principalement cantonaise, préparée et pré-
sentée avec un remarquable
souci du détail. Ce grand
raffinement dans les saveurs
des mets est aussi présent
dans l'aménagement des
lieux et dans la qualité du
service. En vedette, canard
de Pékin, homard et autres
fruits de mer frais, et une
fabuleuse «salade de paon»,
soit une création colorée

La mégalopole canadienne, Toronto, où trônent les gratte-ciel et la célèbre tour du CN. – *T. B.*

L'avenue Spadina, artère principale du plus grand quartier chinois de Toronto. – *P. Quittemelle*

qui intègre du canard grillé, du poulet, du melon et de la mangue. On s'y rend également en matinée pour ses *dim sum*.

Queen's Park et l'université de Toronto

Voir plan, p 155

La rue College constitue la meilleure artère du quartier pour se promener et s'imprégner de l'atmosphère animée de cette partie de la ville. Bien que ce secteur (à l'ouest de Bathurst) fasse partie de la Petite Italie, et regorge en effet de culture italienne sous l'impulsion de plusieurs générations d'immigrants, il a, ces dernières années, été transformé en carrefour branché, ponctué de douzaines de restaurants aux horizons culinaires les plus variés, et d'un nombre comparable de bars (certains établissements remplissant tout ensemble ces deux fonctions). Par conséquent, cette zone attire une foule d'étudiants et demeure animée jusqu'à une heure très avancée de la nuit.

Maggies
$
400 College St.
☎*323-3248*
Les quelques tables du minuscule Maggies sont le plus souvent occupées par de jeunes gens qui discutent et sirotent un café ou grignotent un repas léger. Avec son décor dépouillé, sa moutarde et son ketchup sur les tables, on comprend pourquoi le petit établissement, qui concocte des repas légers, attire quelques habitués pour qui la simplicité du cadre et de la cuisine servie compte peu.

Shanghai Restaurant
$
409 Spadina Ave.
☎*596-7311*
Pour une aubaine ahurissante le midi, essayez le Shanghai Restaurant, immédiatement au sud de College Street sur Spadina Avenue. On vous y propose une brochette de plats copieux allant des boulettes de poulet au porc aigredoux. Vous pourrez, entre autres, y commander un bol de soupe aigre-piquante et un rouleau de printemps pour moins de 4$.

Not Just Noodles
$
570 Yonge St.
☎*960-8898*
Tout petit resto sino-vietnamien de quelques tables, Not Just Noodles propose un bon choix de spécialités asiatiques, servis dans une ambiance typique de ce genre d'établissement: les convives sont priés de laisser leurs habitudes nord-américaines à l'entrée et de

Restaurants

se laisser aller à la convivialité et à la familiarité asiatique.

Second Cup
$
546 Church St.
☎ **964-2457**
Un autre Second Cup, me direz-vous? Non, celui-ci se veut bien spécial car il est au cœur du vibrant quartier gay torontois. Plus qu'un simple endroit où prendre un café et une pâtisserie, il constitue un lieu de rendez-vous et de rencontre très populaire et parfois haut en couleur, notamment lors de Pride Toronto, alors que des centaines voire des milliers de personnes tentent vainement d'y pénétrer dans une cohue indescriptible. Les escaliers devant l'établissement sont constamment assiégés par ses clients qui regardent passer le beau monde sur Church Street!

The Lucky Dragon
$
418 Spadina Ave.
☎ **598-7823**
The Lucky Dragon se veut représentatif des restaurants chinois de l'avenue Spadina, avec son éclairage éblouissant, sa décoration terne et son immense citerne grouillante de poissons. Le menu varié comprend des centaines de plats inspirés des traditions culinaires de différentes régions de la Chine, entre autres des riz épicés garnis

de diverses façons (calmar sauce au piment et à l'ail, par exemple), et des poissons entiers, braisés puis arrosés d'une sauce au soja et au gingembre.

Irie Caribbean Restaurant
$-$$
808 College St.
☎ **531-4743**
Même s'il n'y a qu'un seul restaurant de cuisine caribéenne sur College Street, il convient de savoir que l'Irie Caribbean Restaurant sert des *rotis* parmi les meilleurs en ville. Cet établissement étant surtout fréquenté par des Antillais, son authenticité ne laisse d'ailleurs aucun doute. La salade de poulet boucané se voit rehaussée de monceaux de fruits tropicaux et, outre les *rotis* dont l'éloge n'est plus à faire, vous trouverez au menu des plats épicés à la mode des îles, notamment du vivaneau rouge cuit à la vapeur et différentes spécialités jerk.

Peter's Chung King
$-$$
281 College St.
☎ **928-2936**
Tout près, le Peter's Chung King se spécialise dans la tradition culinaire presque oubliée des plats grésillés à la sichuanaise. Cette institution locale de longue date présente un décor dépourvu de charme et un personnel somme toute indifférent,

et, bien que la nourriture bénéficie toujours d'une bonne cote, vous devrez expressément demander qu'on épice vos plats comme il se doit (c'est-à-dire fortement pimentés), si tel est bien sûr votre désir.

Swatow
$-$$
309 Spadina Ave.
☎*977-0601*
Le Swatow, un petit restaurant sans prétention, propose un menu varié capable de satisfaire tous les appétits. Malgré toute sa simplicité, rien ne peut se comparer à l'authenticité de la délicieuse cuisine cantonaise, servie rapidement, tout comme en Chine.

El Bodegon
$$
537 College St.
☎*944-8297*
El Bodegon baigne dans un décor on ne peut plus sud-américain, avec ses murs peints de scènes de village aux couleurs primaires sur fond de stuc orangé, tandis que des sombreros et des flûtes de Pan ornent les murs, et que de faux perroquets perchent sous un dais de lierre en plastique, sans parler de la musique péruvienne qui accentue l'effet thématique des lieux. L'impressionnante liste de bouillons gorgés de fruits de mer n'est reléguée au second plan que par les plats de calmars, tendres et grillés à la perfection. Un vaste as-

sortiment de mets péruviens à la fois simples et nourrissants (tels que *ceviches*, ragoûts de viande et tortillas, ces omelettes épaisses) complète le menu, qui comprend même (on se demande pourquoi) des pâtes, des sandwichs au bacon, à la laitue et aux tomates, un potage de raviolis chinois et d'autres propositions aussi disparates.

Kalendar Koffee House
$$
546 College St.
☎*923-4138*
Le Kalendar Koffee House s'enorgueillit d'une salle à manger richement décorée avec murs bordeaux, miroirs à feuille d'or et lumière tamisée, baignée d'une atmosphère on ne peut plus séduisante que rehaussent des airs de cool-jazz. La spécialité du Kalendar: les *scrolls*, ces pochettes de pâte fine garnies, entre autres, de blanc de poulet, de pois mange-tout et de d'une julienne de carottes, le tout arrosé d'une sauce douce au cari, ou encore de saucisses italiennes, de parmesan et de tomates séchées avec sauce tomate bien épicée. En plus d'un médaillon de porc et d'une perche de mer à l'orange, on y trouve des surprises gastronomiques, notamment une salade de cœurs d'artichauts nappée d'une vinaigrette légère aux graines de pavot, ainsi que de savoureuses pizzas à croûte mince. Pour

Restaurants

peu qu'on oublie les serveurs, parfois un tantinet prétentieux, il s'agit d'un endroit rêvé pour un dîner intime et a été élu «meilleur restaurant pour un premier rendez-vous en tête-à-tête» par les lecteurs de la revue *Now* depuis maintenant six ans.

Oasis
$$
294 College St.
☎*975-0845*
En dépit de la proximité du Chinatown, l'Oasis a préféré les tapas exclusifs à la traditionnelle cuisine asiatique. Vous aurez le choix entre 80 inscriptions au menu, y compris de nombreux plats végétaliens et végétariens, sans compter de nombreuses trempettes maison. Les chefs se permettent en outre quelques variantes sur la cuisine espagnole, telles que ces boulettes de riz thaïlandaises à la noix de coco et ce curry de légumes à la malaise. Venu le temps du dessert, essayez le chausson aux poires et au brie sauce à la framboise. L'ambiance est ici décontractée à souhait, la nourriture est bonne, et les prix se révèlent tout à fait raisonnables.

Pony
$$
488 College St.
☎*923-7665*
Lumière tamisée, carrelage d'un blanc étincelant, fleurs fraîchement coupées et simples chaises habillées de housses blanches dorées au pochoir s'unissent pour créer une ambiance romantique, propre à savourer les spécialités italiennes du Pony. Le veau et le calmar méritent une mention spéciale.

The Living Well
$$
692 Yonge St.
☎*922-6770*
Petit «resto-bar» au décor sympathique avec ses murs de briques, ses peintures modernes, ses banquettes fleuries et son zinc en bois, The Living Well propose une cuisine variée et résolument internationale. Le chef, originaire d'Asie du Sud, met un soupçon d'exotisme sur la carte et transforme ce qui pourrait être des plats sans originalité en d'agréables surprises culinaires. Comme plats se démarquant, mentionnons le ragoût marocain, la soupe à la citrouille et la «fricassée internationale».

Utopia Café and Grill
$$
586 College St.
☎*534-7751*
Ni le menu ni l'intérieur de l'Utopia Café and Grill n'ont de quoi impressionner à première vue, si ce n'est que les boiseries sombres, la lumière tamisée et les bougies disposées sur les quelque 8 ou 10 tables confèrent à ce petit établissement une ambiance chaleu-

reuse. De doux airs de musique nord-africaine et Nouvel Âge bercent les dîneurs. On présente ici des expositions d'art mensuelles, et une terrasse arrière accueille les convives par les belles journées d'été. Les hamburgers, au bœuf ou entièrement végétariens, sont tout à fait délicieux et les frites croustillantes et dorées à point. Le menu maison de l'Utopia, composé de hamburgers grillés sur feu de bois, de bœuf ou de poulet grillé, de sandwichs au saumon fumé, de *burritos*, de *quesadillas* et de bifteck d'aloyau à la new-yorkaise, n'est sans doute pas unique, mais la qualité compense ici le manque d'originalité, et les repas offerts présentent un excellent rapport qualité/prix. Informez-vous des plats du jour.

Banaboia
$$
638 College St.
☎ *537-0682*
Authentique petit établissement portugais, Banaboia constitue un véritable vent de fraîcheur et de simplicité sur la branchée mais parfois superficielle College Street. Restaurant typique au décor vieillot qui attire son lot de membres de la communauté portugaise venus y prendre un coup de rouge et discuter ferme, il propose sur sa carte les spécialités du pays: soupe de poisson, *bacalhau*, viandes et poissons grillés.

Bar Italia
$$
582 College St.
☎ *535-3621*
Le Bar Italia est un restaurant de pâtes chic et branché qui attire du beau monde jusqu'aux petites heures du matin. Les miroirs à hauteur des yeux qui entourent les simples banquettes de bois de cet établissement font en sorte qu'on peut y voir et être vu à souhait. Les paninis relèvent de la plus fine gastronomie, et les pâtes brillent par leur richesse sous leur sauce à la crème et au gorgonzola. Le filet de bœuf, le poulet rôti et les fruits de mer sont aussi fort prisés. Et pourquoi ne pas couronner votre repas d'une délicieuse glace italienne maison?

Bertucci's
$$
630 College St.
☎ *537-0911*
Le Bertucci's est un sympathique petit restaurant italien décoré très simplement. On n'y vient cependant pas pour admirer le décor, mais pour manger de délicieuses pâtes tout en profitant d'un service digne des plus grands hôtels.

Café Societa
$$-$$$
796 College St.
☎*588-7490*

Légèrement au-delà de ce qu'on tient normalement pour le tronçon «à la mode» de College Street, le Café Societa s'impose comme un endroit chic, élégamment tendu de blanc et de chrome, où se presse une clientèle assortie. La minuscule salle à manger ne renferme que 10 tables, de sorte qu'on y est quelque peu à l'étroit lorsqu'elles sont tout occupées, c'est-à-dire presque tout le temps. Viandes et légumes biologiques, et produits fermiers de la région figurent parmi les grandes priorités de la maison, dont le menu porte essentiellement sur l'agneau, le filet de porc rôti, le gibier de saison et les venaisons, quoique des options végétariennes agrémentent également le menu.

Kensington Kitchen
$$$
124 Harbord St.
☎*961-3404*

Vous pourrez déguster ici des plats méditerranéens tels que le couscous marocain et l'agneau d'Istanbul, de même que des entrées maison telles que l'hoummos, le taboulé et le baba ganouj. La chaleureuse et confortable salle à manger est garnie de tapisseries, et une intéressante collection de modèles réduits d'avions

d'une autre époque agrémente le plafond. Il s'agit d'une bonne adresse à retenir pour les belles journées d'été, car vous pourrez savourer ces spécialités à la terrasse aménagée sur le toit.

College Street Bar
$$$
574 College St.
☎*533-2417*

Le chaleureux College Street Bar s'enorgueillit d'un savoureux menu méditerranéen et d'une atmosphère animée. Cet établissement branché est fréquenté par une clientèle jeune, et nombreux sont ceux qui y font un saut simplement pour prendre un verre et s'imprégner de l'ambiance.

Bloor Street et Yorkville Avenue

Voir plan, p 165

Little Tibet
$$
81 Yorkville Ave.
☎*963-8221*

Pour trouver le Little Tibet, il faut vraiment le chercher, car il se cache discrètement dans un sous-sol de Yorkville Avenue. Son intérieur n'a toutefois rien d'obscur, puisqu'il est tendu de vives teintes de jaune et de bleu, sans compter que son menu justifie amplement un détour. Ses entrées, offertes à des prix raisonnables à souhait, compte tenu de l'élégance du quartier, comprennent du *thang* (un potage clair et salé aux épinards), des *momos* (boulettes de bœuf et de légumes à l'étuvée), un potage de lentilles et une salade de pommes de terre épicée de type Lhassa. Parmi les plats de résistance, il convient de retenir le bœuf en lamelles mariné au gingembre et à l'ail.

Café Nervosa
$$-$$$
75 Yorkville Ave.
☎961-4642
La terrasse du Café Nervosa est un endroit de premier choix d'où observer la foule mondaine de Yorkville. L'intérieur se veut une de ces jungles modernes et branchées, tendue de tissus en faux léopard et émaillée de fer forgé. Les touristes étasuniens et les hôtes huppés du Four Seasons Hotel voisin s'y disputent les tables d'où ils pourront voir et être vus tout en se gavant de chics salades, pâtes et pizzas. Concerts de jazz les jeudis et vendredis soirs.

Mövenpick
$$$
133 Yorkville Ave.
☎926-9545
Le Mövenpick se présente comme un grand restaurant suisse décoré avec goût. La cuisine s'avère innovatrice, et les prix sont raisonnables compte tenu de la qualité des plats proposés. Le brunch du dimanche et le buffet sont des «incontournables», mais l'attente peut être longue.

Opus Restaurant on Prince Arthur
$$$
37 Prince Arthur Ave.
☎921-3105
Rénové récemment et affichant un décor moderne, l'Opus propose une cuisine raffinée et moderne, mélange de recettes traditionnelles et de différentes traditions culinaires dans un style qualifié de «cuisine canadienne contemporaine». Une nouvelle pièce privée peut accueillir 22 personnes, et le jardin à l'arrière exhibe un patio extérieur. Liste des vins exceptionnelle.

Remy's
$$$
115 Yorkville Ave.
☎968-9429
La terrasse extérieure du Remy's convient on ne peut mieux à un moment de détente après une chaude journée d'été, d'autant que vous pourrez y savourer une salade de poulet sauté sauce à l'arachide, un poulet *florentino*, de l'agneau, de la pizza ou des pâtes.

Yamato
$$$
18 Bellair St.
☎927-0077
Le Yamato propose une cuisine japonaise sous un

Restaurants

jour différent, car c'est sous vos yeux que le chef concocte les plats. Quelques classiques de la cuisine nippone sont de la fête, tels le steak *teriyaki*, les fruits de mer, le poulet, les sushis et les tempuras aux légumes, toujours frais et bons.

Sassafraz
$$$$
100 Cumberland St.
☎964-2222

C'est comme un grand bar-bistro avec baies vitrées permettant de ne rien rater du spectacle de la rue que se présente le Sassafraz. De ce côté, le décor est d'un ton pastel, alors que les meubles et le plancher sont tout de bois. De l'autre côté, une agréable salle à manger au mobilier et à l'éclairage modernes accueille les convives à la recherche d'une atmosphère plus feutrée. Menu de cuisine fusion franco-californienne aux accents nettement italiens. Parmi les spécialités affichées, retenons le saumon en croûte au riz pourpré, l'agneau, les fruits de mer, le bar et le filet de veau.

Jacques Bistro du Parc
$$$$
126A Cumberland St.
☎961-1893

Il faut vraiment se donner la peine de trouver le restaurant Jacques Bistro du Parc, aussi appelé Jacques l'Omelette. Ce tout petit endroit au charme indubitable est situé à l'étage d'une belle maison de Yorkville. Français jusqu'au bout des doigts, le propriétaire est des plus sympathiques. Il propose une cuisine simple mais de qualité, comme ce lapin frais de l'Ontario et ce carré d'agneau dijonnaise. Le saumon frais de l'Atlantique et la salade d'épinards font partie des bonnes surprises que réserve le menu.

Boba
$$$$
90 Avenue Rd.
☎961-2622

Dans le décor chaleureux d'une ancienne résidence se trouve une des bonnes adresses de la ville: le Boba. Ce restaurant s'est acquis une solide réputation grâce à la finesse de sa cuisine et la gentillesse du service. Les spécialités de la maison sont le bœuf, l'agneau le poisson et le canard, et les desserts y sont particulièrement savoureux.

Bistro 990
$$$$
990 Bay St.
☎921-9990

Le Bistro 990 fait sûrement partie des meilleures adresses de Toronto. Une délicieuse cuisine provinciale française et continentale vous attend ici dans un décor méditerranéen. Escargots et champignons sauce à l'ail et au vin blanc, carré d'agneau farci d'ail et de camembert, et loup de mer garni de légumes braisés ne sont que quelques-uns des délices parmi lesquels vous devrez choisir.

🚢 Truffles
$$$$
Four Seasons, 21 Avenue Rd.
☎964-0411
Le Truffles n'est certes pas à la portée de toutes les bourses, mais, si votre budget vous le permet, vous serez tout simplement ravi, car il est réputé, et non à tort, comme l'un des meilleurs restaurants de toute la ville.

Cabbagetown

Voir plan, p 169

Mocha Mocha
$
489 Danforth Ave.
☎778-7896
Petit bistro familial de quartier, Mocha Mocha sert des petits déjeuners, des sandwichs, des salades et des brunchs tout en proposant des vins au verre. Les convives, qui sont invités à jeter un coup d'œil au menu sur l'ardoise et à commander au comptoir, bénéficient d'un cadre chaleureux et convivial.

Madras House
$
587 Parliament St.
☎924-2111
Petit restaurant indien peu coûteux, le Madras House est un comptoir de traiteur et de mets à emporter sans cérémonie où l'on sert des *biryanis*, du *masala dosa*, des currys de poulet et de légumes, du *kottu rotti*, du mouton, des roulades de bœuf et de légumes ainsi qu'une variété de *samosas*.

Rashnaa
$$
307 Wellesley St. E.
☎929-2099
Le Rashnaa, un modeste petit restaurant tamoul-sri lankais du Cabbagetown, est tout indiqué pour un long repas entre amis, surtout lorsque votre budget se fait de plus en plus serré. Son intérieur ressemble à celui de beaucoup d'autres restaurants indiens, ponctué de cabines plus ou moins défraîchies et de représentations de dieux hindous, mais il n'en s'agit pas moins d'un endroit chaleureux où flottent constamment des effluves d'encens floral et de doux airs de sitar. La plupart des plats au menu sont, somme toute, assez peu épicés, si ce n'est que les chutneys se révèlent délicieusement piquants, et la maison rend on ne peut mieux diverses spécialités sri lankaises, y compris le *masala dosa*, le *kottu roti* et les *string hoppers*. Rien de bien élaboré, mais les prix et les chutneys font qu'on y retourne volontiers.

Peartree
$$
507 Parliament St.
☎*962-8190*
En passant devant le Peartree, vous ne pouvez pas imaginer ce que recèle ce sympathique petit établissement. Le secret se trouve à l'arrière où les convives découvrent une attrayante véranda jouxtée d'une coquette cour-jardin, toutes deux agrémentées de couleurs chaudes et gaies. Un petit îlot de paix en pleine ville. La carte, simple, propose des salades, des hamburgers, des sandwichs au pain complet, des pâtes et des poissons, ainsi que quelques formules pour le brunch du dimanche. Le service y est attentionné et affable.

Timothy's Tikka House
$$
556 Parliament St., angle Wellesley
☎*964-7583*
Timothy's Tikka House prépare le poulet à la façon *tandoori*, *vindaloo* et *jalfrezi*: cuit sur le gril, frit ou cuit au four. Les saveurs de l'Inde sont à votre portée avec ce pain *nan* qui fond littéralement dans la bouche et une savoureuse soupe *mulligatawny*.

Keg Mansion
$$$
515 Jarvis St.
☎*964-6609*
Le Keg Mansion occupe une superbe résidence de la rue Jarvis. Dans cet environnement tout à fait charmant, on sert une cuisine assez traditionnelle qui met particulièrement en vedette le steak et le rôti de bœuf.

Myth
$$$
417 Danforth Ave.
☎*461-8383*
À la fois un bar branché et un restaurant, le Myth occupe un grand espace aux plafonds hauts et au décor «néoclassico-moderne» et léché. Ici les colonnes grecques avoisinent les téléviseurs. Dans l'assiette? Une nouvelle cuisine grecque inspirée et imaginative qui va, comme entrées, de la classique tarte aux épinards au délicieux feuilleté de chèvre aux herbes et poires pochées au safran. Comme plats de résistance, on propose notamment les incontournables brochettes d'agneau et quelques recettes grecques originales.

Pan on the Danforth
$$$
516 Danforth Ave.
☎*466-8158*
Le mobilier rouge, vert et bleu, les murs jaunes et bleus et les peintures contemporaines qui y sont accrochées donnent un avant-goût de ce qui se retrouvera dans l'assiette des convives du Pan on the Danforth: une cuisine grecque originale et ensoleillée, classique mais imaginative, qui se conjugue au passé et au

présent. La clientèle branchée, qui applaudit le côté inventif du chef, apprécie néanmoins le fait de retrouver les parfums de la bonne cuisine grecque.

Provence
$$$$
12 Amelia St.
☎924-9901
Dans une superbe et lumineuse salle à manger aux couleurs gaies et au carrelage typique noir et blanc, le Provence apporte les saveurs de France avec un menu saisonnier des plus raffinés. Comme entrée, le chef propose notamment une originale soupe froide aux pommes et à la menthe, alors que, pour la suite, la pastilla au homard et le confit de foie de veau se démarquent assurément. Les serveurs, tirés à quatre épingles, offrent un service professionnel digne d'un établissement de grande classe.

The Annex

Voir plan, p 177

The Future Bakery and Café
$
483 Bloor St. W.
☎922-5875
À la fois café, boulangerie et cafétéria servant des repas chauds, The Future Bakery and Café constitue un endroit apprécié par une clientèle plutôt jeune et

branchée. Les concepteurs de l'établissement ont su exploiter leur grand espace en y aménageant leurs différents commerces dans chaque coin. Ainsi le client peut-il simplement y acheter son pain ou prendre un café sans avoir à faire la file derrière les clients qui commandent un plat chaud. Par ailleurs, le cadre est agréable et dégagé avec son plafond haut, son mobilier en bois et ses peintures murales.

Dang de Lion Vietnamese Restaurant
$$
549 Bloor St. W.
☎499-2664
Le Dang de Lion Vietnamese Restaurant sert de simples mets vietnamiens dont la plupart sont frits, accompagnés de riz ou de vermicelles, quoiqu'on trouve aussi au menu une foule de choix végétariens. Le propriétaire accueille personnellement le flux incessant des clients et présente lui-même les menus à chaque table.

Nataraj
$$
394 Bloor St. W.
☎928-2925
Le Nataraj est un restaurant indien type au décor clairsemé et propre, baigné d'un éclairage trop vif. La cuisine, entièrement composée de spécialités du nord de l'Inde, s'avère très bonne, mais le service est un peu

Restaurants

lent. Notez que les pains cuits au four tandouri s'approchent ici de la perfection.

🚢 Goldfish
$$$$
372 Bloor St. W.
☎*513-0077*

Le Goldfish, qui se distingue par son immense devanture vitrée et une esthétique intérieure minimaliste pour le moins frappante, s'impose comme le dernier-né des établissements branchés de The Annex. Et, par bonheur, son style dépouillé n'est nullement dépourvu de substance, sans compter que la nourriture, toute coûteuse qu'elle puisse être, est tout simplement fabuleuse. Le chef, un cuisinier de premier plan, élabore en effet de main de maître des entrées telles que foie gras grésillé à la poire et au gingembre, pommes de terre au safran, pistaches et yaourt façon *tandoori*, et thon noirci agrémenté d'une compote aux pêches et aux figues. Voilà qui devrait aiguiser votre appétit pour le plat de résistance, qu'il s'agisse d'autruche grillée à l'orzo, au homard et aux légumes, ou encore d'un bar rayé garni d'un

confit de tomate. Il est recommandé de réserver à l'avance.

Korea House
$$$
666 Bloor St. W.
☎*536-8666*

Vous trouverez un certain nombre de supermarchés et restaurants coréens sur Bloor à l'ouest de Bathurst. Le Korea House présente un agréable décor de bois et de stuc. Les dîners complets sont composés entre autres de riz ou de nouilles agrémentés de viandes ou de fruits de mer variés, sans oublier un assortiment de plats de légumes et de marinades.

🚢 Le Paradis
$$$
166 Bedford Rd.
☎*921-0995*

Le Paradis, un petit bistro, propose une cuisine française authentique à des prix tout à fait abordables. On se spécialise ici dans les plats en cocotte (agneau, canard et lapin) et dans les poissons. Menu quotidien à prix fixe de 19,95$. Le décor est simple, et le service réservé, mais sa délicieuse cuisine, comme en témoigne sa clientèle dévouée, en fait un restaurant à ne pas manquer.

Rosedale, Forest Hill et le nord de Toronto

Voir plan, p 185

Gio's
$$
2070 Yonge St.
☎932-2306

Le Gio's ne se reconnaît qu'à l'énorme nez rose accroché au-dessus de sa porte. À l'intérieur vous attend une longue et étroite salle qui fait penser à une voiture-coach, dont les murs sont couverts de graffitis laissés par des clients. L'atmosphère est décontractée, et la matriarche Mama Rosa y prépare de bons plats simples et nourrissants du sud de l'Italie dans une cuisine incroyablement exiguë.

Five Doors North
$$$
2088 Yonge St.
☎480-6234

Le Five Doors North, situé sur Yonge au sud d'Eglinton, ne se laisse pas facilement dénicher, mais s'impose comme une véritable trouvaille. Il n'a pas d'enseigne, mais vous pouvez tout de même le repérer grâce à la banderolle de Future Furniture, le magasin sous lequel il a pignon sur rue. À l'intérieur, un étroit couloir donne accès à une grande arrière-salle animée et dépourvue de fenêtres, de sorte qu'y flottent en permanence des effluves capiteux provenant de la cuisine à aire ouverte. Le menu gravite autour d'un repas de quatre services composé de ce qu'on pourrait qualifier de tapas italiens, avec un choix d'*antipasto*, de pâtes, de viande ou de poisson, le tout garni de légumes; mais sachez, d'entrée de jeu, qu'à moins d'avoir un appétit d'ogre, vous aurez du mal à vous rendre au bout du repas. La nourriture et le service sont l'une comme l'autre excellents.

Nothing in Common
$$$
8 Birch Ave.
☎975-9150

Sur une petite rue en retrait de Yonge, au-dessus des voies ferrées de Summerhill, l'extérieur rouge vif de l'établissement annonce sans ambages que le Nothing in Common n'a vraiment rien en commun avec les restaurants bourgeois et collet monté de Rosedale. À l'intérieur, découvrez une salle à manger aussi chaleureuse et confortable qu'une salle de séjour. On n'y dénombre à l'étage que trois banquettes à quatre places et trois autres à deux places; au premier, il y a des tables et des fauteuils. Les réservations sont impératives la plupart des soirs. Les sièges sont recouverts de tissus en faux léopard, et les murs de brique rouge arborent toutes sortes de souvenirs kitsch des années 1970 et 1980. La musique elle-même se veut d'ailleurs rétro, avec des mélodies des Supremes et d'Abba, entre autres groupes à succès de cette époque, ainsi que du jazz et du swing. La salade mandarine aux amandes compte parmi les favoris au menu, qui comprend également divers plats tels que pâtes gastronomiques et saumon à la dijonnaise.

North 44

$$$-$$$$
2537 Yonge St.
☎487-4897
Le North 44 compte parmi les restos en vogue chez les Torontois branchés. On ne s'y rend toutefois pas seulement pour être vu, car la cuisine y est exquise. Le chef s'inspire de traditions culinaires multiples pour créer un menu résolument novateur.

Auberge du Pommier

$$$$
4150 Yonge St.
☎222-2220
Si vous avez envie de passer une soirée mémorable, l'Auberge du Pommier est l'endroit tout désigné, d'abord parce que vous profiterez d'une atmosphère élégante et feutrée, ensuite parce que vous savourerez une cuisine française des

plus raffinées, le menu affichant des spécialités telles que le foie gras. Ce repas pourra en outre être délicieusement arrosé des plus grands crus, la carte des vins s'avérant très élaborée.

Fillipo's

$$$$
744 St. Clair Ave. W.
☎658-0568
Fillipo's sert une pizza gastronomique et des pâtes de style méditerranéen. Vous pourrez y apprécier une atmosphère agréable et chic tout en dégustant un excellent repas.

L'est de Toronto

Voir plan, p 193

Les deux grands pôles de restauration de l'extrémité est de la ville sont ceux des Beaches («The Beach» pour les gens d'ici), aux trottoirs bondés de piétons, et du Danforth (mieux connu sous le nom de «Greektown»), dont les spécialités culinaires se sont grandement élargies au fil des ans pour intégrer un éventail de cuisines on ne peut plus variées. Enfin, la Petite Inde, immédiatement au nord des Plages sur la rue Gerrard entre Coxwell et Greenwood, se veut un quartier unique imprégné de tout le caractère de la New Delhi et jalonné de

restaurants voués à l'au-
thentique cuisine indienne.

The Beaches

Sunset Grill
$
2006 Queen St. E.
☎**690-9985**
Envie d'un copieux petit
déjeuner traditionnel
comme à la ferme? Le Sun-
set Grill propose tout au
long de la journée œufs
frits, bacon, saucisses et
frites maison. Le pain doré
(pain perdu) et les omelettes sont excellents. Hamburgers et sandwichs complè-
tent le menu. On doit s'attendre à faire la queue pour
avant de s'offrir le fameux
brunch du dimanche. Le
restaurant est ouvert de 7h
à 16h en semaine et de 7h à
17h les fins de semaine.

Jamaica Sunrise
$$
1959 Queen St. E.
☎**691-2999**
Le petit restaurant Jamaica
Sunrise vient réchauffer les
«plages de Toronto» avec sa
cuisine venue des Caraïbes.
Dans un cadre chaleureux
où le bois domine, on y sert
des currys de chèvre, du
poulet *jerk* de poulet, des
ragoûts de poisson, des
soupes de haricots rouges,
le tout accompagné de
bananes plantains, de pom-
mes de terre ou de *roti* de
pois chiches.

Whitlock's
$$
1961 Queen St. E.
☎**691-8784**
Le Whitlock's est une tradition depuis longtemps à la
plage. Situé dans un vieil
édifice, ce charmant petit
restaurant baigne dans une
atmosphère sans prétention.

Yumei Sushi
$$
2116F Queen St. E.
☎**698-7705**
Avec ses excellents sushis
et sashimis, son choix de
tempuras et de plats au
teriyaki, Yumei Sushi com-
ble les amateurs de cuisine
nippone. Le cadre du petit
restaurant apparaît fort sym-
pathique, et ses cubicules
cloisonnés à la japonaise lui
donnent un cachet qui mé-
rite d'être souligné.

Quigley's
$$$
2232 Queen St. E.
☎**699-9998**
De l'extérieur, le Quigley's
peut facilement ressembler
à un simple pub, si ce n'est
qu'au-delà du bar et de ses
bières pression vous attend
une confortable salle à
manger. On y sert de la
nourriture de pub haut de
gamme, des pâtes au Pad
Thai, et il s'agit à n'en point
douter d'un endroit détendu
où il fait bon manger, tout
juste à l'est du brouhaha de
l'artère principale des Beaches.

Spiaggia Trattoria
$$$
2318 Queen St. E.
☎*699-4656*

The Beach constitue un endroit merveilleux où observer les passants depuis la terrasse d'un café, comme celle de la Spiaggia Trattoria. Avec son joyeux mélange de clientèles, toutes les conditions sont réunies pour faire de la Spiaggia Trattoria l'avant-scène par excellence de la «faune urbaine». Tous les ingrédients exotiques auxquels on s'attend d'une trattoria sont présents au menu, depuis les fines herbes fraîches au Asiago et tomates séchées.

The Danforth

 Bibiche Bistro
$$
1352 Danforth St.
☎*463-9494*

Parce que le propriétaire du Bibiche Bistro est on ne peut plus gentil, on en arrive à oublier son décor des plus quelconques. Qu'à cela ne tienne, se dit-on en savourant son repas, et surtout les fabuleux desserts.

Christina's Ristorante
$$$
492 Danforth Ave.
☎*463-4418*

Le Christina's Ristorante s'impose vraisemblablement comme le plus réputé des petits restaurants grecs branchés du Danforth. Sa réputation, il la doit entre autres à son «mur de la renommée», qui présente des douzaines de photos encadrées rendant hommage à d'illustres clients de la maison, de Tom Hanks à Alanis Morissette. On y propose un menu grec complet jusqu'à 4h du matin les fins de semaine, agrémenté de musique grecque en direct et de spectacles de danse du ventre.

La Carreta Cuban Tapas Bar
$$-$$$
469 Danforth Ave.
☎*461-7718*

Une enseigne jaune vif encadrée d'ampoules clignotantes se dresse au-dessus de la porte de La Carreta, ce qui lui donne davantage des airs de bar de karaoké que de restaurant de tapas cubain. Décor intérieur rutilant et moderne entre des murs texturisés de couleur menthe, rehaussé d'un long bar de verre et d'acajou, des lampes aux abat-jour de verre teinté bleu ainsi que des tables peintes à la main. Un vaste assortiment de tapas végétariens, à la viande ou aux fruits de mer offre ici de nombreuses possibilités aux indécis.

Silk Road Café
$$$
341 Danforth Ave.
☎*463-8660*

Le Silk Road Café transportera votre imaginaire sur cette voie commerciale historique qu'est la route de la soie. Il s'agit d'un voyage culinaire passant par le Tibet, l'Inde, la Thaïlande et la Chine, le tout dans une ambiance exotique.

Ouzeri
$$$-$$$$
500-A Danforth Ave.
☎*778-0500*
L'Ouzeri, bruyant et bondé mais qui propose un excellent menu, est un des cafés-restaurants typiques du quartier de Danforth. Les ingrédients les plus frais se retrouvent dans les plats grecs raffinés, incluant plusieurs plats végétariens.

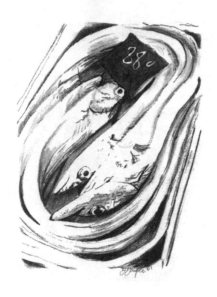

Sorties

La vie nocturne s'est beaucoup développée à Toronto ces dernières années, notamment grâce à une nouvelle loi qui permet aux bars de rester ouverts jusqu'à 2h au lieu de 1h.

Un secteur entier de la métropole canadienne, désigné localement sous le nom de «Clubland», est ainsi consacré aux discothèques et aux grands bars dansants, qui rivalisent désormais d'élégance et d'originalité. La culture rave et ses *afterhours*, qui s'adressent principalement à une très jeune clientèle, font même en sorte que certains établissements bougent toute la nuit. Il ne faudrait pas non plus négliger les vibrantes scènes alternatives de Toronto, qui n'ont cessé d'intensifier leurs activités au cours des dernières années. N'importe quel soir de la semaine, vous aurez par ailleurs l'occasion d'assister à une foule de concerts dans les nombreux bars et boîtes réputés de la ville, où se produisent aussi bien de grands noms du spectacle que des vedettes montantes de la région. Sur les artères animées telles Queen Street West, College Street (dans la Petite Italie) et Bloor Street (dans The Annex), il se passe toujours quelque chose, et il vous suffira souvent de les arpenter pour découvrir le bonheur d'un divertissement inattendu.

L'épanouissement de l'industrie théâtrale locale a également eu d'énormes répercussions sur la vie nocturne torontoise, tant et si bien que la Ville reine se classe aujourd'hui au troisième rang des villes théâtrales du monde d'expression anglaise, derrière New York et Londres. Enfin, l'été donne lieu à la tenue de toutes sortes de festivals célébrant aussi bien le jazz que la musique des Caraïbes. Qu'il s'agisse donc d'activités culturelles, d'importants festivals, de hockey, de baseball ou de basket-ball professionnel, voire de course de formules 1, Toronto en a pour tous les goûts, et à tout moment de l'année.

Bars et discothèques

Le Clubland

Beat Junkie
306 Richmond St. W.
☎ *599-7055*
Le Beat Junkie s'avère plus intime que certaines des méga-boîtes voisines et présente aussi bien des musiciens sur scène que des disques-jockeys. Les sons y varient tous les soir du jeudi au samedi et passent volontiers du drum-and-bass au hip-hop et aux succès d'autrefois.

Crocodile Rock
240 Adelaide St. W.
☎ *599-9751*
Crocodile Rock s'impose comme un antre spacieux dont les portes de garage s'ouvrent sur la rue au cours de la saison estivale. Vous y trouverez des tables de billard et des pistes de danse, où l'on s'ébat au rythme du rock classique et des succès des années 1980 diffusés par des disques-jockeys.

Dirk Gently's
244 Adelaide St. W.
☎ *599-9030*
Au Dirk Gently's, vous pourrez danser sur les *mixes* présentés sur deux étages par des disques-jockeys.

Easy & The Fifth
10$
225 Richmond St. W.
☎979-3000
Discothèque et bar au décor blanc monochrome où se rencontrent les jeunes professionnels bien vêtus, Easy & The Fifth fait jouer un mélange des derniers succès, de musique reggae, de blues et de rhythm-and-blues.

Fluid Lounge
217 Richmond St. W.
☎593-6116
Le Fluid Lounge est une boîte de nuit en sous-sol qui en met plein la vue avec ses aires de détente garnies de nombreux canapés à motifs animaliers des années 1970 et ses disques-jockeys férus de sons éclectiques, allant du disco au rhythm-and-blues et en passant par les succès d'autrefois. Les soirées hip-hop attirent toujours une foule très nombreuse et animée.

G-Spot 2000
296 Richmond St. W.
☎351-7768
Le G-Spot 2000 fait entendre, du jeudi au samedi, des créations musicales uniques présentées par différents disques-jockeys.

Joker
318 Richmond St. W.
☎598-1313
Le Joker compte parmi les grands établissements (quatre étages) les plus courus du Clubland. Des tables de billard vous attendent au sous-sol, tandis que d'éminents disques-jockeys locaux font jouer du rhythm-and-blues, de vieux succès et de la house progressive au rez-de-chaussée et au premier. Quant à la terrasse aménagée sur le toit, elle accueille 200 personnes et offre, à travers une verrière, une vue aérienne sur la piste de danse du second étage.

Limelight
250 Adelaide St. W.
☎593-6126
Le Limelight renferme non seulement deux bars, mais aussi deux bassins à remous! Différents disques-jockeys y perpétuent l'animation sur les différents étages au fil des soirs de la semaine et témoignent d'une incroyable diversité, couvrant l'éventail de la musique de danse à la house underground en passant par le rétro, les courants électroniques et les classiques de la musique alternative.

The Living Room
330 Adelaide St. W.
☎979-3168
The Living Room propose des sons différents selon les soirs de la semaine, tandis que des disques-jockeys font jouer du rhythm-and-blues, de la house classique et de la musique de danse toutes les fins de semaine.

Sorties

NV
10$
230 Adelaide St. W.
☎979-2582
Les canapés en cuir au design surprenant et les murs métalliques d'avant-garde du NV créent un cadre singulier et propice à la fête. Les amateurs des nouvelles tendances se retrouvent au sous-sol, alors que les fans de rhythm-and-blues se donnent rendez-vous au rez-de-chaussée.

Plush Lounge
287 King St. W.
☎351-8494
Le Plush Lounge est une des chics boîtes de nuit du quartier, qui dessert volontiers une clientèle désireuse de se faire remarquer. Code vestimentaire. House music et rhythm-and-blues.

Syn
214 Adelaide St. W.
☎595-5115
Attirant une clientèle dans la quarantaine, Syn se veut à la fois une discothèque au rez-de-chaussée et un bar de rencontre romantique avec foyer à l'étage. Une tenue vestimentaire soignée est exigée.

This is London
364 Richmond St. W.
☎351-1100
Chic bar-discothèque réservé aux jeunes professionnels à l'aise, This is London présente un décor inspiré et stylisé avec ses planchers en bois et ses canapés en cuir. Le disque-jockey fait jouer un bon choix de musique allant des derniers succès au disco, en passant par le soul et le rhythm-and-blues.

Tonic
117 Peter St., entrée sur Richmond
☎204-9200
Le Tonic est la dernière-née des boîtes du Clubland. Code vestimentaire et cerbères de service à l'entrée.

Loose Moose
220 Adelaide St. W.
☎971-5252
Loose Moose sert une nourriture typique de celle qu'on trouve normalement dans les pubs, y compris des hamburgers et des ailes de poulet, mais on le recommande surtout pour la drague! Une petite piste de danse s'anime au rythme des 40 plus grands succès du palmarès.

Le centre-ville

La zone des spectacles et du théâtre correspond plus ou moins à celle du Clubland (quoiqu'elle s'étende un peu plus à l'ouest), mais nous avons choisi de présenter séparément les bars du secteur qui n'appartiennent pas à la catégorie des grandes boîtes dansantes.

The 606
606 King St. W.
☎504-8740
Une foule branchée de journalistes, d'acteurs et de gens de cinéma se retrouve à The 606, qui réunit tout ensemble un restaurant, un bar et un salon, pour siroter des martinis tout en écoutant de l'acid-jazz, du rhythm-and-blues et du funk présentés par des disques-jockeys.

The Devil's Martini
136 Simcoe St.
☎591-7541
Il n'est guère difficile de deviner quelle est la boisson de prédilection des clients de The Devil's Martini, qui possède une terrasse et trois tables de billard.

Fez Batik
129 Peter St.
☎204-9660
Fez Batik est un restaurant marocain doublé d'une salle de bar et pourvu d'une fabuleuse terrasse extérieure au cœur même du Clubland. La salle de bar, richement garnie de canapés rehaussés de coussins marocains hauts en couleur, se trouve à l'étage supérieur et s'emplit de musique soul, de rythmes profonds et de drum-and-bass présentés par des disques-jockeys. dès lors qu'avance la soirée.

The Garage Paradise
175 Richmond St. W.
☎351-8101
The Garage Paradise est un endroit décontracté où il fait bon prendre un verre en écoutant la musique diffusée par les disques-jockeys dans une atmosphère sans prétention.

The Hard Rock Cafe SkyDome
1 Blue Jays Way
☎341-2388
The Hard Rock Cafe SkyDome ressemble à ses homologues du monde entier avec sa musique et ses souvenirs de la grande époque du rock, si ce n'est que celui-ci surplombe le terrain de baseball des Blue Jays à l'intérieur du SkyDome.

Churchill's Cigar and Wine Bar
257 Adelaide St. W., au-dessus de Houston's
☎351-1601
Le Churchill's Cigar and Wine Bar se veut un chic établissement pour prendre un verre entre amis, d'autant plus qu'il dispose d'une salle pourvue d'une ventilation spéciale destinée à dissiper la fumée des cigares. Spectacle et danse certains soirs.

Horizons Bar
301 Front St. W., CN Tower
☎601-4719
Au sommet de la tour du CN, le Horizons Bar se targue avec raison d'être le bar

Sorties

le plus élevé du monde. On y sert des repas légers en soirée.

N'Awlins
299 King St. W.
☎ *595-1958*

Le N'Awlins est un élégant restaurant de jazz doté d'un bar en arrière-salle où se produisent tous les soirs d'excellents musiciens de jazz et de rhythm-and-blues.

Pearl's Duelling Pianos
180 Pearl St.
☎ *596-1132*

Pearl's Duelling Pianos présente des spectacles genre cabaret, deux virtuoses y chauffant l'atmosphère de leurs prestations en duo sur deux pianos à queue, et ce, toute la soirée.

Peel Pub
276 King St. W.
☎ *977-0003*

Le Peel Pub se veut l'incarnation torontoise de l'infâme rendez-vous universitaire de la rue Peel de Montréal. Ni plus ni moins qu'un bar-pub comme tant d'autres, il attire des foules nombreuses les fins de semaine.

Xango and Mambo Lounge
106 John St.
☎ *593-4407*

Le Xango and Mambo Lounge se veut d'abord et avant tout un restaurant de cuisine nouvelle, façon latino-américaine, mais il renferme aussi un bar et un salon où des disques-jockeys présentent de la musique du Sud les fins de semaine.

Queen Street West

La rue Queen West, qui débute dans les environs immédiats du Clubland, s'impose comme le siège par excellence de la musique alternative à Toronto. La plupart des bars en sont décontractés et obscurs, et leurs clients plus ou moins hirsutes se vêtent volontiers de noir. Beaucoup de ces endroits disposent d'une scène de spectacle ou de tables de billard.

The Rivoli
332 Queen St. W.
☎ *596-1501*

The Rivoli est un des établissements les plus branchés du secteur, pourvu d'un bar intime, d'une petite terrasse extérieure en plein cœur de la scène alternative de Queen Street West, d'un restaurant de cuisine fusion asiatique et d'une arrière-salle offrant tous les soirs de la musique alternative en direct ou des spectacles d'humour. À l'étage du «Riv» s'étend une grande salle de billard où se produisent des musiciens de jazz le dimanche.

The Horseshoe Tavern
368 Queen St. W.
☎598-4753
The Horseshoe Tavern est une institution de longue date de Queen Street West. Taverne en devanture, musique rock, country et indépendante sur scène en arrière-salle.

The 360
326 Queen St. W.
☎593-0840
The 360, à quelques portes seulement du Rivoli, est l'ancien siège d'une filiale de la Légion canadienne où l'on propose de la bière pression et de la musique sur scène en arrière-salle. Sa terrasse dénudée manque sans doute de charme, mais ne s'en prête pas moins à l'observation privilégiée de la foule de Queen Street West.

The Bamboo
312 Queen St. W.
☎593-5771
The Bamboo ne passe pas inaperçu avec son extérieur peint aux couleurs des Caraïbes. Il s'agit d'une pierre angulaire de la vie nocturne du quartier, et vous pourrez y entendre tous les soirs des rythmes du monde, du reggae, du jazz et du hip-hop.

Beverly Tavern
240 Queen St. W.
☎598-2434
La Beverly Tavern est un endroit décontracté établi de longue date où l'on prend volontiers un verre tout en jouant au billard ou aux fléchettes.

Black Bull Tavern
298 Queen St. W.
☎593-2766
La Black Bull Tavern possède la plus belle terrasse de la rue Queen, soit un immense espace aménagé sur un des côtés du bâtiment à proximité de la rue Soho. Jadis surtout fréquentée par des motards qui se plaisaient à aligner leur Harley le long du trottoir, la «Bull» accueille aujourd'hui tous les passants en quête d'une bonne bière fraîche sous le soleil.

The Rex Hotel Jazz Bar and Grill
194 Queen St. W.
☎598-2475
The Rex Hotel Jazz Bar and Grill s'imprègne d'une atmosphère de pub décontractée et présente tous les soirs des concerts de jazz et de blues.

The Bishop and The Belcher
361 Queen St. W.
☎591-2352
The Bishop and The Belcher est un traditionnel pub à l'anglaise où l'on sert 16 bières pression. Sous-sol aménagé en salle de jeu avec tables de billard et jeux de fléchettes.

Sorties

The Cameron House
408 Queen St. W.
☎ *703-0811*
The Cameron House s'est transformée au fil des ans pour devenir, de pub malfamé qu'elle était, une excentrique salle de bar où l'on sert des cocktails. Des disques-jockeys assurent l'animation dans la salle avant, alors que certains noms bien connus de la scène musicale locale se produisent dans l'arrière-salle.

Savage Garden
550 Queen St. W.
☎ *504-2178*
Le Savage Garden est Goth sur toute la ligne, et à toute heure. Musique industrielle, rétro, Goth et électronique.

Velvet Underground
508 Queen St. W.
☎ *504-6688*
Au Velvet Underground, la clientèle vêtue de noir – aussi bien Goth que bon chic bon genre – se retrouve pour danser sur des airs de musique alternative.

The Bovine Sex Club
542 Queen St. W.
☎ *504-4239*
Son seul nom suffit sans doute à en attirer certains et à en repousser d'autres. Il s'agit du Bovine Sex Club, que n'indique aucune enseigne mais que vous pouvez difficilement manquer, compte tenu de l'enchevêtrement de roues de bicy-clettes recyclées et d'acier tordu qui orne sa façade. Foule «alternative» et musique sur scène la dernière semaine de chaque mois.

Left Bank
567 Queen St. W.
☎ *504-1626*
Le Left Bank est un restaurant doublé d'un bar dansant où l'on s'ébat au son du disco et du rock classique. Il attire nombre d'employés de bureau célibataires les fins de semaine.

Reverb/Big Bop/Holy Joe's
651 Queen St. W.
☎ *504-6699*
Reverb/Big Bop/Holy Joe's propose de la musique sur scène en tout genre sur trois étages la plupart des soirs de la semaine.

Helium
473 Adelaide St. W.
☎ *603-9300*
Le Helium est une des plus récentes boîtes de nuit chics de Toronto, campée dans un entrepôt de près de 1 000 m² où l'on brûle les planches sur des airs de danse commerciaux diffusés par des disques-jockeys.

Gypsy Co-Op
815 Queen St. W.
☎ *703-5069*
La Gypsy Co-Op accueille tous les soirs des disques-jockeys funk dans son bar aménagé en arrière-salle. Son «General Store» propose

un assortiment complet de friandises à l'ancienne.

Raq' n' Waq
739 Queen St. W.
☎504-9120
Le Raq' n' Waq fait jouer du rock commercial, de la musique alternative et du hip-hop dans ce qui se veut d'abord et avant tout une salle de billard distinguée, pourvue de 13 tables Brunswick.

Sanctuary Vampire Sex Bar
732 Queen St. W.
☎504-1917
Le Sanctuary Vampire Sex Bar ne fera pas, il va sans dire, le bonheur de tous, mais les Goths de la ville, entièrement vêtus de noir (jusqu'aux lèvres et aux ongles – et nous ne parlons que de la gent masculine!) s'y retrouvent volontiers. Il n'y a pas de terrasse (les Goths évitent le soleil!).

Octopus Lounge
875 Queen St. W.
☎504-4798
Une des discothèques les plus à la mode de Toronto, l'Octopus Lounge possède un décor qui s'apparente à un vieux concessionnaire de pièces automobiles. On fait vibrer ses murs au son de musique latino-américaine et de funk.

College Street / la Petite Italie

La portion de College Street qui s'étend à l'ouest de Bathurst a su conserver toute la saveur méditerranéenne de la Petite Italie, et vous y trouverez des terrasses de café à profusion où l'on sert *gelato* et cappuccino, de même que des trattorias ouvertes tard le soir. Cela dit, ce secteur a également été adopté par une foule branchée de jeunes étudiants et musiciens qui passent leurs soirées dans les nombreux bars du quartier.

College Street Bar
574 College St.
☎533-2417
Le College Street Bar constitue l'un des rendez-vous des étudiants de l'université de Toronto.

El Mocambo
549 College St.
☎968-2001
Depuis que les Rolling Stones y ont joué dans les années 1960, El Mocambo est demeuré l'un des rendez-vous les plus légendaires de la scène musicale torontoise. Anciennement situé au 464 Spadina, El Mocambo était au moment de mettre sous presse en déménagement vers son nouvel emplacement de la rue College. La tradition continue!

Sorties

Barcode
549 College St.
☎928-9941

Le Barcode n'est indiqué par aucune enseigne, mais se reconnaît tout de même au code à barres multicolores qui orne son extérieur. C'est là un bar décontracté où vous pouvez tranquillement siroter un verre tout en bénéficiant d'un éventail varié de spectacles et de concerts rock.

The Clearspot
489 College St.
☎921-7998

The Clearspot est une salle de billard qui a quelque peu de panache. Entièrement ceinturée de fenêtres, elle n'est, en effet, pas aussi morne que certaines autres, et le fait qu'elle offre de nombreuses places assises attire la foule locale de College Street, qui n'y vient pas nécessairement pour faire une partie.

Ciao Edie
489 College St.
☎927-7774

Voisin du Clearspot, le Ciao Edie fait à ce point années 1970 qu'on le dirait sorti tout droit d'*Austin Powers*. Il s'agit d'un petit bar de martinis groovy, truffé de lampes «satellites» et de tissus en faux léopard où des disques-jockeys font entendre beaucoup de musique soul et de mélodies des années... 1970.

The Comfort Zone
486 Spadina Ave.
☎975-0909

Une clientèle hétéroclite, du vieux hippie à l'adepte du trip-hop, se retrouve au Comfort Zone pour assister aux spectacles sur scène ou pour écouter de la musique présentée par des disques-jockeys.

Bar Italia
582 College St.
☎535-3621

Le Bar Italia est un petit restaurant italien qui se transforme en bar chic le soir venu. Des disques-jockeys y animent la foule toute la semaine, tandis que des musiciens montent sur scène le samedi.

Bistro 422
422 College St.
☎963-9416

Bistro 422 se veut plutôt sombre et attire des punks et des musiciens locaux en quête d'un repas végétarien bon marché accompagné d'une chope de bière fraîche.

Caoba
571 College St.
☎533-6195

Le Caoba s'entoure d'une aura latino-américaine. Disques-jockeys, musiciens sur scène et formation latine invitée les fins de semaine.

El Covento Rico
750 College St.
☎ 588-7800
El Covento Rico est un bar
chaud où l'on danse sur des
rythmes latins. Musique
dance, disco et latine. On y
donne même gratuitement
des cours de danses latines.

Free Times Café
320 College St.
☎ 967-1078
Le Free Times Café se veut
un endroit intime où l'on
peut entendre, en arrière-
salle, de la musique acoustique et folk en direct tous
les soirs de la semaine.

Souz Dal
636 College St.
☎ 537-1883
Le Souz Dal donne la ve-
dette à l'acid-jazz, aux rythmes du monde et aux mar-
tinis, qu'on sirote à la chan-
delle.

Lava Restaurant and Club
507 College St.
☎ 966-5282
Le Lava Restaurant and Club
présente un décor suave
des années 1970 et attire
une clientèle branchée qui
tantôt flâne nonchalam-
ment, tantôt se trémousse
sur des mélodies en direct
ou présentées par des disques-jockeys.

The Midtown
552 College St.
☎ 920-4533
The Midtown est un rendez-
vous incontournable de la

jeunesse estudiantine de
College Street où l'on prend
volontiers un verre entre
amis. Bière pression, pur
malt et trois tables de billard.

The Midtown West
558 College St.
☎ 966-6952
The Midtown West se trou-
ve à trois portes à l'ouest de
son homologue. Une foule
comparable s'y presse pour
déguster quelque 35 vins au
verre.

Oasis
294 College St.
☎ 975-0845
L'Oasis est un bar terre-à-
terre et sans cérémonie où
l'on se gave de tapas. Musiciens sur scène, disques-
jockeys et spectacles d'humoristes.

Orbit Room
580A College St.
☎ 535-0613
L'Orbit Room accueille certaines des meilleures formations de rhythm-and-blues
de la ville du mercredi au
dimanche.

The Silver Dollar Room
486 Spadina Ave.
☎ 975-0909
The Silver Dollar Room,
boîte dans la plus pure tradition de Chicago, présente
des spectacles de blues
locaux et internationaux.

Sorties

Sneaky Dee's
431 College St.
☎*603-3090*
Le Sneaky Dee's est un petit
bar Tex-Mex où la foule
grunge locale s'attarde devant une bière pression tout
en faisant une partie de flip-
per ou de billard sur fond
de musique alternative. À
l'étage, des disques-jockeys
animent des soirées dansantes tous les jours de la semaine.

52 Inc.
394 College St.
☎*960-0334*
Étudiants et autres personnes à l'âme bohème vien-
nent s'abreuver de musique
funk, fusion et soul au 52
Inc., bar aux couleurs chau-
des, à l'éclairage très discret
et au mobilier sympathiquement rétro.

Le Waterfront

**Atlantis/Deluge Nightclub
(The Atlantis Pavilions)**
955 Lakeshore W., Ontario Place
☎*260-8000*
L'Atlantis/Deluge Nightclub,
qui se trouve en bordure
immédiate du lac Ontario à
l'intérieur de l'Ontario Place, est une vaste boîte de
nuit parcourue par des
éclairages au laser et pourvue de la plus grande terrasse panoramique de To-
ronto. Cet établissement très
fréquenté attire surtout des
banlieusards et des visiteurs
de l'extérieur de la ville.

**The Guvernment /
The Warehouse**
132 Queen's Quay E.
☎*869-0045*
The Guvernment/The Ware-
house est un gigantesque
entrepôt converti en boîte
de nuit dans les années
1980 (il portait autrefois le
nom de RPM), et il s'agit
depuis lors d'un des établissements les plus cool de la
métropole canadienne. Du
jeudi au samedi, de dynami-
ques disques-jockeys y font
entendre de la house et de
la dance. Si vous réussissez
à vous introduire dans la
salle de bar VIP qui se
trouve à l'étage (un modèle
de chic branché, garni de
canapés recouverts de vi-
nyle rose contre des murs
tendus de fausse fourrure),
vous aurez l'occasion de
côtoyer le Tout-Toronto. Le
«Guv» présente par ailleurs,
à l'occasion, des artistes de
renommée internationale.
Quant au Warehouse, qui a
sa propre entrée sur le côté
du bâtiment, il offre, ainsi
que son nom l'indique, de
hauts plafonds, des sols de
béton et un vaste espace où
se tiennent des concerts et
des raves.

The Docks
11 Polson
☎*469-5655*
The Docks se présente
comme un complexe de di-
vertissement rénové à l'est
du centre-ville, non loin de
Cherry Beach. Sa terrasse,
qui couvre plus de 3 700 m²
et s'étend jusqu'au-dessus

des eaux du lac Ontario, dispose de tables de billard extérieures et d'installations de plaisance. Des disques-jockeys s'y produisent les fins de semaine et lors d'événements spéciaux dans trois boîtes de nuit différentes.

The Annex

Panorama
55 Bloor St. W., 51ᵉ étage
☎967-5225
Tout juste à l'est de l'artère principale de l'Annex, le Panorama a élu domicile au sommet du Manulife Centre. Les boissons et les cocktails y sont coûteux, quoique la vue soit spectaculaire. Code vestimentaire de rigueur. La terrasse est ouverte tout l'été.

Brunswick House
481 Bloor St. W.
☎964-2242
Le rendez-vous étudiant le plus populaire de Toronto n'est autre que la Brunswick House. Écrans de télévision géants, jeu de palets, tables de billard et bières bon marché, sans oublier un personnage local surnommé *Rockin' Irene*.

Insomnia
563 Bloor St. W.
☎588-3907
Resto-bar et cybercafé branché, l'Insomnia accueille sa jeune clientèle dans un cadre léché et dépouillé. Un disque-jockey anime les soirées.

James Joyce Irish Pub
386 Bloor St. W.
☎324-9400
Le nom du James Joyce Irish Pub dit tout: bières pression importées, musique irlandaise traditionnelle sur scène, atmosphère animée et tables de billard.

Lee's Palace
529 Bloor St. W.
☎532-1598
Le Lee's Palace se distingue par sa façade colorée, ornée de personnages de dessins animés. Des formations de rock et de musique alternative se produisent dans la vaste salle qui se trouve à l'étage inférieur, tandis qu'à l'étage supérieur vous attend la Dance Cave.

Madison Avenue Pub
14 Madison Ave.
☎927-1722
Réparti sur six étages de deux maisons victoriennes jumelées, le Madison Avenue Pub fait joyeusement couler la bière pression et le scotch pur malt tout en permettant à ses client de s'adonner aux jeux de billard et de fléchettes. On y sert en outre des repas légers.

Sorties

Pauper's Pub
539 Bloor St. W.
☎530-1331
Le Pauper's Pub est, bien
sûr, un pub. Terrasse laté-
rale et grande terrasse panoramique sur le toit.

The X-Change
100 Cumberland St.
☎964-2222
Mick Jagger et Keith Ri-
chards des Rolling Stones
ont présidé, il y a plus de
20 ans, à l'ouverture du bar
The X-Change, dont les
clients, dans la trentaine,
apprécient le décor inspiré
des années 1970 et la mu-
sique internationale variée.

Niagara-on-the-Lake

The Oban
160 Front Str.
☎(905) 468-2165
The Oban est l'endroit par
excellence en ville pour
prendre un verre entre
amis, ou même seul,
confortablement assis dans
un fauteuil au bord de la
cheminée.

Bars et discothèques gays

Woody's
465-467 Church St.
☎972-0887
Woody's, établi au cœur du
village gay, quartier aussi
surnommé le «Ghetto», est
un populaire lieu de ren-
contre pour hommes gays

où flotte une chaleureuse
atmosphère de pub décon-
tracté. Au programme, des
événements spéciaux tels
que spectacles de travestis
et concours «du plus beau
torse».

Five
droit d'entrée
mer-dim 21h à 2h30
5 St Joseph St.
☎964-8685
Bar-discothèque, Five propose des soirées thémati-
ques comme les Hot Body
Contest du mercredi et les
soirées Drag du dimanche.
Un disque-jockey différent
tous les soirs anime les
soirées.

Wilde Oscars
518 Church St.
☎921-8142
Wilde Oscars s'impose
comme un restaurant-bar
doté d'une grande terrasse
donnant directement sur la
rue Church, et souscrit de
tout cœur au credo du «voir
et être vu» tout au long de
la saison estivale. Un endroit tout indiqué pour s'imprégner de l'atmosphère du
village. Salle de pub et bar
confortable à l'étage.

Tallulah's Cabaret
droit d'entrée
tlj 22h à 3h
12 Alexander St.
☎975-8555
Attirant une clientèle gay et
lesbienne des plus hétéro-
clites, le Tallulah's Cabaret
présente des spectacles

En été, la Centre Island éclate de mille feux sous une flore abondante.
– *Walter Bibikow*

Sur la rue Yonge, une fresque murale immortalise le groupe rock The Rolling Stones.
– *Walter Bibikow*

Les célébrissimes chutes du Niagara, qui comptent parmi les grandes merveilles naturelles de notre planète. – *T. Bognar*

hauts en couleur suivis de soirées dansantes animées par des disques-jockeys d'expérience.

The Orange Room
132 Queen's Quay E., au Guverment
☎869-1462
The Orange Room est une boîte à l'intérieur d'une autre boîte, en l'occurrence le Guverment, qui s'emplit à craquer de gays et les-biennes, tous les vendredis soirs. On y danse sur de la house progressive et de la techno présentés par des disques-jockeys.

Ciao Edie
489 College St.
☎927-7774
Le Ciao Edie revêt l'allure d'un bar à cocktail des années 1970 en plein secteur branché de College Street. Soirée lesbienne le diman-che, au son d'excellents enregistrements de soul et de drum-and-bass présentés par des disques-jockeys; les hommes et la clientèle hétéro sont également les bienvenus. Cet événement, qui contraste avec ceux des établissements de Church Street, attire des lesbiennes tatouées, fantaisistes ou imbues de prétentions artis-tiques qu'on ne voit norma-lement pas dans ces para-ges. Les martinis sont fabu-leux, mais la musique de-vient franchement assour-dissante après 23h.

Pope Joan
547 Parliament St.
☎925-6662
Immédiatement à l'est du village gay, à Cabbagetown, le Pope Joan est un bar décontracté flanqué d'une grande terrasse extérieure où se rencontrent volontiers les femmes. Musique rock et rétro des années 1980.

Black Eagle
457 Church St.
☎413-1219
Le Black Eagle est un bar de rencontre pour hommes vêtus de cuir. Table de bil-lard, projections vidéo et accessoires de donjon.

Crews
508 Church St.
Tango
510 Church St.
☎972-1662
Crews et Tango sont deux bars aménagés à l'intérieur d'une belle et vieille maison victorienne. Vous y trouve-rez de tout, allant du karao-ké au billard, en passant par les spectacles d'humour et de travestis. Le Tango, un bar intime garni de fauteuils posés sous une fenêtre en rotonde, s'adresse principa-lement aux lesbiennes mais accueille néanmoins les hommes.

Slack Alice Bar and Grill
562 Church St.
☎969-8742
Le Slack Alice Bar and Grill est joliment ponctué de fer forgé dans un décor moder-

Sorties

ne de type industriel. Vous
trouverez un restaurant con-
venable à l'arrière, mais la
moitié frontale de l'établissement, qui déborde un
tant soit peu sur le trottoir
de la rue Church, demeure
un bar de cocktail animé et
un lieu de rencontre original pour les représentants
des deux sexes.

Bar 501
501 Church St.
☎944-3272
Le Bar 501 est réputé pour
la vue qu'il offre sur le
quartier de même que pour
les divertissements qu'on y
présente, qu'il s'agisse de
concerts, d'expositions d'art
ou de spectacles de travestis.

Byzantium
499 Church St.
☎922-3859
Le Byzantium se veut un
chic salon de martini doublé d'un bar de quartier. La
carte des martinis en est
une des plus complètes de
la ville.

Pegasus Billiard Lounge
489 Church St., 2ᵉ étage
☎927-8832
Le Pegasus Billiard Lounge
est une alternative aux bars
dansants. Pourvu de tables
de billard et de cibles de
fléchettes de dimensions
réglementaires, l'endroit se
prête on ne peut mieux à la
détente. Clientèle aussi bien

gay qu'hétéro, aussi bien
composée d'hommes que
de femmes.

Remington's
5$
tlj 15h à 2h
379 Yonge St.
☎977-2160
Le Remington's offre deux
étages de pistes de danse,
agrémentées d'écrans vidéo,
où se rencontre une clientèle strictement masculine.

The Stables/The Barn
418 Church St.
☎977-4702
The Stables/The Barn est un
bar dansant de trois étages
où les hommes préfèrent le
denim au cuir, ce qui n'empêche pas la maison
d'exploiter une boutique de
cuir (pantalons, gilets et fé-
tiches). Les jeudis et vendredis sont l'occasion de
bingos de charité dont les
profits sont versés à un
organisme local de lutte
contre le sida.

Trax V
droit d'entrée
tlj
529 Yonge St.
☎963-5196
Piano-bar et discothèque,
Trax V présente en outre
des spectacles variés et colorés tous les soirs.

Zelda's
tlj
542 Church St.
☎*922-2526*
Si vous aimez la musique des années 1970, rendez-vous chez Zelda's, coloré et animé resto-bar où l'on propose en outre des soirées thématiques les samedis et dimanches.

Zipperz
droit d'entrée
tlj
72 Carlton St.
☎*921-0066*
Piano-bar, tables de billard et piste de danse attendent les clients du Zipperz.

Activités culturelles

Salles de spectacle

Toronto s'impose, derrière New York et Londres, comme le troisième centre théâtral en importance du monde anglophone, et ce, grâce à plus de 200 compagnies professionnelles de théâtre et de danse. Le nombre de spectacles présentés ici est renversant, et une soirée au théâtre, à l'opéra ou au concert devient rapidement de plus en plus incontournable lors d'une visite de Toronto.

Roy Thompson Hall
60 Simcoe St.
☎*593-4828*
Le **Toronto Symphony Orchestra** et le **Toronto Mendelssohn Choir** ont tous deux élu domicile dans cette salle à l'acoustique exceptionnelle.

Massey Hall
178 Victoria St.
☎*872-4255*
L'excellente acoustique de cette autre salle relève les spectacles les plus variés, des concerts rock aux représentations théâtrales.

Hummingbird Centre (O'Keefe Centre)
1 Front St. E.
☎*872-2262*
S'y produisent la **Canadian Opera Company** et le **National Ballet of Canada**, sans compter les pièces à succès de Broadway et les prestations des grands noms de la musique.

Street Lawrence Centre for the Arts
27 Front St. E.
☎*366-7723*
La **Canadian Stage Company** s'y produit. Des concerts classiques complètent la programmation.

North York Performing Arts Centre
5040 Yonge St.
☎*870-8000*
Un nouveau complexe destiné à accueillir les meilleures productions de Broadway.

Premiere Dance Theatre
235 Queen's Quay Terminal
☎*973-4000*
Des compagnies de danse
contemporaines de Toronto
et de l'étranger se produisent dans ce théâtre spécialement conçu pour la
danse. Le **Toronto Dance
Theatre** y a son siège permanent.

Tafelmusik Baroque Orchestra
St. Paul Centre (Trinity Church)
427 Bloor St. W.
☎*964-6337*
L'occasion de jouir en toute
intimité d'un concert de
musique de chambre exécu-
té sur des instruments
d'époque.

Royal Alexandra Theatre
260 King St. W.
☎*872-1212*
Inauguré en 1907, ce vénérable théâtre de style
Beaux-Arts est une mer-
veille pour les yeux. On y
présente des pièces musicales de Broadway et d'autres
spectacles du même ordre.
Le prix des billets varie
entre 20$ et 115$.

Princess of Wales Theatre
300 King St. W.
☎*872-1212*
Construit tout spécialement
pour la production de la
comédie musicale *Miss Saigon*, ce nouveau théâtre
(1994) continue de présenter ce spectacle, mais aussi
bien d'autres. Le prix des
billets varie entre 25$ et
91$.

Canon Theatre
263 Yonge St.
☎*872-1212*
Ce théâtre rénové de vau-
deville, anciennement The
Pantages, a été rebaptisé le
Canon Theatre en sep-
tembre 2001.

**Elgin and Winter Garden
Theatres**
189 Yonge St.
☎*872-5555*
Deux salles spectaculaires
posées l'une sur l'autre où
l'on présente du théâtre
classique, des comédies
musicales, de l'opéra, des
concerts de jazz, etc. Des
visites guidées des lieux
sont proposées (voir p 138).

Théâtre Français de Toronto
26 Berkeley St.
☎*534-6604*
Fondé en 1967 sous le nom
de «Théâtre du P'tit Bon-
heur», c'est le seul théâtre
francophone de Toronto.

Young People's Theatre
165 Front St. E.
☎*862-2222*
Une option sensationnelle
pour les jeunes visiteurs,
puisque toutes les productions sont destinées aux
enfants.

Théâtre Passe Muraille
16 Ryerson Ave.
☎*504-7529*
Productions théâtrales canadiennes novatrices.

Buddies in Bad Times Theatre
12 Alexander St.
☎975-8555

Buddies in Bad Times, une des plus grandes compagnies théâtrales gays et lesbiennes du monde, monte des pièces canadiennes radicales et controversées qui font date. Le **Tallulah's Cabaret** y présente par ailleurs des événements de moindre envergure, qu'il s'agisse de spectacles, d'expositions d'art, de lancements de livre ou de projections de films.

Dream in High Park
High Park, angle Bloor et Keele
☎367-1652, poste 500

Productions estivales shakespeariennes dans un cadre enchanteur.

Factory Theatre
125 Bathurst St.
☎504-9971

Le dernier cri en matière de théâtre anglophone canadien.

Cabarets/
dîners-spectacles

Famous People Players Dinner Theatre
110 Sudbury St.

Cette troupe de spectacle canadienne offre un divertissement unique et remarquable ponctué d'une musique enlevante.

Legends in Concert
123 Queen St. W., dans l'enceinte du Sheraton Centre Hotel
☎603-0007

Après 15 ans de succès ininterrompu à Las Vegas, ce spectacle fait revivre les plus grandes superstars d'hier et d'aujourd'hui.

Medieval Times Dinner and Tournament
Exhibition Place
☎260-1234 ou 800-563-1190

Vous apprécierez au plus haut point la soirée de sorcellerie, d'apparat, d'art équestre et de divertissement que vous réserve cette représentation théâtrale à saveur médiévale. Des chevaliers y recréent un authentique tournoi espagnol du XIe siècle, tandis que les hôtes se régalent d'un dîner de banquet à quatre services.

Mysteriously Yours... Mystery Dinner Theatre
☎486-7469 or 800-668-3323

Participez à un «meurtre-mystère» interactif. Dîner-spectacle ou spectacle seulement.

Yuk Yuk's Comedy Cabaret
1280 Bay St.
☎967-6425

La boîte d'humoristes la plus courue en ville vous présente certains de ses anciennes vedettes, entre autres Jim Carrey, Norm McDonald et Howie Mandel.

Sorties

Billetteries

Vous pouvez vous procurer des billets pour les spectacles à l'affiche dans les salles de Toronto auprès de:

Ticketmaster
☎*870-8000*

Ticket King
☎*872-1212*

T.O. Tix
mar-sam 12h à 19h30, dim 11h à 15h
angle Yonge et Dundas, centre Eaton
☎*536-6468, poste 1*
Billets à prix réduit pour les comédies musicales et les œuvres théâtrales présentées le jour même. Vous devez vous rendre sur place.

Musées et galeries d'art

L'accès aux collections permanentes est libre dans certains musées les mercredis soirs de 18h à 21h. De plus, des tarifs spéciaux sont accordés à ceux qui désirent visiter les expositions temporaires durant cette même période.

Musées

Royal Ontario Museum (ROM)
100 Queen's Park
☎*586-8000*
Le plus grand musée du Canada renferme une des plus belles collections d'art chi-nois du monde, des pièces décoratives des premiers jours du Canada, des sarcophages et des masques égyptiens, et beaucoup plus encore, y compris des expositions temporaires.

Bata Shoe Museum
327 Bloor St. W.
☎*979-7799*
Les salles d'exposition thématiques de ce musée jettent un regard unique sur la chaussure à travers les âges, par le biais de vitrines et de panneaux explicatifs qui retracent aussi bien les chaussons chinois que les bottes de combat utilisées pendant la guerre du Vietnam ou les extravagantes bottes brillantes et surélevées que portait Elton John dans les années 1970.

Art Gallery of Ontario (AGO)
317 Dundas St. W.
☎*979-6648*
Cinquante salles d'exposition présentent ici des milliers d'œuvres réalisées sur tous les supports au fil de six siècles. Le Henry Moore Sculpture Centre abrite pour sa part la plus grande collection publique au monde d'œuvres de Moore. La galerie exploite également une grande boutique de cadeaux et un magasin d'art.

Black Creek Pioneer Village
1000 Murray Ross Pkwy.
☎*736-1733*
Il s'agit là d'un authentique village du milieu du XIXe

siècle qui regroupe plus de 40 maisons et magasins restaurés, tenus par des gens vêtus à la mode de l'époque. Boutiques de cadeaux, restaurants, artisanat fait sur place et événements saisonniers.

Cinémas

Toronto compte plusieurs salles de cinéma. Consultez les quotidiens pour connaître les programmes et les heures des représentations des grandes primeurs à l'affiche dans les différents cinémas de la ville. Des rabais sont offerts les mardis et en matinée. Le prix régulier est de 10,50$, sauf dans les cinémas de répertoire, moins chers.

Carlton Cinemas
20 Carlton St.
métro College
☎598-2309
On y présente plusieurs films indépendants alternatifs.

National Film Board
150 John St., métro St Andrew
☎973-3012

Cinémas Imax

Il y a un cinéma **Imax** à l'Ontario Place (☎314-9900) de même qu'à l'intérieur du complexe Paramount (☎925-4629) du centre-ville, à l'angle des rues Richmond et John.

Cinémas de répertoire

Toronto s'enorgueillit de six cinémas de répertoire, appelés **Festival Cinemas**.

Cinematheque Ontario
317 Dundas St. W., Art Gallery du Ontario's Jackman Hall
Cinéma de répertoire, la Cinémathèque présente uniquement des films en version originale, majoritairement en anglais ou sous-titrés en anglais.

The Fox
2236 Queen St. E., The Beaches
☎691-7330

Kingsway Theatre
3030 Bloor St. W.
☎236-1411

The Music Hall
147 Danforth Ave., The Danforth
☎778-8272

Paradise Cinema
1006 Bloor St. W.
☎537-7040

Revue Cinema
400 Roncesvalles Ave.
☎531-9959

The Royal Cinema
608 College St., la Petite Italie
☎516-4845

Plusieurs de ces cinémas de répertoire occupent d'anciennes salles somptueuses et richement ornées. L'entrée en est de 8$, ou de 6$ pour ceux qui détiennent une carte de membre (laquelle coûte 3$ au guichet). Vous trouverez dans les cafés et bars de la ville le *Festival Cinemas Movie Guide* (gratuit), qui présente la liste de tous les films, accompagnée de critiques, pour l'ensemble des cinémas concernés. Pour connaître l'horaire des représentations, vous pouvez également appeler la Festival Hotline au ☎*690-2600*.

Sports professionnels

Air Canada Centre
40 Bay St.
☎*815-5500*
Saison de hockey: de novembre à avril. Les éliminatoires peuvent avoir lieu jusqu'en juin.

En 1999, l'Air Canada Centre a remplacé le Maple Leaf Gardens comme aréna où les matchs des Maple Leaf, l'équipe torontoise de la Ligue nationale de hockey, sont disputés. C'est aussi le domicile de l'équipe de basket-ball les Raptors de la National Basketball Association (NBA).

SkyDome
1 Blue Jay Way
☎*341-3663*
Les Blue Jays de la Ligue américaine de baseball et les Argonauts de la Ligue canadienne de football y disputent leurs matchs.

Toronto International Dragon Boat Race Festival
☎*364-0046*
Au début du mois de juin se tient le Toronto International Dragon Boat Race Festival, qui est l'occasion d'assister à des courses de bateaux assez particulières.

Molson Indy
☎*872-4639*
La course automobile de formules 1 Molson Indy se tient à la mi-juillet.

Canadian International Marathon
☎*972-1062*
Le Canadian International Marathon a lieu dans les rues de la ville à la fin d'octobre.

Du Maurier International Canadian Open
au nord du centre-ville, sur le campus de la York University
☎*665-9777*
Les plus grands noms du tennis s'affrontent lors de ce championnat canadien. Compétitions masculines et féminines présentées en alternance une année sur deux à la fin du mois d'août.

Royal Agricultural Winter Fair
☎*393-6400*
Ce festival comprend le Royal Horse Show, un événement équestre de tout premier ordre qui se tient chaque année en novembre sur les terrains de la Canadian National Exhibition.

La fierté d'être gay!

Plus important rassemblement gay du Canada, voire de toute l'Amérique, Pride Toronto se veut une célébration des communautés gay, lesbienne, bisexuelle et transsexuelle. Festival d'une semaine tenu en juin de chaque année, Pride Toronto culmine par deux jours d'époustouflantes marches et parades ô combien relevées et vivantes, ainsi que de spectacles de toute sorte! Plus qu'une simple célébration festive qui attire des centaines de milliers de curieux et dont le cœur est Church Street, Pride Toronto se veut un événement hautement politique et revendicateur d'une grande importance pour la communauté gay de Toronto et du Canada. Plus de 750 000 personnes viennent chaque année dans la Ville reine pour célébrer la diversité et la liberté sexuelles ainsi que le respect de l'individu.

L'histoire de Pride Toronto remonte à plus de 30 ans. En 1969, Pierre Trudeau, alors ministre de la Justice du gouvernement fédéral, décriminalise l'homosexualité. Deux ans plus tard, le 1er août 1971, le premier Gay Day Picnic se tient sur Hanlan's Point aux îles de Toronto, événement qui permet de recueillir des fonds pour envoyer quelques militants à Ottawa afin de participer à une marche commémorant le deuxième anniversaire de la décriminilisation de l'homosexualité. L'année suivante, un deuxième Gay Day Picnic a lieu, mais, cette fois, il s'inscrit dans le cadre de la première Gay Pride Week. Les militants en profitent pour présenter leurs récriminations au gouvernement de l'Ontario. Après quelques années sans célébration, ponctuées de harcèlement policier, de manifestations qui tournent parfois au vinaigre et d'arrestations injustifiées en masse, le groupe de pression Lesbian and Gay Pride Day est officiellement formé, et plus de 1 500 personnes se rassemblent à Grange Park le 28 juin 1981. C'est le début d'une grande aventure. Depuis, des milliers de gays venus de tout le Canada envahissent Toronto et célèbrent sur un thème différent chaque année pendant toute une semaine au mois de juin.

Fêtes et festivals

Harbourfront Centre
231-235 Queen's Quay W.
☎*973-3000 information*
☎*973-4000 billets*
Campé dans un décor aéré et pittoresque de front de mer, le Harbourfront Centre propose des objets d'arts, des événements culturels et des activités récréatives toute l'année durant. Parmi les événements annuels qui s'y tiennent, mentionnons divers concerts (certains gratuits, d'autres payants), des prestations musicales variées d'artistes de jazz, de rythmes du monde et pop, des spectacles de danse, des pièces de théâtre, des expositions d'art, des activités artisanales et diverses célébrations festives.

Toronto Winterfest
mi-février
☎*395-7350*
Toronto organise une grande fête pour célébrer l'hiver. Trois sites faisant bon accueil aux familles vous y réservent aussi bien des spectacles de patinage artistique que des manèges et des petits déjeuners de crêpes.

Canada Blooms, The Flower and Garden Show
mi-mars
☎*800-730-1020*
Le plus grand salon intérieur du Canada entièrement consacré à l'horticulture et au jardinage: 2,5 ha de jardins et d'arrangements floraux ainsi que jardinerie.

North by Northeast
mi-juin
☎*863-6963*
Plus de 300 groupes de musique folk, rock, blues, punk et funk présentent des concerts dans plusieurs bars torontois.

**Toronto International Festival
Caravan**
mi-juin
☎**977-0466**
Célébration des diverses
communautés culturelles
avec entre autres de la
danse, des films, du théâtre,
de la musique et des plats
exotiques.

**Benson & Hedges International
Fireworks Festival**,
The Symphony of Fire
mi-juin à fin juillet
Ontario Place près du lac
☎**870-8000 ou 314-9900**
Feux d'artifice.

Toronto Downtown Jazz
fin juin
www.tojazz.com
Fête du jazz au centre-ville.

Gay Pride
dernière semaine de juin
☎**927-7433**
Un des événements les plus
colorés de l'été est le défilé
qui couronne cette semaine
de festivités. Il s'agit d'une
des plus importantes célébrations de la fierté gay et
lesbienne en Amérique du
Nord

**The Fringe – Toronto's Theatre
Festival**
début juillet
☎**966-1062**
Près d'une centaine de troupes de théâtre participent à
ce festival qui réunit des
mises en scène ne pouvant
être qualifiées que d'uniques, diversifiées et inatten-
dues.

Toronto Outdoor Art Exhibition
mi-juillet
☎**408-2754**
Des artistes canadiens et internationaux montrent leurs
œuvres au Nathan Phillips
Square.

Caribana
mi-juillet à début août
☎**465-4884**
Un festival de premier plan
voué à la musique et à la
culture des Caraïbes. Il se
termine par un défilé spectaculaire de 12 heures, ce
qui en fait le plus important
au Canada!

**Beaches International Jazz
Festival**
troisième semaine de juillet
☎**698-2152**
Plus de 100 formations se
produisent gratuitement sur
des scènes intérieures et
extérieures au cours de ce
festival international de cinq
jours qui se tient sur le site
le plus estival de Toronto.
Des milliers de pique-ni-
queurs envahissent alors le
plus grand parc des Bea-
ches, où cafés en plein air
et vendeurs ambulants ajoutent à l'atmosphère.

**Fringe Festival of Independent
Dance Artists**
août
☎**975-8555 ou 410-4291**
Près d'une centaine de professionnels de la danse se
donnent en spectacle à
divers endroits de la ville.

Sorties

Le festival Caribana

Haut en couleur et en musique, le festival Caribana représente l'un des événements culturels ethniques les plus importants d'Amérique du Nord. Chaque été, près d'un million de personnes se retrouvent sur les rives du lac Ontario pour 18 jours de festivités ensoleillées. Créé en 1967 par un groupe d'intellectuels et de professionnels soucieux de souligner le rôle des Afro-Canadiens dans la mosaïque culturelle du Canada, le festival Caribana apporte aujourd'hui plus de 200 millions de dollars en revenus dans les coffres de la Ville de Toronto. Bien que l'événement ait pris des proportions insoupçonnées par ses fondateurs, la mission du festival demeure toujours la même, soit de promouvoir le développement et la culture des communautés canadiennes originaires des Caraïbes et de l'Afri-

que. Le clou du festival est certes l'extraordinaire parade, tenue le dernier samedi du festival, animée par les plus belles couleurs et les plus beaux rythmes afro-canadiens. Battant son plein sur Lakeshore Boulevard, celle-ci regroupe des milliers de festivaliers et des centaines de participants, toutes origines confondues. D'ailleurs, un sondage effectué en 1991, estimait que 53% des participants à la parade étaient des gens de couleur, 31% des Blancs et 16% des personnes d'origines diverses. C'est un événement qui aide certainement à créer des liens entre les diverses communautés de la très multiethnique ville de Toronto.

Le festival se tient chaque année de la fin juillet jusqu'au premier lundi d'août, lequel est férié en Ontario.

Canadian National Exhibition
mi-août à début septembre
☎*393-6000*

Des manèges et des jeux
dans une atmosphère de
carnaval, que complètent
des pavillons où l'on présente diverses expositions,
de la musique et toutes
sortes de divertissements.

Krinos Taste of The Danforth
première semaine d'août
Greektown
☎*469-5634*
Le Greektown tout entier se
transforme en festival de
rue pendant cet événement
qui dure une fin de semaine, des kiosques y propo-
sant des plats des nom-
breux restaurants du quartier. On y présente en outre
des spectacles sur des scènes extérieures.

**Toronto International Film
Festival**
début septembre
☎*968-3456*
Ce festival est rapidement
devenu un événement re-
connu par l'ensemble du
monde artistique. Le magazine *Variety* le désigne
même comme le «meilleur
festival de films en Amé-
rique du Nord».

**International Festival
of Authors**
troisième semaine d'octobre
☎*973-4000*
Cet événement continue
d'ébahir les fervents de littérature en invitant les auteurs les plus populaires de

l'heure à lire eux-mêmes
des passages de leurs plus
récentes œuvres.

Toronto International Pow Wow
fin novembre/début décembre
☎*751-0040*
Festival de danse amérin-
dienne au SkyDome.

**The "One of a Kind" Canadian
Craft Show & Sale**
décembre et fin mars
☎*960-3680*
Foire d'artisanat

Kensington Festival of Lights
troisième semaine de décembre
☎*598-2829*
Ce festival célèbre le sols-
tice d'hiver, Hanukkah et
Noël par un défilé costumé,
éclairé à la lanterne, dans
les environs du marché de
Kensington.

Niagara-on-the-Lake

Festival Shaw
38$ à 75$
☎*(905) 468-2172*
☎*800-511-7429*
≈*(905) 468-3804*
www.shawfest.sympatico.ca
De renommée internatio-
nale, ce festival a lieu tous
les ans depuis 1962, et, du
mois d'avril au mois d'octobre, vous aurez l'occasion
d'assister à de nombreuses
pièces de théâtre tirées de
l'œuvre de Bernard Shaw à
l'un des trois théâtres de la
ville: le **Festival Theatre**, le
Court House Theatre et le
Royal George Theatre.

Sorties

Les Premières Nations se rassemblent

Le Canadian Aboriginal Festival se veut l'un des plus importants festivals culturels de Toronto. Occasion unique pour découvrir, partager et apprendre, le festival des Premières Nations en propose pour tous les goûts. Point culminant des festivités, le Toronto International Pow Wow regroupe pendant deux jours des centaines de danseurs, chanteurs et percussionnistes autochtones de tout le Canada au stade Sky-Dome de Toronto. La cérémonie d'ouverture du Pow Wow, la «Grande Entrée», constitue certes l'un des cérémonials autochtones les plus fascinants, alors que des centaines de danseurs forment un immense cercle.

Le terme «Pow Wow» remonte au début de la colonisation. Pendant les rassemblements autochtones, les premiers colons entendaient souvent une expression qui faisait, en fait, référence au guérisseur. Personnage central d'une communauté, le guérisseur assistait toujours aux rassemblements et son nom, aux consonances s'apparentant au terme «Pow Wow»», était souvent prononcé. L'altération de cette expression qu'ont interprétée les premiers colons blancs s'est perpétuée jusqu'à aujourd'hui et «Pow Wow» en est venu à signifier tout rassemblement de communautés autochtones.

Un Pow Wow peut représenter plusieurs choses et être l'occasion de remercier le Créateur, honorer les guerriers, rencontrer d'anciens et de nouveaux amis, présenter et acheter des produits artisanaux, bref, de célébrer toutes les facettes de la culture et du patrimoine autochtone. La tradition se perpétue chaque année en novembre.

Achats

Pour faire du lèche-vitrine dans les artères bordées d'élégantes boutiques ou fouiner dans les étalages de petits magasins cachant quelques trésors uniques, ou encore dénicher rapidement l'objet de son choix, Toronto a tout pour plaire.

Mais, pour se procurer ce que l'on désire, il est nécessaire de savoir choisir le bon quartier. Nous vous proposons une courte description de quelques-uns des magasins de la ville répartis par quartiers, description qui, sans être exhaustive, vous permettra de vous en faire une idée et, sans doute, d'assouvir votre soif de magasinage.

Le Waterfront

Centres commerciaux

Queen's Quay Terminal
207 Queen's Quay W.
☎*203-0510*
Magnifique centre commercial sur les rives du lac

Ontario, le Queen's Quay Terminal regroupe plus de 50 boutiques (la plupart proposant des produits canadiens) et des restaurants. Il a été aménagé dans l'un des anciens entrepôts de la ville.

Antiquaires

Harbourfront Antique Market
390 Queen's Quay W.
☎260-2626
Si vous disposez d'un peu de temps et que vous aimiez fouiner parmi les vieilleries, antiquités et autres trésors issus d'une autre époque, vous devez vous rendre au Harbourfront Antique Market, qui compte une centaine d'antiquaires, certains proposant de très belles pièces.

Artisanat

Arctic Canada
207 Queen's Quay W., Queen's Quay Terminal
☎203-7889
Pour de l'artisanat autochtone, rendez-vous à la boutique Arctic Canada, qui vend de belles pièces, notamment des gravures et des sculptures, ainsi que des vêtements de cuir et de fourrure.

The Bounty Shop
235 Queen's Quay W.
☎973-4993
La boutique Bounty vend des produits artisanaux de fabrication canadienne, parfaits pour se faire plaisir ou pour offrir en cadeau, entre autres des pièces de verre soufflé à la main, des objets en céramique et des bijoux. Plusieurs des articles sont conçus par les artistes du Harbourfront Centre's Craft Studio.

Bières, vins et spiritueux

Beer Store
lun-mer 10h à 20h, jeu et ven 10h à 21h, sam 9h30 à 21h, dim 11h à 18h
350 Queen's Quay W.
☎581-1677

Liquor Control Board of Ontario
lun-sam 9h à 22h, dim 12h à 18h
2 Cooper St., angle Yonge et Queen's Quay
☎864-6777

On peut faire provision de bière à la première adresse; la seconde se spécialise dans les vins et les spiritueux.

Vêtements

Tilley Endurable
207 Queen's Quay W., Queen's Quay Terminal
☎203-0463
Les voyageurs connaissent Tilley Endurable depuis belle lurette. Tilley s'est fait connaître par la création de vêtements parfaitement adaptés aux exigences des voyageurs, avec ses tissus imperméables qui ne se froissent pas. C'est sans doute le chapeau, le Tilley Hat, très résistant, qui est le plus apprécié.

Vêtements de pluie et parapluies

Rainmakers Queen's Shop
207 Queen's Quay W., Queen's Quay Terminal
☎*203-7246*
Si vous craignez la pluie, faites un arrêt à la boutique dénommée Rainmakers Queen's Shop, où se trouve une vaste sélection de parapluies (dont certains qui résistent au vent!) et d'imperméables, certains fort bien conçus.

Le quartier des affaires et du spectacle

Artisanat

Native Stone Art
4 McCaul St.
☎*593-0924*
Native Stone Art possède une belle collection de produits artisanaux des Premières Nations acquis directement des créateurs. On y retrouve des sculptures des Inuits, des Iroquois et des Mohawks, des mocassins des Cris et des Ojibwés, des vêtements des Cowichans ainsi que des bijoux des Navajos, des Zunis et des Hopis.

Cadeaux

Spirit of Hockey
181 Bay St., BCE Place, étage inférieur
☎*360-7765*
Boutique du célèbre Hockey Hall of Fame, Spirit of Hockey vend les incontournables survêtements, chandails de hockey, casquettes, t-shirts, livres et accessoires rattachés au monde du hockey professionnel.

Plein air

Mountain Equipment Co-op
400 King St. W.
☎*340-2667*
Le magasin Mountain Equipment Co-op est réputé auprès des amateurs de plein air qui savent qu'ils y trouveront des produits de qualité (sacs à dos, vêtements, livres, articles de sport) à bon prix.

Queen Street West

Alimentation

St. Lawrence Market
91 Front St. E.
Un endroit en ville plus que tout autre est réputé pour la fraîcheur de ses aliments, le St. Lawrence Market, où vous pourrez vous procurer une profusion de fruits et légumes ainsi que de la viande. L'expérience promet d'être particulièrement

agréable le samedi matin, alors qu'à deux pas se tient le Farmer's Market, où les fermiers des environs de Toronto viennent vendre leurs produits.

Artisanat

Frida Craft Store
39 Front St. E.
☎366-3169
Au cœur du grouillant quartier du St. Lawrence Market, le Frida Craft Store tient en magasin des vêtements, des meubles, des couvertures, de la porcelaine de Chine, des articles brodés importés de l'Inde et bien d'autres créations provenant de plus de 50 pays.

Musique

The Music Store
60 Simcoe St., Roy Thomson Hall
☎593-4822
L'édifice de la salle de concerts de l'orchestre symphonique de Toronto abrite The Music Store, qui offre en magasin une vaste sélection de disques compacts et de cassettes de musique classique et de chant choral.

Plein air

Europe Bound – Travel Outfitters
47 Front St. E.
☎815-1043
Chez Europe Bound Travel Outfitters, vous trouverez des vêtements, des accessoires spécialisés et des livres pour les activités de plein air comme l'escalade et l'alpinisme, la randonnée pédestre, le kayak et le cyclisme.

Out There
35 Front St. E.
☎363-8801
Spécialisé dans les chaussures de sport, Out There propose aussi une bonne sélection de vêtements et d'articles de plein air avec des marques réputées, entre autres Asolo, Columbia, Lowe Alpine, North Face et Sierra Designs. Vous trouverez notamment des chaussures pour la randonnée ou la course et des patins à roues alignées.

Matériel photo

Henry's
119 Church St.
☎868-0872
Spécialisé dans le matériel photo neuf et d'occasion, Henry's présente sa marchandise dans une boutique de quelques étages. On y trouve une bonne sélection d'appareils photo et de

caméscopes numériques ou standards, d'accessoires de chambre noire, de sacs pour transporter appareils et caméras, de trépieds et, bien sûr, de pellicules. Henry's offre en outre les services de développement et de réparation.

Vêtements

Out on the Street
551 Church St.
☎ *967-2759*
Au cœur du village gay, Out on the Street s'affiche comme *«your friendly neighbourhood queer store»*. Il n'y a pas de fausse représentation car il est vrai que le service est affable et sa clientèle gay et lesbienne. On y vend principalement des vêtements, mais on peut y trouver aussi des bijoux, des accessoires, des cartes postales et autres menus articles.

Eaton Centre
220 Yonge St., angle Queen St. W.
☎ *598-8700*
L'Eaton Centre est si connu à Toronto qu'il en est presque devenu une attraction. Il demeure qu'il regroupe plus de 320 magasins et qu'il est un «incontournable» pour tout coureur de magasins. Parmi les boutiques les plus intéressantes, mentionnons Harry Rosen, Mexx, Banana Republic et Gap

pour les vêtements, Bowrings pour la maison, Disney Store pour les enfants et un Liquor Control Board of Ontario pour les vins et spiritueux.

The Bay
176 Yonge St.
À deux pas de l'Eaton Centre se dresse une autre institution torontoise, le magasin The Bay, avec ses neuf étages regorgeant d'articles en tous genres.

La Cache
Queen St. W.
Gap
Queen St. W.
Roots
Queen St. W.
Sur Queen Street West, les boutiques de mode s'adressant à un public relativement jeune ont également pignon sur rue. Parmi celles-ci, mentionnons La Cache, connue pour ses vêtements féminins en laine ou en coton, ses foulards et ses chapeaux, Gap pour ses vêtements et Roots pour ses vestes de cuir et ses chandails de laine.

Marilyn's
130 Spadina Ave.
☎ *504-6777*
Marilyn's vend des vêtements de femmes de taille 2 à 24, et ce, à prix réduit. L'arrivage hebdomadaire comprend des ensembles qui vont du décontracté au plus chic.

Achats

Cadeaux

Art Gallery of Ontario
317 Dundas St. W.
☎*979-6610*
À la fois librairie, boutique d'objets de décoration et bijouterie, la boutique de l'Art Gallery of Ontario mérite qu'on s'y arrête quelques instants. Nombre de pièces proposées sont de très belle qualité et s'adressent tant aux adultes cherchant un objet hors de l'ordinaire qu'aux enfants de tout âge.

The Condom Shack
231 Queen St. W.
☎*596-7515*
Des petits, des longs, des roses, des bleus, des drôles, des pratiques et des originaux, Condom Shack a le préservatif qu'il vous faut, et ce, sous toutes ses formes! Outre les importations japonaises, européennes et étasuniennes des articles en latex, on trouve des vêtements d'usage, des lotions pour le corps, des livres et des jeux.

Down East
508 Bathurst St.
☎*961-7400*
D'entrée de jeu, le client sait à quoi s'attendre lorsqu'il pénètre dans la boutique Down East, où l'enseigne suivante l'attend: *«Some awful and some good stuff from Atlantic Canada.»* Elle ne ment pas. C'est vrai qu'on y trouve de tout, du truc horrible et ringard aux beaux objets d'artisanat. Un seul point commun: tous les produits viennent des Maritimes.

The Japanese Paper Place
887 Queen St. W.
☎*703-0089*
The Japanese Paper Place possède une excellente sélection de papier japonais de première qualité, à la fois moderne et traditionnel, ainsi que des albums de photos, des livres sur l'art traditionnel japonais du papier plié (origami), des bijoux en papier et des cartes de vœux faites à la main.

Chaussures

John Fluevog
242 Queen St. W.
☎*581-1420*
Si vous cherchez des chaussures à la mode, pas toujours confortables mais qui vous promettent le meilleur effet, John Fluevog constitue un choix à considérer.

The Australian Boot Company
791 Queen St. W.
☎*504-2411*
The Australian Boot Company se spécialise dans les chaussures australiennes confortables et résistantes avec des marques telles que R.M. Williams et Blundstone.

Livres

Pages Books and Magazines
256 Queen St. E.
☎598-1447
Librairie alternative appréciée de la classe intellectuelle torontoise, Pages Books and Magazines propose nombre de revues spécialisées et de livres sur des sujets comme le féminisme, le monde gay, l'art, le design et l'architecture, les voyages, les sciences sociales et la philosophie.

World's Biggest Bookstore
20 Edward St.
☎977-7009
Autre institution torontoise, la World's Biggest Bookstore se veut la plus grande librairie au monde. Est-ce toujours vrai? Nous ne saurions le dire, mais sa collection de livres est impressionnante.

Bloor Street

Vêtements

La rue Bloor n'est qu'une succession de boutiques de vêtements, certains signés par les plus grands couturiers internationaux. En vous promenant, votre œil sera inévitablement attiré par leurs attrayantes vitrines.

The Bay
2 Bloor St. W.
☎972-3333
Plus vieux détaillant du Canada, la Hudson's Bay Company a été fondée en 1670. Ses magasins The Bay vendent de tout, des vêtements aux articles domestiques en passant par les cosmétiques et les cadeaux ou souvenirs. Le magasin compte 14 succursales dans le Grand Toronto.

Maxmara
131 Bloor St. W.
☎928-1884
Maxmara, grande maison italienne en haute couture, produit plus de 20 lignes de vêtements de haute qualité dont Weekend by Maxmara et Sportmax.

Certains magasins présentent de belles collections, souvent pour une tenue décontractée. Les boutiques suivantes sauront séduire l'acheteur qui sommeille en vous, et ce, sans vous ruiner.

Banana Republic
80 Bloor St. W.
☎515-0018

Club Monaco
157 Bloor St. W.
☎591-8837

Gap
60 Bloor St. W.
☎323-3391

Achats

Roots
95A Bloor St. W.
☎ 323-3289

Bijoux

Birks
55 Bloor St. W.
☎ 922-2266
Fondé en 1879, Birks n'a plus besoin de présentation. La prestigieuse boutique propose des bijoux, des montres, de l'argenterie et des objets en cristal fabriqués par les plus grandes maisons du monde.

Tiffany & Co.
85 Bloor St. W.
☎ 921-3900
Bijouterie de réputation mondiale, Tiffany et Co. possède une collection à faire rêver. On y trouve les plus beaux diamants, perles et bijoux en or et en argent signés par les plus grands joailliers tels Elsa Peretti, Paloma Picasso et Jean Schlumberger. Outre les bijoux, l'élégante boutique propose des objets en cristal, des foulards, des montres et bien d'autres idées pour des cadeaux.

Centres commerciaux

Holt Renfrew Centre
50 Bloor St. W.
☎ 923-2255
Le Holt Renfrew Centre compte plus de 25 boutiques incluant HMV, Eddie Bauer, Emporio Armani, Mephisto et Femme de Carrière, qui proposent autant de la haute couture que des vêtements sport, des chaussures et de la lingerie.

Manulife Centre
55 Bloor St. W.
☎ 923-9525
Manulife Centre, c'est 50 boutiques spécialisées au cœur du quartier commercial de Bloor-Yorkville. Relié à son voisin qu'est le Holt Renfrew Centre, il affiche des enseignes comme William Ashley, Julian Edwards Boutique et Indigo Books.

Jeux

Science City
Holt Renfrew Centre, 50 Bloor St. W.
☎ 968-2627
La boutique Science City se spécialise dans le jeu intelligent et éducatif, et ce, pour tous les âges.

Livres

Bloor Street compte également son lot de gigantesques librairies où vous pourrez passer des heures à bouquiner, sans avoir eu suffisamment de temps pour tout voir. On y retrouve donc Chapter's et Indigo Books, Music and Cafe, dont le superbe aménagement vous laissera pantois.

Chapter's
110 Bloor St. W.
☎920-9299

Indigo Books, Music and Cafe
55 Bloor St. W., Manulife Centre
☎925-3536

Mable's Fables
2939 Bloor St. W.
☎233-8830
Librairie destinée uniquement aux jeunes lecteurs,
Mable's Fables propose une
vaste sélection de titres
répartis en groupes d'âge,
du tout-petit au jeune
adulte.

Bières, vins et spiritueux

Liquor Control Board of Ontario
55 Bloor St. W., Manulife Centre
☎925-5266
Pour faire provision de
bières, vins et spiritueux,
rendez-vous au Liquor
Control Board of Ontario.

Cadeaux

The ROM Shops
100 Queen's Park
☎586-5551
The ROM Shops vous per-
mettront d'assouvir
quelques-uns de vos rêves
les plus fous: posséder
quelques-unes des pièces
exposées au musée. Il s'agit
en fait de reproductions,
souvent réalisées avec
réalisme qui constituent de
fort beaux cadeaux. On

peut également y acheter
des livres, des bijoux et
divers objets décoratifs.

The Gardiner Museum
111 Queen's Park Crescent
☎586-8080
The Gardiner Museum est
connu pour sa magnifique
collection de porcelaines ct
de poteries, et il attire les
amateurs. Sa boutique se
devait donc de répondre à
leurs attentes, en proposant
un beau choix de pièces de
porcelaine ou de céramique
des artistes d'aujourd'hui.

Décoration

Urban Mode
389 Queen St. W.
☎591-8834
Urban Mode se spécialise
dans la décoration intérieure. Bien que cette boutique
présente aussi un beau
choix d'articles, on n'y trouve pas toujours le même
raffinement. On se console-
ra en regardant les prix,
généralement plus accessibles.

Lalique Boutique
131 Bloor St. W.
☎515-9191
Lalique est ce joaillier et dé-
corateur français qui s'est
notamment fait connaître au
début du XXᵉ siècle par ses
objets de verre moulé. Aujourd'hui décédé, il a laissé
son nom notamment à une
collection d'œuvres en
verre (vases, luminaires,

Achats

vaisselle) dignes des plus belles demeures. À Toronto, vous pourrez vous procurer quelques-uns de ces objets, magnifiques et raffinés, à la Lalique Boutique.

Magasin d'aubaines

Honest Ed's
581 Bloor St. W.
☎537-1574
Réputé depuis plus d'un demi-siècle pour ses aubaines de toute sorte, Honest Ed's est un incontournable en ville pour quiconque aime économiser. On y trouve un large éventail d'articles en tout genre allant des produits d'alimentation aux vêtements.

Maroquinerie

Louis Vuitton
100 Bloor St. W.
☎968-3993
Depuis des années, Louis Vuitton est synonyme de valises et d'articles de cuir de grande qualité. Il va sans dire que les prix en sont élevés.

Taschen!
162 Cumberland St., Renaissance Court
☎961-3185
Réputée boutique d'articles de cuir, Taschen! vend de magnifiques sacs à main, valises, porte-documents et autres produits de grande qualité. La boutique tient en

magasin les plus grandes marques de designers telles la maison allemande Bree et l'italienne Mandarina Dick.

Mode

Chanel Boutique
131 Bloor St. W.
☎925-2577
La réputée maison Chanel Boutique propose de classiques mais élégants vêtements de la plus grande qualité, des sacs à main en cuir, des bijoux, des chaussures, des parfums et des cosmétiques. Une maison qui n'a plus besoin de présentation.

Hermès
131 Bloor St. W.
☎968-8626
Fondée en 1837, la maison Hermès est reconnue mondialement pour ses élégants foulards, ses articles de cuir, ses cravates, ses chics prêts-à-porter, ses parfums et ses bijoux.

Holt Renfrew
50 Bloor St. W.
☎922-2333
Holt Renfrew s'est taillé une place de choix parmi les grands magasins de la ville grâce à sa sélection de vêtements d'hommes, de femmes et d'enfants, d'accessoires, de cosmétiques et de parfums. Vous y trouverez des marques aussi réputées que Giorgio Armani, Calvin

Klein, Donna Karan et Birger Christensen Furs.

Musique

HMV
50 Bloor St. W.
☎*324-9979*
À la recherche d'un disque compact quelconque? HMV vend une foule de disques, tous genres musicaux confondus.

Cigares

Groucho & Co. Ltd.
150 Bloor St. W.
☎*922-4817*
Tabagie possédant une belle sélection des meilleurs cigares venant des quatre coins de la planète, Groucho & Co. Ltd. fera le bonheur des fins connaisseurs en la matière. Outre les cigares de Cuba, de la République dominicaine, du Honduras, du Mexique, de la Jamaïque, des Philippines et du Canada, on peut y trouver des plumes ainsi que des produits et des instruments pour le rasage!

Yorkville Avenue

Les environs de Yorkville Avenue près de Bloor Street forment le quartier par excellence à Toronto si vous désirez vous promener et faire quelques haltes dans de charmantes boutiques.

Accessoires

Jeanne Lottie
106 Yorkville Ave.
☎*975-5115*
Depuis plus de 15 ans, la maison de design Jeanne Lottie crée des sacs à main originaux, colorés et imaginatifs, vendus à des prix relativement raisonnables.

Antiquaires

Hazelton Avenue pourrait sans doute figurer parmi les plus belles rues torontoises, surtout en raison des boutiques qui la bordent. Parmi celles-ci, quelques antiquaires se sont établis et devraient retenir l'attention des amateurs d'objets et de meubles antiques.

Gravures anciennes

Elisabeth Legge Antique Prints
37 Hazelton Ave.
☎*972-1378*
La boutique Elisabeth Legge Antique Prints n'a rien de commun avec les autres antiquaires. Elle renferme des gravures anciennes et même des chefs-d'œuvre parfois vieux de plus de 100 ans qui ornaient jadis les plus beaux ouvrages. En fouillant, vous y ferez à coup sûr des trouvailles, idéales pour décorer votre intérieur.

Achats

Artisanat

Les amateurs d'art autochtone seront comblés car de bonnes adresses se trouvent dans les environs.

The Arctic Bear
125 Yorkville Ave.
☎**967-7885**
Que vous cherchiez des mocassins, des vêtements de cuir ou de fourrure, des gravures ou des sculptures, tous réalisés par des artistes amérindiens, vous en trouverez à coup sûr chez Arctic Bear.

The Guild Shop
118 Cumberland St.
☎**921-1721**

Feheley Fine Arts
14 Hazelton Ave.
☎**323-1373**

Jouets

The Toy Shop
62 Cumberland St.
☎**961-4870**
The Toy Shop est rempli à craquer de jouets éducatifs, de poupées magnifiques, d'ours en peluche et de maisons de poupée avec leurs meubles miniatures, bref de quoi plaire aux enfants sages.

Vêtements

Marie Saint-Pierre
161 Cumberland St.
☎**513-0067**
Vu son succès, la créatrice montréalaise de vêtements de femmes Marie Saint-Pierre a ouvert une petite boutique dans la Ville reine et présente quelques-uns de ses plus beaux modèles.

Vêtements d'enfants

Caramel Camels
43 Hazelton Ave.
☎**932-9777**
Il existe également quelques couturiers ayant fait leur marque dans la mode pour enfants, avec des créations à faire rêver tous les parents. La boutique Caramel Camels dispose d'une belle sélection d'ensembles pour petits rois et petites reines. Le prix des vêtements est élevé.

Cadeaux

Just Bears
29 Bellair St.
☎**928-5963**
Chez Just Bears, vous trouverez une vaste sélection de peluches pour tous les goûts. Cette boutique spécialisée dans le nounours de qualité propose des marques aussi réputées que Steiff, Merrythought, Her-

man, Boyds, Cottage Collectibles et Gund.

Centres commerciaux

Hazelton Lanes
55-57 Avenue Rd.
☎*968-8602*
Le centre commercial Hazelton Lanes possède plus de 70 boutiques de moyenne ou haute gamme spécialisées dans les vêtements et les bijoux. Des noms comme Monaco Boys and Girls, Jacadi et Browns y sont représentés.

Livres

David Mirvish Books on Art
596 Markham St.
☎*531-9975*
David Mirvish Books on Art se cache parmi un alignement de boutiques d'artisanat et d'antiquités. Spécialisée dans les livres d'art, la boutique propose également des ouvrages sur la photographie, la décoration intérieure, l'architecture et la mode.

The Cookbook Store
850 Yonge St.
☎*920-2665*
The Cookbook Store se spécialise dans les livres de recettes: cuisine canadienne, desserts, cuisine végétarienne et cuisine santé.

Articles de maison

The Compleat Kitchen
18 Hazelton Ave.
☎*920-6333*
Un grand chef ne saurait travailler dans une cuisine mal équipée! Vous pourrez parer à vos manques les plus criands à la boutique The Compleat Kitchen.

Multi Ceramica Italiana
88 Yorkville Ave.
☎*969-0253*
Multi Ceramica Italiana dispose d'une foule d'ustensiles, casseroles, services de table et autres objets indispensables à toute cuisine qui se respecte.

Souleiado en Provence
20 Hazelton Ave.
☎*975-9400*
Les tissus et nappes de Souleiado en Provence ont les couleurs chaleureuses de la Provence: jaune soleil, rouge et bleu marin.

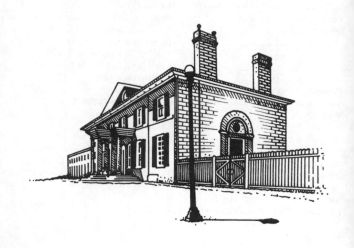

Lexique

PRÉSENTATIONS

Salut!	*Hi!*
Comment ça va?	*How are you?*
Ça va bien	*I'm fine*
Bonjour (la journée)	*Hello*
Bonsoir	*Good evening/night*
Bonjour, au revoir,	*Goodbye,*
à la prochaine	*See you later*
Oui	*Yes*
Non	*No*
Peut-être	*Maybe*
S'il vous plaît	*Please*
Merci	*Thank you*
De rien, bienvenue	*You're welcome*
Excusez-moi	*Excuse me*
Je suis touriste	*I am a tourist*
Je suis Américain(e)	*I am American*
Je suis Canadien(ne)	*I am Canadian*
Je suis Allemand(e)	*I am German*
Je suis Italien(ne)	*I am Italian*
Je suis Belge	*I am Belgian*
Je suis Français(e)	*I am French*
Je suis Suisse	*I am Swiss*
Je suis désolé(e), je ne	*I am sorry, I don't speak*
parle pas anglais	*English*
Parlez-vous français?	*Do you speak French?*
Plus lentement, s'il vous	*Slower, please*
plaît	
Comment vous appelez-vous?	*What is your name?*
Je m'appelle...	*My name is...*

époux(se)	*spouse*
frère, sœur	*brother, sister*
ami(e)	*friend*
garçon	*son, boy*
fille	*daughter, girl*
père	*father*
mère	*mother*
célibataire	*single*
marié(e)	*married*
divorcé(e)	*divorced*
veuf(ve)	*widower/widow*

DIRECTION

Est-ce qu'il y a un bureau de tourisme près d'ici?	*Is there a tourist office near here?*
Il n'y a pas de..., nous n'avons pas de...	*There is no..., we have no...*
Où est le/la ...?	*Where is...?*

tout droit	*straight ahead*
à droite	*to the right*
à gauche	*to the left*
à côté de	*beside*
près de	*near*
ici	*here*
là, là-bas	*there, over there*
à l'intérieur	*into, inside*
à l'extérieur	*outside*
loin de	*far from*
entre	*between*
devant	*in front of*
derrière	*behind*

POUR S'Y RETROUVER SANS MAL

aéroport	*airport*
à l'heure	*on time*
en retard	*late*
annulé	*cancelled*
l'avion	*plane*
la voiture	*car*
le train	*train*
le bateau	*boat*
la bicyclette, le vélo	*bicycle*
l'autobus	*bus*
la gare	*train station*
un arrêt d'autobus	*bus stop*
L'arrêt, s'il vous plaît	*The bus stop, please*
rue	*street*
avenue	*avenue*
route, chemin	*road*
autoroute	*highway*
rang	*rural route*
sentier	*path, trail*
coin	*corner*
quartier	*neighbourhood*
place	*square*
bureau de tourisme	*tourist office*

pont	bridge
immeuble	building
sécuritaire	safe
rapide	fast
bagages	baggage
horaire	schedule
aller simple	one way ticket
aller-retour	return ticket
arrivée	arrival
retour	return
départ	departure
nord	north
sud	south
est	east
ouest	west

LA VOITURE

à louer	for rent
un arrêt	a stop
autoroute	highway
attention	danger, be careful
défense de doubler	no passing
stationnement interdit	no parking
impasse	no exit
arrêtez!	stop!
stationnement	parking
piétons	pedestrians
essence	gas
ralentir	slow down
feu de circulation	traffic light
station-service	service station
limite de vitesse	speed limit

L'ARGENT

banque	bank
caisse populaire	credit union
change	exchange
argent	money
Je n'ai pas d'argent	I don't have any money
carte de crédit	credit card
chèques de voyage	traveller's cheques
L'addition, s'il vous plaît	The bill please
reçu	receipt

L'HÉBERGEMENT

auberge	inn
auberge de jeunesse	youth hostel
chambre d'hôte,	bed and breakfast
logement chez l'habitant	
eau chaude	hot water
climatisation	air conditioning
logement, hébergement	accommodation
ascenseur	elevator
toilettes, salle de bain	bathroom
lit	bed
déjeuner	breakfast
gérant, propriétaire	manager, owner
chambre	bedroom
piscine	pool
étage	floor (first, second...)
rez-de-chaussée	main floor
haute saison	high season
basse saison	off season
ventilateur	fan

LE MAGASIN

ouvert(e)	open
fermé(e)	closed
C'est combien?	How much is this?
Je voudrais...	I would like...
J'ai besoin de...	I need...
un magasin	a store
un magasin à rayons	a department store
le marché	the market
vendeur(se)	salesperson
le/la client(e)	the customer
acheter	to buy
vendre	to sell
un t-shirt	T-shirt
une jupe	skirt
une chemise	shirt
un jeans	jeans
un pantalon	pants
un blouson	jacket
une blouse	blouse
des souliers	shoes
des sandales	sandals
un chapeau	hat
des lunettes	eyeglasses
un sac	handbag

cadeaux	*gifts*
artisanat local	*local crafts*
crèmes solaires	*sunscreen*
cosmétiques et parfums	*cosmetics and perfumes*
appareil photo	*camera*
pellicule	*film*
disques, cassettes	*records, cassettes*
journaux	*newspapers*
revues, magazines	*magazines*
piles	*batteries*
montres	*watches*
bijouterie	*jewellery*
or	*gold*
argent	*silver*
pierres précieuses	*precious stones*
tissu	*fabric*
laine	*wool*
coton	*cotton*
cuir	*leather*

DIVERS

nouveau	*new*
vieux	*old*
cher, dispendieux	*expensive*
pas cher	*inexpensive*
joli	*pretty*
beau	*beautiful*
laid(e)	*ugly*
grand(e)	*big, tall*
petit(e)	*small, short*
court(e)	*short*
bas(se)	*low*
large	*wide*
étroit(e)	*narrow*
foncé	*dark*
clair	*light*
gros(se)	*fat*
mince	*slim, skinny*
peu	*a little*
beaucoup	*a lot*
quelque chose	*something*
rien	*nothing*
bon	*good*
mauvais	*bad*
plus	*more*
moins	*less*
ne pas toucher	*do not touch*

vite	*quickly*
lentement	*slowly*
grand	*big*
petit	*small*
chaud	*hot*
froid	*cold*
Je suis malade	*I am ill*
pharmacie	*pharmacy, drugstore*
J'ai faim	*I am hungry*
J'ai soif	*I am thirsty*
Qu'est-ce que c'est?	*What is this?*
Où?	*Where?*

LA TEMPÉRATURE

pluie	*rain*
nuages	*clouds*
soleil	*sun*
Il fait chaud	*It is hot out*
Il fait froid	*It is cold out*

LE TEMPS

Quand?	*When?*
Quelle heure est-il?	*What time is it?*
minute	*minute*
heure	*hour*
jour	*day*
semaine	*week*
mois	*month*
année	*year*
hier	*yesterday*
aujourd'hui	*today*
demain	*tomorrow*
le matin	*morning*
l'après-midi	*afternoon*
le soir	*evening*
la nuit	*night*
maintenant	*now*
jamais	*never*
dimanche	*Sunday*
lundi	*Monday*
mardi	*Tuesday*
mercredi	*Wednesday*
jeudi	*Thursday*
vendredi	*Friday*
samedi	*Saturday*
janvier	*January*

février	*February*
mars	*March*
avril	*April*
mai	*May*
juin	*June*
juillet	*July*
août	*August*
septembre	*September*
octobre	*October*
novembre	*November*
décembre	*December*

LES COMMUNICATIONS

bureau de poste	*post office*
par avion	*air mail*
timbres	*stamps*
enveloppe	*envelope*
bottin téléphonique	*telephone book*
appel outre-mer, interurbain	*long distance call*
appel à frais virés (PCV)	*collect call*
télécopieur, fax	*fax*
télégramme	*telegram*
tarif	*rate*
composer l'indicatif régional	*dial the area code*
attendre la tonalité	*wait for the tone*

LES ACTIVITÉS

la baignade	*swimming*
plage	*beach*
la plongée sous-marine	*scuba diving*
la plongée-tuba	*snorkelling*
la pêche	*fishing*
navigation de plaisance	*sailing, pleasure-boating*
la planche à voile	*windsurfing*
faire du vélo	*bicycling*
vélo tout-terrain (VTT)	*mountain bike*
équitation	*horseback riding*
la randonnée pédestre	*hiking*
se promener	*to walk around*
musée	*museum, gallery*
centre culturel	*cultural centre*
cinéma	*cinema*

TOURISME

fleuve, rivière	river
chutes	waterfalls
belvédère	lookout point
colline	hill
jardin	garden
réserve faunique	wildlife reserve
péninsule, presqu'île	peninsula
côte sud/nord	south/north shore
hôtel de ville	town or city hall
palais de justice	court house
église	church
maison	house
manoir	manor
pont	bridge
bassin	basin
barrage	dam
atelier	workshop
lieu historique	historic site
gare	train station
écuries	stables
couvent	convent
porte	door, archway, gate
douane	customs house
écluses	locks
marché	market
canal	canal
chenal	channel
voie maritime	seaway
cimetière	cemetery
moulin	mill
moulin à vent	windmill
école secondaire	high school
phare	lighthouse
grange	barn
chute(s)	waterfall(s)
batture	sandbank
faubourg	neighbourhood, region

GASTRONOMIE

pomme	*apple*
bœuf	*beef*
pain	*bread*
beurre	*butter*
chou	*cabbage*
fromage	*cheese*
poulet	*chicken*
maïs	*corn*
palourde	*clam*
crabe	*crab*
œuf	*egg*
poisson	*fish*
fruits	*fruits*
jambon	*ham*
agneau	*lamb*
homard	*lobster*
huître	*oyster*
viande	*meat*
lait	*milk*
noix	*nut*
pomme de terre	*potato*
pétoncle	*scallop*
langouste	*scampi*
fruits de mer	*seafood*
crevette	*shrimp*
calmar	*squid*
dinde	*turkey*
légumes	*vegetables*
eau	*water*

Les nombres

1	*one*
2	*two*
3	*three*
4	*four*
5	*five*
6	*six*
7	*seven*
8	*eight*
9	*nine*
10	*ten*
11	*eleven*
12	*twelve*
13	*thirteen*
14	*fourteen*
15	*fifteen*
16	*sixteen*
17	*seveteen*
18	*eighteen*
19	*nineteen*
20	*twenty*
21	*twenty-one*
22	*twenty-two*
23	*twenty-three*
24	*twenty-four*
25	*twenty-five*
26	*twenty-six*
27	*twenty-seven*
28	*twenty-eight*
29	*twenty-nine*
30	*thirty*
31	*thirty-one*
32	*thiry-two*
40	*fourty*
50	*fifty*
60	*sixty*
70	*seventy*
80	*eighty*
90	*ninety*
100	*one hundred*
200	*two hundred*
500	*five hundred*
1 000	*one thousand*
10 000	*ten thousand*

Index

Index

Notes de voyage

 Notes de voyage